대변환 시대의 Pax Sinica
팍스 차이나

대변환 시대의 Pax Sinica
팍스 차이나

이창호 (李昌虎) 지음

북그루

세계의 패러다임 paradigm이 심하게 요동치고 있다. 지난 200여 년간 세계를 주도한 서구에 스스로에 대한 평가를 주문하고 있는 것이다. 이른 감이 들지만, 서구의 패권적 우월주의는 신종코로나바이러스 감염증-19 COVID-19으로 인해 균열을 보이고 있다. 그들이 내건 자본적 가치와 결합된 자유와 평등, 인간 존엄의 개념들도 허망하게 무너지고 있다. 세계질서 재편이 불가피할 것이라는 전망이 이미 세계 곳곳에서 흘러나오고 있다. 미국과 중국을 중심으로 한 패권 경쟁에도 변화가 나타날 것으로 예측된다. 이런 변화는 코로나 이후의 삶과 경제에 막대한 영향을 주고 있으며, 이에 세계 힘의 질서의 대변화를 예고하는 동시에 인류 문명 전체가 새로운 인류 평화를 바라고 있다. 이제, "글로벌 시대의 가치는 무엇이어야 하는가", "어떻게 무엇을 변화시켜야 하는가"라는 질문과 마주해야 할 순간이 다가왔다. 19세기 식민주의와 20세기 세계대전을 거쳐 주도권을 잡은 미국의 독주가 위축되고 있다. 과연 그들의 질주가 여기서 멈출 것인가? 어쩌면 서구 문명의 찬란한 위상이 '보이지 않는 바이러스'에 속절없이 농락당한 것인지도 모른다.

요컨대 '팍스 pax'는 라틴어로 '평화'라는 뜻을 지닌다. 국제 정치학의 입장에서 정의하자면 '팍스'는 '중심국가의 지배에 의해 주변 국가가 평화를 유지한다'는 것을 뜻한다. 미국의 입장에서 본다면 '팍스 아메리카 Pax America'나, 중국의 입장에서 본다면 '팍스 차이나 Pax Sinica'가 되는 것이다.

지정학적으로 분석해 보면 '팍스 로마나' 시대는 지중해를 둘러싼 몇몇 나라를 일컬을 정도에 불과했다. 하지만 진정한 팍스 시대라고 한다면 바로 중국 원나라의 경우로서 '팍스 몽골리아'를 말할 수 있을 것이다. 이 시대는 그야말로 태평양, 인도양, 대서양의 3대양을 잇는, 진정으로 동서양을 아울렀던 팍스 시대였다고 할 수 있다. 팍스 몽골리아 시대는, 실크로드의 모든 국가를 정복하고 동서양의 교통과 교역의 길을 연 진정한 '팍스 시대'였다고 할 것이다.

현재 전 세계의 힘의 흐름에는 커다란 지각변동이 일어나고 있다. 2013년 시진핑 국가 주석의 주장을 통해 중국은 군사는 물론 경제적으로도 비약적인 발전을 이룩하였고, 이제는 '팍스'라는 단어를 드러내고 사용하고 있는 상황에 이르렀다. 지난 미국의 경우처럼 중국은 자신들의 영향력 아래에서 전 세계를 움직이려 하고 있다. 시진핑 중국 국가 주석은 '팍스 차이나'를 공공연히 언급하며 정권 차원에서 이에 대한 지원을 아끼지 않겠다는 계획을 밝히기도 했다.

시진핑 집권 하의 중국은 그들이 밝힌 '중국의 꿈'이라는 비전을 통해 팍스 차이나 시대의 실현을 다시 꿈꾼다. 일련의 정책으로, 중국은 APEC 정상회담을 통해 전 세계에 자신들의 계획을 밝혔다. 그것은 바로 '실크로드 프로젝트'다. 아시아와 중동·유럽대륙을 잇는 육상실크로드 경제권을 만들고 태평양, 인도양, 대서양 길을 잇는 21세기 해상실크로드를 복원하려는 '일대일로' 정책이 바로 그것이다. 중국은 이러한 실크로드 프로젝트를 국가사업으로 책정하고 정부 차원에서 '일대일로 정책'을 추진하고 있다. 실제로 이러한 일대일로 정책의 일환으로 중국은 400억 달러짜리 실크로드 펀드를 기획하기도 했다. 여러 가지 측면에서 중국은 우리의 의사와는 상관없이 앞으로의 시대에 우리네 삶에 막대한 영향을 끼칠 나라임엔 틀림이 없다. 많은 사람이 "중국에서는 아는 만큼만 볼 수 있다"고 입을 모아 말한다. 단지 중국이 우리와 같은 동양문화권의 나라라고 쉽게 생각했다간 낭패를 볼 수도 있다. 중국은 서양의 다른 나라를 대할 때와 마찬가지로 열린 마음으로 먼저 다가가고자 하는 자세를 가져야 그 '새로운 얼굴'을 마주할 수 있다. 시진핑 중국 국가주석은 제네바 팔레 데 나시옹에서 '공통된 운명을 지닌 인류공동체 공동 상의·구축'을 주제로 한 고위급 회의에 참석하고 '공통된 운명을 지닌 인류공동체를 함께 구축하자'란 기조 연설을 발표하여 인류 운명공동체의 이념을 심각하고 전면적이고 시스템적으로 천명했다. 시진핑 주석이 제기한 인류 운명공동체 공동 구축, 윈-윈과 공유를 실현하는 방안은 국제사회의 높은 평가를 받았다. 여러 나라 전문가들은 이러한 이념과 관련 주장은 중국의 지혜를 충분히 구현하였고 인류의 보편적인 의지와 추구를 전달하였으며 세계 발전의 새로운 길을 모색함에 있어서 노력의 방향을 제시했다고 평가했다.

　　나아가 중국은 지역협력을 중국의 지위와 영향력을 강화할 새로운 방식으로 인식하기 시작했다. 다시 말해 다자 협력을 통한 지역 국가 관여 정책은 지역협력에 대한 중국의 영향력을 증대시키고, 이는 다시 지역에서 미국의 패권을 제어하는 데 기여할 것이라는 판단에 의한 것이다. 널리 알려진 것처럼, 중국은 냉전이 종식된 후 미국이 패권을 확립하는 데 반대했다. 이에 따라 중국은 전 지구적 차원에서 러시아 및 프랑스와 연대를 통해 미국의 패권 확립에 반대하는 다극화 전략을 추구했다. 이러한 시각에서 볼 때 지역협력을 추진하는 것은 이 지역에서 미국이 패권을 확립하는 것을 제어하는 데 기여할 것으로 기대되었다. 구체적으로 중국은 지역협력에 참여해 지역 국가와의 관계를 증대시키는 것이 중국위협론을 통해 중국과 주변 국가들을 격리시킴으로써 중국을 제어하려는 미국의 전략에 대응하는 방법이라고 본다. 다시 말해 지역협력은 미국과의 직접적 충돌 없이 미국의 영향력을 제약하는 효과를 가져다줄 수 있는 것으로 간주된다. 중국은 지역 국가와의 양자 관계를 강화하고, 이를 통해 다자협력을 주도하고자 한다. 종합하면 중국의 다자간 협력은 보다 유동적이 되었다. 궁극적으로 중국은 다자협력을 통한 세계평화를 추구하고자 노력하고 있다. 앞으로의 미래에 중국의 이같은 행보가 큰 결실을 거둘지, 모두가 관심을 기울여 지켜보아야 할 일이다.

한편, 미국 전문가들은 세계 패권국인 미국의 영향력이 감소하는 것이 분명하며 각국이 스스로 운명을 헤쳐나가는 시대가 올 것으로 예측한다. 다만 미국의 빈자리를 어느 누구도 대신할 수 없는 슈퍼파워로서의 중국이 자연스럽게 등장하게 될 것이다. 하지만 〈중국의 평화발전백서〉에서 "중국은 결코 평화 발전의 길에서 벗어나지 않을 것"이라고 강조한다. 이에 따라 우리나라와는 운명적으로 떼려야 뗄 수 없는 관계인 이웃국가이면서 G2를 넘어 G1 국가로까지 부상하고 있는 중국의 흐름에 대해 상세히 살펴보고 또 세계적인 협력이 동반되어야 할 것이다. 중국몽 中国梦을 꿈꾸며 세계를 좌지우지하고 싶어 하는 중국의 부상에 맞추어 중국의 미래에 대해 서방 언론들도 지대한 관심을 보이지만, 무엇보다 중국과 가까운 이웃으로 더불어 사는 우리로서는 중국에 대해 많은 연구와 관심이 따라야 마땅하다. 이 책은 우리나라의 국운과 운명적 관계에 놓인 중국에 대해서는 현미경까지 들이대겠다는 적극성을 보이면서 중국과 중국인을 연구하고자 고군분투한 흔적이다.

필자는 한중교류친선 대사로서 여러 가지 경험과 느낌을 토대로 즐거운 마음으로 이 책을 쓰게 되었다.

이 책은 번역서가 아니라 다양한 입장에서 〈팍스 차이나〉를 참신한 내용으로 소환했다.

대변환 시대의 〈팍스 차이나〉는 오늘날의 중국이 있기까지의 중국의 현대사라고까지 해도 좋을 만큼, '중국의 핵심'을 이해하는 데도 도움이 될 것이다.

토정로 골방에서 이창호

팍스 차이나(Pax Cinica) : 중국의 영도하에 세계의 평화 · 국제사회의 질서가 유지되는 신시대를 이르는 말_이창호
和平中国 : 在中国的领导之下创造世界和平与国际秩序稳定的新时代_李昌虎

목차

서문

1장_
G2시대의 개막

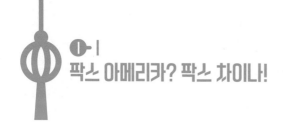

팍스 아메리카? 팍스 차이나!

근래 들어 많은 사람이 '팍스 Pax'라는 단어를 언급한다. '팍스'는 라틴어로 '평화'라는 뜻을 지닌다. 국제 정치학의 입장에서 정의하자면 '팍스'는 '중심국가의 지배에 의해 주변 국가가 평화를 유지한다'는 것을 뜻한다. 미국의 입장에서 본다면 '팍스 아메리카'나, 중국의 입장에서 본다면 '팍스 차이나 Pax Sinica'가 되는 것이다. 앞과 같이 기본 정의를 내렸다면, 진정한 팍스 Pax의 시대는 언제라고 할 수 있을까? 이에 대해, 유럽 사람들은 진정한 팍스 시대를 '팍스 로마나'라고 주장한다. 하지만 이는 어느 정도 오류가 있는 주장이다. 지정학적으로 분석해 보면 '팍스 로마나' 시대는 지중해를 둘러싼 몇몇의 나라를 일컬을 정도에 불과하다. 그렇다면 스스로를 '해가 지지 않는 나라'라고 자랑하는 영국의 경우는 어떻게 볼 수 있을까? 그들이 주장하는 바처럼 '팍스 브리태니커'는 영국이 40여 개 나라를 점령했다고 하지만, 이 역시도 지정학적으로 따져 본다면 그들 나라는 겨우 변방에 치우친 경우들뿐이다. 요컨대 진정한 팍스 시대라고 한다면 바로 중국 원나라의 경우로서 '팍스 몽골리아'를 말할 수 있을 것이다. 이 시대는 그야말로 태평양, 인도양, 대서양의 3대양을 잇는, 진정으로 동서양을 아울렀던 팍스 시대였다고 할 수 있다. 팍스 몽골리아 시대는, 실크로드의 모든 국가를 정복하고 동서양의 교통과 교역의 길을 연 진정한 '팍스 시대'였다고 할 것이다.

지난 20세기 동안 미국은 스스로를 세계 최강의 강대국이자 중심국으로 칭하며 '팍스 아메리카'를 내세웠다. 실제로 이는 미국의 주장으로만 그치지 않았으며, 그들은 세계의 경찰국가임을 자임하며 세계의 경제와 안보, 문화 등 폭넓은 부문에 걸쳐 자신들의 영향력을 행사했으며 이런 미국의 영향권 아래에서 전 세계가 움직였다.

그렇다면 지금의 21세기에는 어떠한가? 현재 전 세계의 힘의 흐름에는 커다란 지각변동이 일어나고 있다. 2013년 시진핑 주석의 주장을 통해 중국은 군사는 물론 경제적으로도 비약적인 발전을 이룩하였고, 이제는 '팍스'라는 단어를 드러내고 사용하고 있는 상황에 이르렀다. 지난 미국의 경우처럼 중국은 자신들의 영향력 하에서 전 세계를 움직이려 하고 있다. 시진핑 중국 국가 주석은 '팍스 차이나'를 공공연히 언급하며 정권 차원에서 이에 대한 지원을 아끼지 않겠다는 계획을 밝히기도 했다.

시진핑이 집권 하의 중국은 그들이 밝힌 '중국의 꿈 China Dream'이라는 비전을 통해 팍스 차이나 시대의 실현을 다시 꿈꾼다. 일련의 정책으로, 중국은 APEC 정상회담을 통해 전 세계에 자신들의 계획을 밝혔다. 그것은 바로 '일대일로 一帶一路 프로젝트'다. 아시아와 중동·유럽대륙을 잇는 육상실크로드 경제권을 만들고 태평양, 인도양, 대서양 길을 잇는 21세기 해상실크로드를 복원하려는 '일대일로' 정책이 바로 그것이다. 중국은 이러한 일대일로 一帶一路 프로젝트를 국가사업으로 책정하고 정부 차원에서 '일대일로 정책'을 추진하고 있다. 실제로 이러한 일대일로 정책의 일환으로 중국은 400억 달러짜리 실크로드 펀드를 기획하기도 했다.

그렇다면 중국이 이러한 일대일로 정책을 전 세계에 영향력을 행사하고자 하는 전략으로 삼은 이유는 무엇일까? 중국의 일대일로 전략의 배경에는 중국이 당장 해결해야 하는 고민이 자리하고 있다. 일대일로 전략은 바로, 중국의 걱정을 덜어내고자 하는 시진핑 정부의 절묘한 방책이다.

현재 중국이 떠안고 있는 고민은 바로, 중국 경제의 과도한 과잉과 결핍의 문제이다. 중국 경제는 달러의 과잉 축적과 더불어 생산능력의 과잉 향상이라는 문제를 지니고 있다. 그런데 이와 반하여 석유, 비철금속 등과 같은 원자재는 심각한 결핍에 직면해 있다. 근래 중국은 상당한 금액의 외환보유액을 자랑하고 있다. 여기에 더해 매달 무역수지 흑자와 직접투자로 벌어들이는 많은 양의 달러 때문에 속앓이를 하고 있다. 이러한 원인 때문에 중국은 대미 경제외교에 있어 많은 어려움에 직면하고 있다. 미국은 끊임없이 중국에 대해 위안화 절상압력을 가하고 있으며, 중국 내부에서는 통화증발과 물가상승이라는 이중고를 겪고 있다. 이 같은 문제를 해결하기 위해 중국은 어마어마한 양의 외환보유액이 시중에 풀리는 것을 막고자 지준율 支準率

을 최대로 높이고 있다. 또한 중국은 지금 전통제조업 부문에 대한 서방의 수요가 급격히 줄어들자 국내 시장에 대해 공급과잉에 시달리고 있다. 중국은 급격한 공업화와 경제 규모의 확대로 현시점 세계 최대의 석유 수입국이 되었으며 철, 구리 등 국제상품시장에서의 최대 구매자로 올라섰다.

중국이 적극 추진 중인 일대일로 프로젝트를 살펴보면, 그 해당 주변국은 26개국에 달한다. 중국은 이 프로젝트에 막대한 양의 외환보유액을 투자하고 있으며, 상당한 규모의 SOC를 건설해 달러를 퍼냄으로써 위안화 절상 압력을 가한다. 이뿐만이 아니다. 중국은 철강, 시멘트 등 전통산업 부문에서의 심각한 과잉생산을 이 지역에 수출함으로써, 앞서 언급했던 과잉의 문제를 해소하고자 노력하고 있다. 게다가 천연가스, 석유, 비철금속이 풍부한 이들 지역에서 원자재를 건설대금 대신 받아 달러의 부족과 이들 원자재에 대한 선진국의 수요부진으로 고전하는 해당 지역국가의 경제문제도 자연스럽게 해결해 줄 수 있다.

반면에 미국은 이들 지역에서 자신들의 영향력을 강화하기 위해 무력을 사용해 일방적으로 위협하고 협박했다. 중국이 자신들이 가지고 있는 풍부한 달러를 활용하여 막강한 경제력으로 이들 지역 국가들에게 영향력을 행사하고 있는 것과는 상반된다. 물론 이들 지역에서의 미중간 파워 게임의 결과는 쉽게 예측할 수 없다. 그러나 현재의 세계경제의 상황을 따져 본다면 무력을 활용하고자 하는 자보다는 경제력을 활용하고자 하는 자의 파워가 더 세다.

중국은 앞에서 언급한 일대일로 프로젝트뿐만 아니라 '아시아

인프라투자은행 AIIB'을 설립하여 주변국을 적극 유치함으로써 경제 부문에서 미국과 양자간 경쟁구도를 만들고 있다. 또한 중국의 파워 게임은 단지 경제 부문에만 그치지 않고 영향력이 빠른 대중문화에 대규모의 투자를 추진하며 세계 곳곳에 그 영향력을 퍼뜨리려 하는 움직임을 보이기도 한다. 미국의 대중 할리우드 문화가 전 세계 문화에 침투해 화려한 꽃을 피웠듯, 중국은 문화 분야를 비롯하여 다른 여러 가지 분야에 대한 투자를 추진하며 '팍스 차이나' 시대를 공고하게 뒷받침하고 있다.

중국의 적극적인 영향력 전파에 제일 먼저 반응할 수밖에 없는 우리나라는 대표적인 중국의 주변국으로서 그 영향에서 결코 자유로울 수 없다. 현재 우리나라는 AIIB에 가입하여 미국과 중국 양국 사이에서 눈치를 봐야 하는 상황에 처하게 됐다. 일면 국제적인 평화 분위기 형성에 일조하는 동시에 지구촌 협력의 장을 만들어가야 하는 것은 지극히 당연한 일이다. 하지만 그 반면에 우리나라 스스로 강대국의 영향력에 휘둘리지 않을 만큼의 튼튼한 국력을 키워 나가려는 노력이 절실하다. 그러한 노력은 '팍스 아메리카'에서 '팍스 차이나'로 변화해 가는 지금에 꼭 필요한 국가 전략이 될 것이다.

"잠자는 사자(중국)를 깨우지 마라. 그 사자가 깨어나면 세계가 진동할 것이다."

오랫동안 중국은 깊은 잠에 빠져 있었다. 그러던 중국이 1978년 개혁개방과 함께 드디어 잠에서 깨어났다. 길고 긴 잠에서 깨어난 중국은 불과 40여 년 만에 정치, 경제, 문화, 스포츠 등 모든 분야를 망라하고 지구촌의 새로운 강자로 떠올랐다.

잠에서 깨어난 중국이 처음 세계무대에 등장하자 전 세계인들은 이에 '차이나 쇼크'라는 단어를 사용했다. 그만큼 중국의 화려한 등장이 충격적이었던 것이다. 당시 중국은 세계의 공장으로 불리며 원유와 철광석을 사들이며 국제 원자재가격을 손에 쥐고 움직였다. 전 세계인들은 중국이라는 거대한 세력의 등장에 호기심을 가지는 동시에 한편으로는 경계심 어린 반응을 보였다.

그런데 전 세계인들이 가졌던 이 같은 예감은 여지없이 들어맞고 말았다. 중국의 등장 이후 얼마 지나지 않은 2008년, 대공황 이후의 최대 위기로 불리는 미국발 금융위기가 전 세계경제를 뒤흔들었다. 중국에게는 그때가 바로 기회였다. 잠에서 깨어난 중국은 마침내 큰 사자후를 내지르기 시작했다.

오랫동안 값싼 중국제품에 중독된 전 세계인들은 세계를 위기로 몰아넣은 미국발 금융위기 속에서 결국 '메이드 인 차이나'의 유혹에 더욱 빠져들었다. 이로 인해 중국이 얻은 이익은 실로 막대했고 2009년 중국 외환보유액은 2조 달러를 넘어서기에 이르렀다. 미국발 금융위기를 통해 절호의 기회를 잡은 중국은 벌어들인 어마어마한 자금으로 미국과 유럽의 내로라하는 기업과 기술까지 무차별적으로 사들이기 시작했다. 지금 중국은 제3세계 국가들에게 막대한 양의 달러를 원조하며 자신들의 영향력을 확대하고 있다.

이제 전 세계인들은 이 같은 중국의 행보에 대해 다른 표현을 사용하기 시작했다. 'G2', '팍스 차이나' 등이 그것이다. 중국이 전면에 등장한 세계에서 드디어 세계 힘의 질서가 다시 재편되기 시작했다는 뜻이다. 이제 중국은 미국과 함께 쌍벽을 이루며 세계를 이끌어가게 되었다. 아니, 아예 중국이 주도하는 새로운 세계 질서가 형성될 수도 있는 문제다.

과거를 통해 보면 역사적으로 우리나라와 중국은 밀접한 관계를 맺어 왔다. 그것이 사대외교인지, 조공외교인지를 따지기에 앞서, 오랜 세월 아시아의 강대국이었던 중국은 우리나라와 '가깝고도 먼 나라'의 관계를 맺어온 것이 사실이다.

현재 1992년 한중 수교 이후 30년 가까운 시간이 흘렀다. 지금은 매년 수많은 한국인이 중국 여행을 다녀올 정도로 양국 간의 지리적·정서적 거리는 무척 가까워졌다. 이처럼 우리는 흔히 중국에 대해 친근한 정서를 가진다. 게다가 중국은 한국의 최대 무역상대국이기도 하다. 따지고 보면 중국은 우리나라 사람들의 실생활과 정서의 측면에서 무척이나 가까운 나라인 것이다.

그러나 이 같은 관계에도 불구하고 우리가 쉽게 간과하는 면이 없잖아 있다. 중국은, 한국전쟁에서는 아군과 적군으로 총부리를 겨누었으며 장구한 대한민국의 역사를 자기네 소수민족의 역사라고 왜곡하기도 하는 나라인 것이다.

이렇게 여러 가지 측면에서 중국은 우리의 의사와는 상관없이 앞으로의 시대에 우리네 삶에 막대한 영향을 끼칠 나라임엔 틀림이 없다. 많은 사람이 '중국에서는 아는 만큼만 볼 수 있다'고 입을 모아 말한다. 단지 중국이 우리와 같은 동양 문화권의 나라라고 쉽게 생각했다간 낭패를 볼 수도 있다. 중국은 서양의 다른 나라를 대할 때와 마찬가지로 열린 마음으로 먼저 다가가고자 하는 자세를 가져야 그 '새로운 얼굴'을 마주할 수 있다.

단언컨대, 중국의 시대가 도래했다. TV나 인터넷 등 여러 매체를 통해 마주하는 소식은 대개 중국과 관련된 경우가 대부분이다. 위안화 환율, 상하이 증시, 고도 경제성장, 신장위구르, 티베트의 소수민족 시위 등 대부분의 뉴스가 중국 대륙에서 쏟아져 나오며 이것들은 다른 뉴스들을 단연 압도한다.

중국 관련 소식들은 비단 중국 대륙에서만 전해지는 것은 아니다. 전 세계에서 중국뉴스는 쉴 새 없이 들려오곤 한다. 중국 기업이 미국이나 유럽 기업을 사들이고 통상마찰을 일으키고 있다거나, 중남미에 고속철도를 건설하고, 아프리카, 호주에서 광산을 사들였다는 식의 내용이 그것이다. 중국이 세계 최강자로 떠오른 이후 이런 식의 중국 뉴스들이 연일 언론 매체를 가득 메우고 있다.

중국 뉴스의 홍수 속에 사는 것은 우리나라만의 경우는 아니다. 이미 중국은 전 세계적인 이슈로 떠올랐으며 세계의 내로라하는 언론 매체들 역시 중국에 관한 소식을 보도하느라 연일 바쁘다. 중국이 아시아의 신흥경제강국을 넘어 세계경제를 쥐락펴락하는 핵심 국가로 떠올랐다는 점은 이제 누구도 부인할 수 없는 현실이 되었다.

1945년 제2차 세계대전이 끝나고, 전쟁에서 승리한 미국과 구소련이 양극체제를 이루며 세계를 이끌어가던 이른바 '냉전 시대'가 있었다. 구소련이 붕괴되자 냉전 시대는 종식되었고, 지금은 미국과 중국이 세계 질서를 주도하는 'G2 시대'가 그 막을 올리게 되었다.

지금 미국과 중국은 전 세계를 무대로 전에 없던 크나큰 파워게임을 벌이고 있다. 전 세계적 으로 힘의 질서가 재편되는 시대를 맞고 있는 것이다. 지금 이 순간 전세계인들에게 필요한 것은, 이런 중대한 국면에서 얼마나 정확하고 객관적인 눈으로 세상을 바라보는 한편 중국을 이해하고 있는지에 대해 반문해 볼 기회를 갖는 것이다.

18~19세기에 걸쳐 서구 유럽 세력은 식민지 개척과 산업혁명을 거치며 축적한 부를 바탕으로 아시아, 아프리카, 중남미를 지배하고 세계의 최강자로서 전 세계를 좌지우지했다. 서구 세력은 오랜 시간 동안 세계의 강자로 군림해 왔기 때문에 그들의 눈에는 중국의 급부상이 그리 곱게만 보이지 않을 것이다. 그러한 편협한 시각은 실제로 중국의 급부상을 달가워하지 않는 그들의 태도로 나타나는데, 중국 뉴스를 전하는 외신 곳곳에서 그러한 것들이 드러나곤 한다.

하지만 중국도 그리 호락호락한 상대는 아니다. 중국은 이런 서양인들의 편견에 정면으로 도전장을 내밀었다. 서구 세력이 주창하는 민주주의에 대해선 '중국특색의 사회주의'로, 서양에서 발전시킨 자유시장경제에 대해선 '사회주의 시장경제'라는 그들만의 논리로 맞선다. 중국의 전면적인 반격의 배경에는 오랜 세월 그들의 삶을 지배해 온 중화사상이 깔려 있다.

중국은 서방이 주도하는 기후변화 대책에 순순히 따라가지만은 않겠다고 공공연히 주장한다. 전 세계를 좌지우지하는 협의체제로 떠오른 G20정상회의에서 가장 큰 영향력을 행사하는 나라도 중국이다.

현재 중국은 전 세계를 손에 쥔 강대국으로 우뚝 서서 자신들의 기준으로 세계를 '경영'하겠다는 의지를 숨기지 않는다. 제2차 세계대전이 끝난 후, 미국과 구소련이 팽팽하게 힘을 겨루던 냉전 시대가 '이념의 충돌'이었다면 미국과 중국의 G2시대는 '동양과 서양 간의 충돌'이라는 관점으로 파악할 수 있다. 오래전부터 현재까지 줄곧 전 세계를 흔드는 힘의 강국으로 군림해 온 미국과 이에 맞서는 새로운 강자로 떠오른 중국 그들 사이의 선전포고와도 같은 초강대국 전략을 이해한다면 G2시대가 앞으로 어떻게 전 세계 힘의 질서를 바꿔 나갈지 유추해 볼 수 있을 것이다.

그렇다면 현재 치열하게 힘의 우열관계를 다투고 있는 미국과 중국의 관계를 과연 어떻게 판단해야 하는 것일까? 미중 양자 간의 협력으로 봐야 할까 아니면 미중의 힘의 대결로 봐야 할까? 이것은 바야흐로 21세기를 살아가고 있는 전 세계의 역사적 흐름 속에서 양국관계를 좌우하는 핵심 화두다. 미중 양국을 역사적 측면에서 비교하자면, 중국은 5,000년이나 되는 유구한 역사를 지닌 문명국인 반면 미국은 거의 신생국이나 다름없는 고작 240년의 역사를 지닌 나라에 불과하다. 역사의 유구함만 비교해 보자면 두 나라를 비교하는 것 자체가 어불성설로 느껴질 수도 있다. 하지만 전 세계에서의 영향력을 놓고 볼 때, 전 세계의 힘의 질서를 손아귀에 쥐고 팽팽한 대결을 펼치는 양대 강국의 상호작용에는 분명히 중요한 의미가 내포되어 있을 것이다. 이렇듯 두 강대국 미국과 중국의 상호관계를 규명하는 것은 어쩌면 급변하는 세계의 흐름을 이해하는 핵심 키워드가 될지도 모른다.

그런데 이러한 미국과 중국의 관계에서는 다른 나라들과의 관계에서는 볼 수 없는 이상한 특성이 발견된다. 결론부터 말하자면, 미국과 중국은 양국 모두 서로가 서로에게 의존할 수밖에 없는 '의존성'이라는 늪에 빠져 있다. 근래 들어 중국은 국가 정책으로 경제 발전 전략을 채택하여 강행하는 등 경제 견인 정책을 추진하고 있다. 이 과정에서 중국의 미국에 대한 의존도는 불가피하게 점점 높아질 수밖에 없었다. 이러한 측면에서 양자 관계를 살펴본다면 미국도 마찬가지다. 미국의 경제 성장 이면에는 중국의 역할이 일정 정도 반드시 필요했고 이 때문에 중국에 대한 미국의 의존도가 높아질 수밖에 없었다. 그런데 일부 사람들은 이러한 미국과 중국의 의존 관계의 배후에 잠재되어 있는 불안정성을 지적한다. 이러한 불안정성은 나라와 나라 사이에 있어 상호관계를 악화시키는 역할만 할 뿐, 관계의 향상에는 그리 큰 영향을 미치지 못한다. 불안정성은 미중 양국의 대외 관계뿐만이 아니라, 미국과 중국 내의 여러 분야에도 영향을 미치게 된다. 만약 미중 양국이 상호관계에 존재하는 부적절한 의존성을 과감히 제거하지 못하면, 비단 미국과 중국 두 나라뿐만이 아니라 전 세계에 그 부정적 영향이 미치게 될 우려가 있다.

특히 중국은 세계무대에 등장한 이후, 이런 상황의 전개를 심각하게 받아들일 수밖에 없었다. 중국은 이미 오래전부터 대외 수출에 의존해서 자국의 경제성장을 견인하고 있었기 때문이다. 지금 전 세계는 여러 요인으로 인한 경제 위기로 국가 부도의 위험에 노출된 국가들이 많이 있다. 그러한 경제 위기의 여파로 인해 중국의 수출 주도형 경제성장 전략을 뒷받침해 줬던 여러 국가에도 막대한 악영향이 미칠 가능성은 얼마든지 존재한다. 중국이 구소련식 계획경제를 버리고 사회주의 시장경제로 전환할 수 있었던 것은 바로 미중 양국 관계에서 비롯된 영향이 컸다고 볼 수 있다. 중요한 것은 그러한 영향이 반드시 장밋빛 미래만을 가져다주는 것은 아니라는 것이다. 지금의 눈부신 중국의 경제성장에 상당한 영향을 줬던 아메리칸 드림은 이제는 더 이상 밝은 비전이 아니다.

중국은 마냥 그 자리에 주저앉아 있지 않았다. 중국은 이러한 미국식 비전에서 문제점을 찾은 뒤, 다시 앞으로 나아가기 위한 방향을 재점검하기 시작했다. 덩샤오핑 시대 이후로 현대 중국의 최대 강점 가운데 하나는 바로 국가 차원에서 진행하는 '전투적 전략'이었다. 특히 그동안 중국이 추진해 온 전략은 경제정책과 거시적 관리 부문에서 그 놀라운 성과를 달성하기 시작했다. 최근에 중국은 지속 불가능한 '제조업 주도 수출 모형'에서 벗어나기 위해 노력하고 있다. '내수 진작과 서비스업 주도의 성장 모형'을 기본으로 하여 중국의 기초 경제를 보다 더 안정화할 새로운 전략을 채택한 것이 그것이다. 중국은 이러한 변신을 통해 성장 위주의 정책에서 벗어나 '지속 가능한 발전'을 지향하는 질적 성장에 관심을 전환하고 있다. 중국의 이런 변화 뒤에는 사회 전반의 균형화를 달성해 더 깨끗하고 더 친환경적이며 더 지속 가능한 성장에 초점을 맞출 기회를 찾고자 하는 의도가 깔려 있다.

중국의 최고지도자 시진핑은 '중국의 꿈 中国梦'이라는 다분히 민족주의적인 기치를 내걸며 중국이 세계 무대에서 막강한 영향력을 행사하도록 사력을 다하고 있다. 시진핑 국가주석의 이 같은 행보를 통해 본다면 미국과의 불안정한 의존 관계도 이제 한계에 다다른 것이라는 예상이 가능하다.

많은 이들이 미중 간의 의존관계가 드디어 파국을 맞게 될 것이라는 예상을 하고 있다. 이러한 변화는 먼저 경제적인 면에서 나타나게 될 것이다. 그리고 마지막에는 군사적인 면에서 세계의 힘의 질서가 재편될 가능성이 있다. 미중 양국이 추진하고 있는 전략과 여러 다양한 분야에서의 정책 능력이 앞으로의 전 세계의 흐름을 어떤 방향으로 진행시킬지 눈여겨봐야 할 것이다.

지금과 같은 상황에서 가장 중요한 일은 미국과 중국 양국이 서로 간에 순조롭게 균형화를 이뤄내는 일일 것이다. 그런데 이때 결코 간과해서는 안 되는 것은 균형화를 이루는 일은 저절로 이루어지는 것이 아니라는 점이다. 양국 간에 균형화를 이뤄내기 위해서는 양국 지도자들이 기꺼이 감수해야 할 부분도 분명히 존재한다. 바로 경제적, 지정학적 불안정이 그것이다. 가장 먼저는 양국 간에 의존관계라는 부적절한 특성이 존재한다는 점을 서로가 인식하는 자각의 단계가 필요하다. 미중 사이에 존재하는 불안정한 의존관계는 그것을 솔직히 인정하는 것에서부터 해결의 과정이 시작된다. 양국 간에 존재하는 의존성과 불균형의 해소, 그리고 구조적 변화를 통해 새로운 정책과 패러다임을 생산할 수 있어야 새로운 미래를 창조할 수 있다. 의존관계를 인식하는 단계를 지나서는 미국과 중국의 관계가 더 나은 발전적 관계로 나아가기 위해 상호 의존의 정도도 감소해야 한다. 양국 간의 불안정한 관계 의존성을 과감히 벗어던지고 불균형을 해소하여 재균형화의 방향으로 양국의 기본 관계를 재설정하는 것만이 이러한 부적절한 특성을 해결하는 방법이 될 것이다.

하지만 지금 전 세계적 정세는 전혀 다른 방향으로 흐르고 있다. 2008년 미국에서부터 시작된 경기 대침체와 날로 극심해지는 양국 간의 무역 마찰이 미중 관계를 결코 바람직하지 않은 상황으로 내몰고 있다. 지금까지 그랬듯 소비문화의 습성에 흠뻑 젖어 있는 미국은 경제 기반 자체가 흔들리고 있다. 또 '차이나 드림'을 내걸고 중국의 중흥을 추구하는 중국마저도 국내외에서 불안정한 기류의 형성으로 고민하고 있다. 양국이 좀 더 지속 가능한 관계를 구축하려면 탁월한 리더십, 정치적 의지, 공유가치, 상호 신뢰 등이 절실하다. 미중 간 불균형에 기반한 상호관계로 인해 미국과 중국은 이제 자국의 운명을 다시 결정지어야 할지도 모르는 중차대한 시기를 맞이하게 되었다.

1-2
중국, 세계의 생산자에서 소비자로 변신하다

대외 수출 의존도가 높았던 중국은 2008년 미국발 경기 침체의 대위기에 특히나 큰 타격을 입을 수밖에 없었다. 그 이전까지 중국의 수출은 GDP에서 차지하는 비중이 1979년 5퍼센트였던 데 불과했던 것에 비해 2007년에는 37퍼센트로 엄청난 증가세를 보였다. 이러한 증가세는 다른 국가들과는 비교가 되지 않을 정도로 놀라운 결과였다. 2008년 미국발 경기 침체의 여파가 미치기 직전인 2007년 3월, 원자바오 총리는 중국 경제의 '불균형, 불안정, 부조화, 지속 불가능'의 4불 경제를 비판하며 중국 경제에 경고성 빨간 불을 켰다. 중국의 성명 발표에도 불구하고 전 세계 사람들은 곧이곧대로 귀를 기울이지 않았다. 당시는 미국발 경기 침체의 폭풍이 몰아치기 직전이라 많은 사람이, 원자바오의 성명 발표를 그저 의례적인 언급에 불과하다고 생각했다. 전 세계 사람들은 그동안 양호한 성장세를 유지해 오고 있는 중국 경제의 미래를 낙관적으로 판단했고, 원자바오가 경고하고 나선 '불균형, 불안정, 부조화, 지속 불가능' 등 4가지 요소로 인해 중국 경제가 휘청일 것이라고는 누구도 예상하지 못했다. 그러나 전 세계 사람들의 낙관에도 불구하고 원자바오의 경고가 실제로 현실화되기까지는 1년여의 시간밖에 걸리지 않았다. 2008년 원자바오의 경고처럼 미국발 경제 침체 위기가 불어닥치자 4불 요소야말로 중국 경제의 위기를 제대로 평가한 정확한 판단이었다는 인식이 퍼져 나갔다.

미국발 경기 침체가 확산되던 2008년에도, 7월까지는 중국의 수출이 전년 대비 26퍼센트나 증가하는 등 중국 경제는 아무 일도 없다는 듯 변함없이 성장세를 나타냈다. 그러나 본격적으로 문제가 발생한 것은 그 이후였다. 그해 8월부터 중국의 대외 수출 증가세는 서서히 꺾이기 시작했다. 이후, 2009년 2월이 되자 수출 증가가 본격적인 감소로 바뀌었고 중국의 수출은 드디어 전년 대비 27퍼센트나 감소하고 말았다. 비단 중국의 대외 수출만이 감소세로 돌아선 것은 아니었다. 2009년에 중국의 분기별 GDP 성장률 역시도 정체되기 시작했다. 결국 미국발 경기 침체의 영향으로 중국의 경제 성장세가 멈추고만 셈이었다. 이뿐만 아니었다. 중국의 산업 생산량 증가율도 한 자릿수 2009년 초에 3퍼센트 증가를 기록하기까지 했다. 그런데 더 큰 문제는 그 여파로 인한 것이었다. 중국 정부가 대대적인 전수조사에 나섰는데 그 결과는 충격적이었다. 수출 산업 부문에서 2,000만 명의 근로자가 일자리를 잃은 것으로 나타났던 것이다. 특히나 심각한 것은 중국의 수출 중심지인 광둥성의 실업률이 상당히 심각한 수준이었다는 것이다. 이러한 충격적 조사 결과에 중국 국민뿐만 아니라 전 세계 많은 사람이 깜짝 놀라고 말았다. 지칠 줄 모르고 가파르게 성장하던 중국 경제가 경기 침체 국면으로 접어들었다는 사실은 모든 사람에게 충격을 던져 주었다.

이 같은 충격적인 조사 결과로 인해 중국 전역에 경고등이 켜지기 시작했다. 중국 권력의 심장부인 베이징의 중난하이부터 각 성과 지방, 특히 광둥성과 같은 수출 중심의 연안 지역까지 중국 전역에 걸쳐 경기 침체가 나타나기 시작했다. 비로소 사태의 심각성을 인지한 중국 정부는 무엇보다 중국 경제의 안정성을 최우선으로 두고 신속하게 경기 부양책을 추진하였다. 중국 정부의 이 같은 경기 부양책을 통해, 가장 먼저 중국인민은행이 중국의 통화 정책 기조를 '완만한 긴축'에서 '완만한 완화'로 바꾸는 한편, 기준 금리를 2퍼센트 이상 하락시켰다.

중국 정부는 선조치로 경기 부양책을 펼치는 동시에 재정 정책을 수정하기 시작했다. 중국 정부가 가장 신중을 기하는 전략은 2008년 11월에 시작된 대규모 재정 부양책이었다. 중국 정부의 행보는 그 어느 때보다 신속하고 정확했다. 중국 정부는 뒤이어 2008년도 GDP의 12퍼센트에 해당하는 4조 위안을 경기 부양책에 쏟아부었다. 중국 정부의 시의적절한 조치는 시간이 흐를수록 큰 효과를 내기 시작했다.

미국발 경기 침체에 전 세계 어느 나라보다 적극적으로 위기 대응에 나선 나라는 바로 중국이었다. 중국이 선제적으로 경기 침체에 대응하기 시작하자 경기 회복의 조짐 또한 빠르게 나타났다. 경기 회복의 막이 오른 것은 2009년 사사분기에 연환산 GDP 성장률이 11.4퍼센트로 반등한 것에서부터였다. 중국 정부가 추진한 경기 부양 대책에서 가장 주목해야 할 부분은, 중국 지도부가 경제 회복에 대한 의지와 기대를 끝까지 고수했다는 점이다. 그들은 중국 경제의 탄력성에 대한 확고한 믿음을 토대로 심각한 위기 속에서도 회복 가능성이 큰 경제 부문에 대책을 집중했다. 중국 정부는 그들이 계획한 대로 경기 부양책을 착실하게 이행해 나갔다. 그들은 철도, 고속도로, 공항, 전력망 등 인프라 부문에 막대한 자금을 투여하였다. 또한 그들은 중국 사회의 기저를 떠받치고 있는 농촌 지역의 인프라 구축과 저소득층을 위한 주택 사업에도 전력투구했다. 그렇다고 해서 이러한 중국 정부의 전략이 완벽한 것만은 아니었다. 중국 정부는 사회복지라든가 민간 소비 진작에 도움이 될 만한 기타 사업 부문에는 상대적으로 적은 예산을 투입했다. 중국이 선제적인 조치로서 빠르게 경기 부양책을 펼치고 있는 동안 미국은 7,870억 달러 규모의 재정 부양책을 준비해 놓고는 대규모 인프라 구축 공사의 방향을 정하지 못해 한동안 고심하고만 있었다.

2008년 미국발 경기 침체의 여파가 전 세계에 불어닥치기 전, 원자바오가 4불 요소를 언급한 데에는 중국 경제와 관련한 깊은 의미가 담겨 있었다. 그것은 일종의 경고와도 같았다. 중국이 제조업 주도의 옛 성장 모형에만 매달려 내달린다면 그 이면에 내재한 위험이 점점 커질 것이란 말이었다. 원자바오의 경고는 중국이 새롭게 만들어야 할 새 시대의 패러다임에 대한 논의의 단초를 제공했다. 하지만 중국 정부는 초기 대응에서 큰 오류를 범하고 만다. 2008년 미국발 경제 침체가 닥치자 중국의 정책 입안자들은 오히려 경기 역행적 부양책을 펼쳤다. 새 패러다임에 맞춘 새로운 해법을 찾아 시도하는 대신, 지금까지의 경험에 비추어 즉각적인 효과를 냈던 옛 성장 모형을 활용하기로 한 것이다. 과거 위기 때마다 그랬듯이 겉으로 보기에 아주 능률적으로 기능했던 옛 성장 모형은 즉각적인 효과를 내었다.

물론 이것은 당장 급한 불을 끄는 데는 들어맞는 해법이었다. 중국은 이러한 옛 성장 모형을 활용한 경기 부양책을 통해 짧지만 강력했던 미국발 경기 침체에서 벗어날 수 있었다. 그러나 기존 모형에 대한 중국 정부의 신뢰와 집착은 더욱 강해져만 갔다. 원자바오의 4불 경제 경고에도 불구하고 중국이 빠진 수렁은 끝을 모르고 깊어져만 갔다. 그런데도 중국은 수렁에서 빠져나오기는커녕 오히려 몸을 더 깊이 밀어 넣은 셈이었다. 악화 일로로 치닫는 상황은 결단코 좋은 결과를 가져올 수 없었다. 2008년 이후 2년 동안 중국은 총 GDP에서 고정투자가 차지하는 비중이 40퍼센트에서 45퍼센트로 더욱 증가했다. 그리고 2011년에는 중국 정부의 오랜 기간의 압력 속에 있던 민간 소비가 GDP의 35퍼센트 정도를 기록하고 있는데도 고정투자 비중은 다시 46퍼센트로 증가했다. 이러한 지표가 알려주는 바는 실질적으로 중국 경제의 불균형성이 해소되기는커녕 더욱 더 심화되었다는 사실이었다. 중국 정부의 잘못된 경기 부양책은 금융 부문 전체에 걸쳐 광범위한 피해와 타격을 입혔다. 잘못된 경기 부양책으로 인한 결과는 불을 보듯 뻔했다. 중국의 여러 은행들은 재정적으로 불안정한 지방정부투자기관을 통해 부외 대출을 하기 시작했고 이로 인해 부실 대출에 대한 위험도가 극도로 높아졌다.

중국은 여러 형태의 난처한 상황에 처해 있었는데, 이는 중국이 직면해 있는 매우 복잡하고 어려운 상태를 반영하는 것이라 할 수 있다. 아이러니한 것은, 당시 중국의 고위층 지도부도 더 이상 지금까지의 성장 모형으로는 성장세를 견인할 수 없음을 충분히 인지하고 있었다는 사실이다. 지금에서야 중국 정부는 소비자 주도형 성장 모형으로의 이행에 초점을 맞춰 경제의 재균형화를 이뤄야 한다는 점을 깨닫게 되었다. 중요한 것은, 과연 그들의 그러한 인식이 시의적절하게 실행되어 나갈 수 있을 것인가 하는 것이다. 무엇보다도 중국 경제의 안정성을 중시하는 정책입안자들이 급작스럽게 발생한 미국발 경제 쇼크 앞에서 과거에 잘 먹혔던 옛 성장 모형에 집착하는 한, 새로운 성장 모형을 추진하는 일은 거의 불가능한 일이다.

제12차 5개년 계획은 2011년 3월부터 2016년 초까지 진행되었는데, 이는 중국 내 시장에서의 소비 주도의 성장 모형으로 전환하는 것을 주요한 특징으로 삼는다. 중국의 GDP에서 중국 내 시장에서의 민간 소비가 차지하는 비중은 높은 경제 성장세에도 불구하고 1980년대 초 53퍼센트에서 2008년 약 35퍼센트로 감소한 이후 줄곧 이 수준을 유지하고 있다.

그런데 여기서 주목할 점은, GDP에서 소비가 차지하는 비중이 줄어들었다는 것과 개인 소비가 줄었다는 것은 같은 의미가 아니라는 것이다. GDP에서의 비중이 줄었다는 것은 소비자 수요의 증가율이 다른 부문의 증가율보다 낮다는 의미다. 이러한 지표는 그동안 중국이라는 나라가 엄청난 기적을 이루어낼 수 있었던 원동력을 짐작하게 해준다. 상당 기간 동안 중국의 GDP가 연평균 10퍼센트씩 성장하기까지 가장 큰 역할을 한 것은 결코 중국 내 소비자의 힘이 아니라는 것을 의미한다. 중국 정부의 거대한 경제 전략 속에서 GDP 성장에 가장 크게 영향을 미친 것은 바로 수출 및 고정투자의 증가였다.

그런데 그런 행보를 하던 중국의 경제가 크나큰 변화를 맞이하게 된 것이다. 제12차 5개년 계획은 새로운 중국 경제의 중심에 중국 내 소비자를 세워 놓았다. 중국의 경제 중심에 중국 내 소비자가 자리하고 있다는 것은 여러 가지 중요한 의미를 지닌다. 덧붙여 여기에는 중국 정부가 꾀하는 몇 가지 목적 또한 존재한다. 그들의 목적 중 하나는 개인 소득을 늘리는 것이고, 나머지 하나는 중국인이 이같이 늘어난 소득으로 저축보다는 소비에 치중하게 만드는 것이다.

결국 이 두 가지 목적은 중국 경제에 선결되어야 할 커다란 문제를 가져왔다. 2011년 중국의 개인 가처분소득은 GDP의 45퍼센트 정도에 머물렀다. 정확히 말하면 이 수치는 2002년의 약 50퍼센트보다 낮은 것이고 미국의 77퍼센트와는 비교가 되지 않을 정도로 낮은 수치이다. 이처럼 낮은 수치가 도출된 데에는 고용 증가 둔화, 실질임금과 기타 사회보장 혜택의 부족, 이자 소득을 제한하는 금융 억압 정책 등 여러 다양한 원인이 작용하였을 것으로 여겨진다. 중국 경제의 흐름에서 소비지출이 GDP에서 차지하는 비중을 늘리려면 바로 이런 문제들이 무엇보다 먼저 해결되어야 한다.

사회 소비가 증가하기 위해서는 우선 개인 소득부터 증가해야 한다. 그런데 이것은 생각처럼 쉬운 일은 아니다. 소득과 소비의 조절 외에도 개인 저축이라는 요소가 함께 감안되어야 하기 때문이다. 굳이, 다른 국가에 비해 중국의 가계 저축률이 높은 원인을 찾아보자면 사회적인 요인을 생각해 보아야 한다. 중국 내 사회적 불안이 높았기 때문에 가계 저축률 역시 높게 나타난 것이다. 대규모 도시화에 따른 불안정한 인구 이동, 공산주의보다 사회주의 체제 하에서의 사회복지 축소, 절대적으로 부족한 사회 안전망 등은 중국 내에서 현재와 미래에 대한 불안을 가중시키고 있다. 중국인들은 이러한 불안에 속수무책으로 노출되어 있다. 요컨대 그들은 개인 소득의 대부분 혹은 거의 전부를 저축에 쏟아부을 가능성이 매우 크다.

2011년부터 실시된 제12차 5개년 계획은 중국의 낮은 소비율을 끌어올리는 데 치중하고 있다. 만약 중국의 이 같은 개발 전략이 성공한다면 소비가 GDP에서 차지하는 비중을 5퍼센트 포인트가량 증가시킬 수도 있을 것이다.

그런데 중국은 지금까지 자국 내 일자리를 충분히 발생시키지 못하고 있다. 중국의 국내 평균 일자리 증가율은 0.5퍼센트에 겨우 미치는 수준에 머물러 있다. 이는 아시아 전체의 순 일자리 창출률에 한참 못 미치는 수치이다. 이와 같은 일자리 창출률은 중국의 국내 지역 간에도 큰 편차가 발생한다. 도시 지역의 고용 증가율은 평균 4.1퍼센트로 매우 높은 수치를 기록했는데 이는 중국에서 일자리 창출률이 높은 지역이 어디인지를 명확히 나타내는 척도가 된다. 이처럼 중국은 자국 내 일자리 창출 면에서 지역마다 큰 편차를 보인다. 이로 인해 수많은 인구가 도시로 이동하였고 도시 인구가 중국 전체 인구의 52퍼센트를 넘게 되었다.

그런데 중국 자국 내의 일자리 창출률이 낮은 이유는 정작 따로 있다. 바로 중국 경제의 구조 불균형이 그 원인이다. 중국은 경제 성장의 동력을 수출 및 투자 주도형 성장 모형에 의존해 왔다. 또한 제조업과 건설업을 기반으로 경제 성장을 견인해 가고 있는 실정이다. 중국 경제의 구조는 가치 사슬의 상층부로 올라갈수록 자본주의 이윤 추구를 그 목적으로 하는 민간 기업의 성장에 보다 더 힘을 실어줄 수 있도록 되어 있다. 역사적으로 볼 때, 중국의 경제 구조는 서양의 구조와 갈수록 상당히 비슷해졌다. 중국이 추구하던 제조업 분야의 성장 모형은 인력은 기술로, 노동력은 자본으로 대체하여 생산성 증대와 경제력 성장을 꾀하고 있다. 중국의 이러한 대체 경제 구조가 중국에 자본 집약적, 노동 절약적인 성장 동력을 제공하게 되었다.

중국 정부는 정부 주도적인 경제 발전의 전략 중 하나로 1인당 소득을 증가시키고 빈곤을 퇴치한다는 목표를 설정해 놓고 있다. 이러한 목표를 달성하기 위해 농촌 지역의 잉여 노동력을 흡수해야 하는 중국으로서는 노동 절약적 성장 모형에 유독 매달릴 수밖에 없다. 그런데 중국이 고민하는 문제 중 하나는 연간 약 1,500만~2,000만 명이 농촌에서 도시로 이동하는 도농이동 현상이 심각하다는 사실이다. 중국 내에서는 이러한 도농이동 현상으로 도시와 농촌 간 경제 격차가 더욱 커지고 있다. 만약 중국 내에서 이러한 상황이 지속된다면, 중국 당국이 노동 집약적 경제 기조를 유지한다 해도 잉여 노동력을 모두 흡수하기는 어려운 것이 현실이다. 중국의 자국 내 충분한 일자리 창출은 힘들어졌으며 오히려 노동의 생산 단위를 늘리는 수밖에는 방법이 없어 보인다. 중국 정부가 도농 간의 인구와 경제 수준 격차를 해소하고 자국 내 일자리를 충분히 생산하고자 한다면 보다 많은 경제 성장의 결과물을 산출해 내야만 한다.

이 대목에서 많은 부분을 짐작해 볼 수 있다. 먼저 우리는, 중국이 두 자릿수 GDP 성장률에 집착하는 이유가 무엇인지에 대한 답을 얻을 수 있다. 또 중국이 자랑하는 경제 수장인 주룽지와 원자바오가 저지른 실수가 무엇이고 왜 그런 실수를 했는지에 대한 해답 또한 얻을 수가 있다. 1990년대 말, 중국은 연간 6퍼센트 정도의 GDP 성장률로도 자국 내 노동력을 충분히 활용할 수 있는 경제 환경에 있었다. 하지만 지금은, 당시만큼의 노동력을 활용하려면 GDP 성장률을 6~7퍼센트 포인트 올려야 하는데 그것 자체가 상당히 미흡하다. 오랫동안 중국은 연간 9~10퍼센트의 초고도 성장을 달성해 왔다. 중국의 초고도 성장에 따른 여파로 인해 경제의 불균형성이 겉으로 드러나지 않을 수 있었다. 하지만 지금의 중국 내 많은 문제점들은 중국 경제의 초고도 성장에 기인한다고 할 수 있다. 지금 중국이 처한 과도한 자원 소비, 환경 파괴와 오염, 소득 불균형 등의 문제점들은 단순히 쉽게 해결할 수 있는 것들은 아니다. 현대 중국의 경제 기적을 견인해 냈다고 평가받는 주룽지와 원자바오는 이런 구조적 병폐를 제대로 인식하지 못했다고 볼 수 있다. 이뿐만 아니라, 불균형 해소라는 관점에서 이 병폐가 얼마나 중요한 의미가 있는지 제대로 알지 못한 것으로 보인다. 그렇다면 중국 자국 내 일자리를 충분히 창출하기 위해서는 어떤 전략이 필요한가? 해답은 있다. 서비스 부문을 활성화시키는 것이다. 2011년 제12차 5개년 계획이 시작될 당시 3차 산업인 서비스 산업은 2차 산업인 제조업과 건설업보다 많은 일자리를 창출했다. 제조업과 건설업이 주도하는 경제구조에서는 같은 크기의 노동력을 흡수하기 위해 10퍼센트의 성장률이 필요하지만 서비스 부문이 주도하는 경제구조에서는 7퍼센트 정도의 성장률이면 충분할 수 있다. 낮은 GDP 성장률로도 노동력 흡수가 가능하다면 초고도 성장에서 비롯된 여러 가지 문제점들을 어느 정도 해소할 수 있을 것이기 때문이다. 최근의 분석에서는 전 세계 경제 강국들 중에서 중국의 서비스 부문이 가장 뒤처진 것으로 파악되고 있다. 일례로, 중국의 서비스 부문이 GDP에서 차지하는 비중은 약 43퍼센트로서 인도를 비롯한 기타 아시아 국가의 55퍼센트보다 훨씬 낮은 수준이다. 서비스 부문이 대단히 발달되어 있는 미국의 수준이 75퍼센트인 것과 비교하면 중국의 서비스 부문은 이제 겨우 시작하는 단계라고 할 수 있다.

하지만 그렇다고 해서 중국의 이러한 상황이 무조건 나쁜 것만은 아니다. 반대로 생각하면, 서비스 부문의 발달이 늦다는 것은 중국에는 하나의 기회가 될 수도 있는 것이다. '발달이 충분하지 않은 상태'라는 것은 앞으로의 성장 잠재력이 무한하다는 의미도 될 수 있다.

서비스 부문의 발달이 저조하다는 것은 아직 개척되지 않은 부분이 많다는 의미다. 이를 통해 보면, 중국 정부의 목표치를 달성하기가 훨씬 쉬울 수도 있다. 중국은 공급망에 필수적인 익일 배송과 물류 도소매업, 교통 등의 부문이 미흡하다. 뿐만 아니라, 보건 의료와 금융부문을 비롯해 레저, 호텔, 외식, 관광 부문도 아직은 부족한 수준이다. 인적자원에 엄청난 투자가 요구되는 지식 집약적 전문 서비스 부문과 달리, 단순 업무와 거래 서비스 부문은 3~6개월 정도의 단기 훈련만으로도 필요한 인력을 충분히 양성할 수 있다.

이러한 측면에서 중국의 서비스 부문은 미국과 비교했을 때 훨씬 성장 잠재력이 크다고 할 수 있다. 현재 미국은 민간 서비스 부문의 인력이 전체 고용에서 차지하는 비중이 68퍼센트에 달하는 반면, 중국은 이보다 훨씬 낮은 44퍼센트 수준에 불과하다. 또한 도소매업, 레저, 호텔, 외식업, 의료, 전문 기업 서비스 등 4개 민간 서비스 부문이 미국의 전체 고용에서 차지하는 비중은 50퍼센트에 달하고 있지만, 중국은 16퍼센트 정도에 불과하다. 결국, 중국이 서비스 부문에서 미국과 어깨를 견주기 위해서는 새로운 일자리를 보다 많이 창출해야 한다는 결론에 이르게 된다. 어찌 보면, 이것은 중국 정부의 도시 지역의 일자리 창출 목표보다 훨씬 많은 수치가 될 수도 있다. 나아가, 중국 정부가 도소매업 부문에서 미국과의 격차를 절반 정도만 줄여도 서비스 부문의 일자리가 보다 많이 늘어나는 결과를 얻을 수도 있을 것이다.

여기서 그치지 않는다. 중국 정부가 자국 내 경제 전략을 제조업 부문에서 노동 집약적인 서비스 부문으로 전환시킬 경우, 중국 경제의 불균형 해소에 도움이 될 것으로 예측된다. 중국처럼 생활수준이 향상되기 시작한 국가에 어울리는 서비스 분야는 생각 외로 아주 많다. 새로운 중국의 소비 중심 문화는 서비스 부문이 제공하는 여러 가지 인프라를 활용할 때만이 탄생할 수 있다. 중국 정부가 자국의 경제 전략을 서비스 부문으로 전환하면, 현재 중국이 처한 경제 불균형에서 비롯되는 고질적 병폐까지 많은 부분에서 해소될 수 있을 것이다.

요컨대 고용은 개인이 소득을 얻고 소비자가 구매를 하는 데 필요한 기본 요소이다. 그러나 일자리 창출이 근로자의 소득으로 이어지는 것은 결코 아니다. 이 부분에서 중요한 역할을 하는 요소는 바로 임금률이다. 미국은 고생산성 국가로서 임금 수준이 높은 편이다. 미국과 비교한다면 중국은 낮은 생산성과 그에 따르는 낮은 실질임금으로 인해 여전히 경제 부문에 있어 여러 가지 어려운 문제를 안고 있다. 지난 중국 정부는 최저 임금제를 도입하는가 하면 2004년에는 노동 개혁법을 통해 최저 임금을 2년마다 인상하도록 조치했다. 2008년에는 각종 경제 개혁안을 마련하기도 했는데 그 내용을 살펴보면 고용계약 의무화, 노동 쟁의의 조정과 화해, 실업 보험과 재교육 같은 사회 안전망 등을 통해 근로자의 권리 보호에 초점을 맞추고 있다. 이러한 중국 정부의 일련의 정책들이 효과를 발휘했기 때문에 2004년 이후 근로자의 실질임금이 단계적으로 상승했다. 2004~2008년에는 근로자의 임금이 거의 30퍼센트 증가에 육박할 정도였다. 하지만 중국 정부의 이러한 조치들을 통해 근로자의 임금 상승이 GDP에서 차지하는 개인 소득의 비중을 높여준 것은 아니었다. 그것은 애초에 중국의 임금 수준이 워낙 낮았다는 점과 제조업 부문이 노동 집약적 구조에서 자본 집약적 구조로 이행하고 있었다는 사실 때문이었다.

제12차 5개년 계획은 개인의 근로 소득과 소비를 증가시키기 위한 정책들로 근로자의 임금 상승에 역점을 두고 있었다. 중국 정부는 경제의 기반을 농업 부문에 두고 있는데 이러한 농업 부문의 고용이 전체 고용의 55퍼센트를 차지할 정도이다. 이러한 실정으로 인해 제12차 5개년 계획에 따라 농촌 지역의 임금과 생산성 향상에 초점을 맞춘 정책과 법률이 등장할 수밖에 없었다. 농업 생산과 농촌 사회에 대한 지원 확대, 농민에 대한 금융 지원 등의 정책들이 이러한 기조를 반영한다. 또한 중국 정부는 기존 정책이나 계획에 대한 직접적 지원과는 별개로 농촌 지역의 인프라 구축, 수원과 수자원 보호, 농촌 지역 전력화 사업, 새로운 금융 수단 등 다양한 시책을 통해 농촌 지역의 생산성 증대를 꾀하기 위해 노력하고 있다.

실제로 중국 근로자의 임금을 상승시킬 수 있는 가장 효과적인 방법은 따로 있다. 그것은 바로 도시화다. 중국 정부는 특히 도농 간의 급격한 인구 이동에 주목하고 있는데, 그들은 이를 잉여 노동력의 흡수와 빈곤 퇴치의 중요한 수단으로 이용하고 있다. 중국 정부의 발표에 의하면, 도시 근로자의 1인당 소득은 농촌 근로자의 3~3.5배라고 한다. 급격한 도시화로 인해 도농 간 인구 이동이 계속될 경우, 도시로 이주한 농촌 근로자들이 그곳에서 일자리를 구할 수 있다면 앞으로 중국의 총 GDP에서 개인 소득이 차지하는 비중이 증가할 것은 불을 보듯 뻔한 일이다. 그러나 일자리 창출과 도시화라는 두 가지 결과를 도출하기 위해서는 무엇보다도 선결되어야 할 문제들이 많이 존재한다. 살펴보면 불균형 해소라는 차원에서는 몇 가지 선결되어야 할 작업이 반드시 존재한다. 여기서는 서비스 부문이 핵심 열쇠다. 중요한 것은, 근로자의 고용을 늘려 1인당 임금 수준을 높이고 궁극적으로 개인 소득을 증가시키는 것이다. 요컨대 도농 간의 인구 이동 문제를 조화롭게 접목시키는 가장 효과적인 해법은 바로 서비스 부문의 발달에 있다는 것을 알아야 한다.

한편 중국 전체로 봤을 때 중국 국민의 개인 소득은 '금융 억압'에 의해 증가하거나 감소하기도 한다. 그동안 중국 정부의 일련의 조치들로 인한 금융 억압 탓에 저축에 대한 이자 소득이 증가할 수 없었다. 여기서 필요한 것이 바로 저축 예금에 대한 금리 자유화다. 금리 자유화만으로도 GDP상의 개인 소득을 5~10퍼센트 포인트나 끌어올릴 수 있다.

그런데 여기서 반드시 짚고 넘어가야 할 것이 있다. 고용 증가와 임금 상승 정책을 통해 근로자의 소득을 높이는 것이 상당히 중요하고 반드시 필요한 일이긴 하지만, 이러한 소득의 증가가 곧바로 지출의 증가로 이어지는 것은 아니다. 그것은 중국 국민들의 지출에 대한 태도에 달려 있다. 중국의 국민들이 자국의 미래의 경제 상황을 불안해한다거나 미래가 불확실하다고 생각한다면 소득이 늘어도 이 소득 증가분이 국민 개인의 지출로 이어지지는 않을 것이다. 당연히 소득 증가분은 저축에 사용될 것이고 결국 소득 증가를 통한 친소비적 성장 전략은 실패로 끝나고 말 것이다. 바로 이러한 점이 소비 중심적 경제 기조 구축을 방해하는 가장 큰 문제점이라고 할 수 있다.

자세히 살펴보자면, 중국의 사회 안전망은 적정성이 상당히 부실하다. 중국 정부가 제12차 5개년 계획을 통해 이 부분을 해결하고자 노력했지만 문제를 해결하기가 결코 쉽지는 않았을 것이다. 특히나 사회 안전망 중에서도 퇴직자의 수입을 보장하는 일이 중요하게 언급된다. 중국은 아직까지 다양한 연금 제도가 있음에도 불구하고 이를 원활히 운용할 재정이 턱없이 부족하다. 어쩌면 이런 상황 때문에 중국인들이 수입을 지출하기보다 저축하려고 하는 것은 너무도 당연한 일이다.

제12차 5개년 계획에서는 이 문제를 무엇보다 중요하게 다루고 있긴 하지만, 안타깝게도 이를 뒷받침할 실질적인 조치가 뒤따르지 않았다. 중국은 전 세계에서 단연 손꼽히는 잉여 저축국이다. 중국 정부가 마음만 먹는다면, 중앙은행 수준이나 지방은행 수준에서 공적 자금을 퇴직연금으로 전환할 여력이 충분히 있다. 만약 퇴직자의 생활 보장 문제가 해결되지 않는다면, 소비자 수요가 증가하기를 기대하기는 더욱 어렵다.

이뿐만이 아니다. 중국의 의료보장에 관련한 문제도 역시 중요하다고 할 수 있다. 2009년 중국은 의료보험 개혁을 실시했다. 퇴직자 연금 제도와 마찬가지로 중국의 의료보험 제도는 혜택의 수위보다는 가입자의 수 인구의 95퍼센트에 초점이 맞춰져 있었다. 즉 얼마나 많은 혜택을 주느냐가 아니라 얼마나 많은 사람에게 혜택을 주느냐를 주목적으로 삼았다. 하지만 지금의 의료보험 기금으로는 14억 중국인에게 적정한 자금을 지원하기가 곤란하다. 그렇다 해도 중국 정부는 퇴직연금과 마찬가지로 잉여 저축금이 있으므로 사회 안전망 구축에 이를 활용할 여력이 충분히 남아 있다.

1-3
미국과 중국의 새로운 만남

　수많은 역사적 변환점을 거치며 중화인민공화국으로 재탄생한 중국은 불균형성에서 비롯한 의존적 관계에서 결코 자유로울 수가 없다. 중국은 미국이나 유럽을 비롯한 서방 세계와는 완전히 다른 정치 체제를 지니고 있음에도 불구하고 중요한 한 가지의 공통점은 지니고 있다. 중국도 다른 서방 세계와 마찬가지로 실업 해소와 사회적 안정 회복이라는 해결해야 할 문제점을 안고 있다는 점이 그것이다. 과거를 돌이켜 보건대, 중국은 문화대혁명으로 경제가 파탄에 몰렸고 사회는 극도로 분열하게 되었다. 그 어느 때보다도 실업 해소와 사회적 안정 회복이라는 문제에 대한 해결책이 필요했다. 미국과 유럽을 비롯한 서방 세계가 경제 성장에서 해법을 찾았듯이 중국 정부도 앞에서 언급한 문제들을 해결하기 위한 방법으로 경제 성장을 선택했다. 근현대 중국의 정치 지도자들은 일정 정도의 위험성을 예측하고도 고속 경제 성장과 그에 따르는 사회적 안정을 얻고자 노력했다.

하지만 중국 정부의 이 같은 전략과 다른 선진국의 전략 간에는 중요한 차이점이 있었다. 일본이나, 미국 유럽이 자국 경제 성장의 발판을 마련했던 것과는 달리 중국에는 실질적으로 그런 동력이 미흡했다. 당시 중국은 사회적으로도 정치적으로도 그 기반이 미처 재정비되지 못한 상태였다. 따라서 가난에 시달리는 국민에게 내수를 통한 소비지출을 기대하는 것은 거의 불가능했다. 그러한 시점에 등장한 중국의 지도자가 바로 덩샤오핑이었다. 그는 마오쩌둥과는 전혀 다른 전략을 마련하여 추진했다. 과거 마오쩌둥은 중국의 수출과 투자 기반의 성장에 초점을 맞추고 가장 효과적인 해법을 찾아 실행에 옮겼다. 이러한 정책의 결과로, 중국은 미국을 비롯한 유럽 등 서방 세계의 소비자 욕구를 충족시키는, 이른바 '세계의 생산자'가 되었다. 중국이 세계의 생산자로서의 역할을 맡긴 했지만 선진국과는 크게 다르지 않은 정책 함정을 스스로 만들어내기도 했다. 좀 더 구체적으로 말한다면, 중국은 자진해서 과잉 소비 시대에 뛰어들었다고 할 수 있다. 물론 중국은 소비자가 아닌 생산자의 자격으로 과잉 소비 시대의 주체가 되었다. 여기에 대해 중국의 편에서 생각해 본다면 적어도 중국은 사회적 안정과 경제 발전의 절실함 때문에 빠른 속도의 경제 성장을 필요로 하고 있었다.

단언컨대 미국과 중국의 떼려야 뗄 수 없는 의존 관계는 바로 이 부분에서 시작된다고 하겠다. 폐쇄경제에 초점을 맞춘 성장 모형이 양국에서 문제를 노출한 것이다. 자력 갱생을 지향했던 마오쩌둥과는 달리 덩샤오핑은 경제의 성장에 중심을 두고 있었다. 한편 미국 역시도 문제점을 안고 있기는 마찬가지였다. 미국은 끝도 없이 늘어나기만 하는 자국 소비자의 탐욕적 소비 욕구를 만족시키려면 외국의 저가 생산 시설과 값싼 자본을 이용하는 수밖에 없다는 사실을 깨달았다. 미국의 소비자들이 바로 민주정치의 토대로서의 기능을 담당하고 있었기에 이들의 요구를 무시할 수는 없는 노릇이었다.

이러한 과정을 통해 미국과 중국 간에는 의존 관계라는 함정이 발생하게 되었다. 흥미롭게도 미국과 중국은 각기 상대가 원하는 조건을 갖추고 있었다. 미국의 조건은 이러했다. 거대하면서도 멈출 줄 모르고 늘어나기만 하는 엄청난 '소비자수요'가 있었던 것이다. 중국의 조건은 또 이러했다. 저비용 생산 플랫폼과 값싼 자본력을 갖추고 있었던 것이다. 세계의 생산자는 세계의 소비자 덕분에 먹고살 수 있었고, 세계의 소비자 역시 세계의 생산자 덕분에 소비 욕구를 충족시킬 수 있었다. 중국의 경제(사회적인 측면도 포함해서)가 발전하면 발전할수록 이런 의존 관계에서 벗어나기가 점점 어려워졌다. 이러한 점은 미국도 마찬가지였다. 자국 소비자가 중국의 생산물에 의존할수록 과소비에 점점 골몰하게 되었다.

세계의 소비자인 미국과 세계의 생산자인 중국은 이토록 수많은 주요 특성들을 공유하고 있다. 그런데 재미있는 점은, 미국과 중국 모두 자국의 성장 기조를 유지하기 위해 서로 상대를 필요로 한다는 점이다. 그러나 이런 관계성에는 '의존적 성장의 함정'이라는 위험이 도사리고 있다. 이는 단순히 경제적인 측면 하나만 살펴서는 곤란하다. 리더십, 제도, 기술, 새로운 유형의 세계화가 무역과 자본 흐름을 통해 만들어낸 연결성과 갈등 등 다양한 관점에서 고찰해야 한다. 미국과 중국 간의 상호작용과 세계화 속에서 최근의 성장 둔화에 대한 양국의 반응을 보면 경제적 의존성이라는 함정은 더욱 심화될 수밖에 없게 된다.

미국과 중국의 이러한 공통된 문제점과 관련해서는 양국이 어떻게 의존적 성장의 함정에 빠지게 되었는가 하는 점에 대한 고찰이 필요하다. 우연찮게도 미국과 중국은 20세기 전반기에 한 가지 공통된 상황에 처하게 되었다. 미국과 중국은 두 나라 모두 극심한 경제위기를 겪었던 것이다. 그렇기 때문에 다시는 그런 오류를 범하지 않겠다는 전략 때문에 정치 지도자, 정책 입안자, 규제 당국이 하나같이 경제의 성장에 중심을 둔 전략 세우기에 과도하게 집착했다. 그들의 목표는 하나였다. 바로 그러한 난국의 해결책을 찾는 것이었다.

1990년대와 2000년대 초까지만 해도 두 나라 모두 아무 문제 없는 듯했다. 게다가 그러한 기간이 길어질수록 그 함정이 선사하는 달콤한 꿀을 계속 얻을 수 있으리라는 확신 또한 강해졌다. 하지만 이는 과잉의 시대가 끝나갈 무렵에 어김없이 등장하는 '새로운 패러다임'에 대한 전형적 믿음에 불과하다. 그런데 정작 중요한 것은 미국과 중국의 두 나라의 지속 가능성과 관련이 있다. 오로지 성장과 번영이라는 일관된 목표를 추구한 미국과 중국은 결국 불안정한 성장 모형을 받아들이고 추진하게 되었다. 그런데 문제는 이러한 불안정이 매우 심각한 수준에 이르렀다는 사실이었다. 미국은 저축, 무역 적자, 부채 등의 문제가 심각했고 중국은 과도한 자원 수요, 소득 불평등, 환경 침해와 오염 등이 큰 문제였다.

뭐니 뭐니 해도 가장 결정적인 오류적 요소는 생산자와 소비자

간에 형성된 불균형적 의존성이었다. 끝을 모르는 미국의 소비자 수요는 언제 꺼질지 모를 자산 거품과 신용 거품에 기반을 둔 것이었고, 중국의 수출 주도적 성장 모형은 미국의 소비자 수요가 영원하리라는 큰 착각에 바탕을 두고 있었다. 미국과 중국 두 나라 사이에 발생한 불균형적 의존성은 더 없이 매력적인 함정이었다. 적어도 그 치명적인 무대가 끝나던 2008년까지는 그랬다.

의존 관계인 두 국가의 재균형화(불균형 해소 작업)는 양국의 역할 반전과 밀접한 관련이 있다. 재균형화가 이루어진다면 미국의 성장 모형은 소비자 주도형에서 생산자 주도형으로 바뀔 것이고 중국은 그 반대로 생산자 주도형에서 소비자 주도형으로 바뀔 것이다.

그러나 여기에는 한 가지 간과할 수 없는 문제가 있다. 한 모형에서 다른 모형으로 '정확하고 확실하게' 전환이 이루어진다는 보장은 어디에도 없다는 사실이다. 또 설사 그렇게 된다 하더라도 성장 모형의 전환 하나만으로 재균형화가 완성되었다고 보기는 어렵다. 중요한 것은 모형을 전환하는 것 자체가 아니라 그런 전환을 통해 불균형을 해소하는 것이고 더 나아가 지속 가능한 성장 토대를 만들어내는 것이다. 미국과 중국은 둘 다 마찬가지로 소비와 생산, 내수와 외수, 어느 것 하나라도 놓쳐서는 안 된다. 그리고 양 요소 간의 균형점을 찾아내고 이를 통해 지속 가능한 성장 토대를 만들어야 한다.

미국과 중국이 서로에 대한 호혜적 관점에서 상호 협력하기만 한다면 양국의 역할 반전은 두 국가 모두에게 큰 기회로 작용할 것이다. 중국이 세계의 생산자에서 소비자로 그 역할을 전환한다면 성장을 일생일대의 목표로 지향하는 미국으로서는 엄청난 잠재력을 지닌 새로운 외수시장이 생기는 셈이다. 어쩌면 미국의 수출은 이를 통해 다시 호황을 맞게 될지도 모른다. 하지만 중국의 소비시장은 아직 시작 단계이기 때문에 제품, 서비스, 시스템, 경영 기술 등 많은 부분을 세계 최강의 소비국인 미국에 의존해야 한다. 결국 미국의 소비자 문화 자체는 중국이 최종적으로 미국에서 수입해 올 상품이 될 것임이 불을 보듯 뻔하다. 미국과 중국이 상대국의 재균형화 혹은 구조적 변화를 또 다른 위협으로 보고 이를 무조건 배척하기보다는 자국에 이익이 되는 방향으로 활용한다면 걸림돌이 기회로 바뀌는 것은 아주 쉬운 일이 될지도 모른다.

물론 그렇게 되기까지는 많은 난관을 거쳐야 한다. 2008년 미국발 경기 침체의 여진이 아직 계속되는 상황에서 상대국이 자국의 경제성장에 해를 끼칠지도 모르는 일을 벌인다면 예민하게 반응할 수밖에 없다. 최근 들어 더욱 심각해진 미국과 중국 간의 무역 마찰이 그 좋은 예다. 요컨대 재균형화는 무역 마찰을 심화시키는 쪽이 아니라 완화하는 방향으로 작용해야 한다.

그런데 아직도 미국과 중국의 지도자층 사이에서는 재균형화는 위험하고 불필요한 것이라는 잘못된 인식이 존재한다. 물론 미국과 중국의 재균형화가 비슷한 속도로 진행되면 좋지만 이는 쉽지 않은 일이다. 현실적으로는 이런 변화가 각기 다른 속도로 진행되기 때문에 속도 차이를 조율하거나 관리하기가 어렵고 이 때문에 미국과 중국의 사이에서는 서로를 믿지 못하는 불신이 생겨났다.

미국과 중국의 재균형화 작업이 두 나라 사이에서 동시에 순조롭게 이루어지기를 기대하기는 어렵다. 하지만 그러한 재균형화의 변화

방향만큼은 매우 확실해 보인다. 그런데 미국과 중국의 궁극적 목적은 여전히 경제 '성장'에 초점이 맞춰져 있다. 여기에는 결코 간과해서는 안 되는 점이 있다. 과거에는 단순히 성장의 '양'에만 초점을 맞췄다면 이제는 성장의 '질'에 더 초점을 맞춰야 한다는 사실이다.

중국과 미국의 경제 관리에서 지도층의 리더십은 매우 중요한 역할을 한다. 재균형화 작업에도 마찬가지다. 아니, 보다 더 강한 리더십이 요구될지도 모른다. 만약 서로에 대해 의존적인 미국과 중국이 각기 성공적으로 재균형화를 이뤄낸다면 이는 전 세계적으로 좋은 선례를 남기는 일이 될 것이다. 생산자 경제는 소비자 중심 경제와는 큰 차이가 있다. 중국에서는 생산자 중심의 경제 모형으로 30년 이상 엄청난 경제 발전 성과를 내었다. 중국 경제가 생산자 중심의 경제 구조에서 소비자 중심으로의 변화를 처음으로 나타낸 것이 바로 제12차 5개년 계획이었다. 그러나 이는 단지 궁극적인 목표를 정한 것일 뿐, 세부적인 실행 계획과는 거리가 있었다.

실제로 중국이 생산자 중심의 국가에서 소비자 중심 국가로 전환하는 방법은 아주 분명하다. 즉 서비스 부문의 일자리 창출과 도시화를 통한 평균 임금 상승에 그 해답이 있다. 예컨대 중국 정부가 포괄적인 사회 안전망에 대한 정부의 지출 확대와 신규 소득원 창출을 통해 경제적 안정감을 중국인들에게 선사한다면 소비심리가 되살아날 것이다. 그러나 여기에도 여전히 문제점은 남아 있다. 역사적으로 중국은 현대 소비자 사회의 특성과 행동 원칙을 제대로 인식할 기회가 없었다. 구매력을 증진시키는 것과 증진된 구매력을 소비지출로 이끄는 것은 별개의 문제다. 소득이 증가해도 소비 혹은 지출에 대한 기존 태도에 변화가 없으면 소비자 사회로의 전환은 여전히 멀고 먼 일이 될 것이다.

중국은 그 역사적 특수성 때문에 소비자들의 태도 변화에 어려움이 있다. 문화대혁명이 남긴 상처, 국유 기업 개혁에 따른 고용 불안정, 퇴직자에 대한 정부의 불충분한 재정 지원 등으로 중년층 이상의 중국 소비자는 지출이라는 것에 거부감을 보인다. 이런 태도는 '중용과 절제'라는 전통적 유교 사회의 가치 규범에서 비롯된 측면도 있다.

현재 중국에는 경제적 측면에서 소비자들의 태도 변화를 막는 사회직 구조상의 문제가 여전히 존재한다. 중국의 소비자는 도농 간의 인구 이동과 급속한 고령화라는 두 가지 어려움에 직면해 있다. 중국에서는 매년 1,500~2,000만 명이 농촌에서 도시로 이주한다. 더 나은 삶을 꿈꾸며 도시로 이동했다 하더라도 새로 등장한 소비자는 도시에서 최저 생계 수준의 생활을 하고 자유 재량적 구매력이 거의 없다고 볼 수 있다. 고령화가 급속이 진행되고 있는 중국의 인구통계학적 특성도 중국 가계의 재량 소득(가처분소득에서 기본 생활비를 제외한 나머지)이 곧바로 소비로 이어지지 못하게 하는 원인이 된다. 중국의 사회 안전망이 확고히 구축되지 않은 상황에서 노인 부양률이 계속 상승한다면 생산 활동 연령대에 속한 가계는 자신들이 소비지출로 사용할 수 있는 소득을 자연히 노인 부양과 노후 자금으로 사용할 수밖에 없을 것이다. 이처럼 아직도 중국에서는 여러 가지 원인들이 복합적으로 작용해 소비자 중심의 시대를 방해하고 있다. 이처럼 중국 소비자의 소비 지출을 막는 각종 굴레는 저절로 사라지는 것이 아니다.

결국 결론은 하나다. 생산자로서 역할을 다하던 사람들을 소비자로서의 역할을 다하도록 변화시키는 방법을 찾는 것이다. 물론 문화대혁명 이후 중국 경제가 파탄지경에 빠졌던 1970년대 말에도 이와 똑같은 질문을 던질 수 있었다. 그런데 당시에는 '생존 본능'이라는 강력한 동기가 있었고 이 본능이 지속적 경제 발전 욕구로 진화했다.

요컨대 중국인들의 생존 본능이 성장 욕구로 이어졌고 이는 '개방'이라는 획기적인 전략을 낳았다. 개방을 통해, 중국은 외국인 직접투자와 기술 이전을 장려함으로써 생산, 조립, 유통 플랫폼을 구축하고 관리하는 방법을 습득했다. 이것이 바로 세계의 생산자로 우뚝 서게 된 비결이었다.

현재의 중국으로 넘어와 보자. 중국에는 서비스 부문에서 이와 비슷한 기회가 기다리고 있다. 그런데 여기서 명심할 것이 있다. 지금의 변화 혹은 전환은 1970년대 말만큼 시급을 요하는 것이 아니라는 점이다. 중국은 서구의 기술과 지식을 도입하여 생산자 문화를 구축했던 것처럼 이번에는 똑같은 방식으로 소비자 문화를 구축해야 한다.

아마도 중국이 서비스 부문을 외국 기업에 개방하는 것에서부터 소비자 문화의 구축은 시작될 것이다. 단언컨대 서비스 산업에 대한 경험이 부족한 중국은 서구의 서비스 강국과 협력 관계를 구축해야 한다. 그리고 이런 작업이 이미 일정 부분 시작되었고 꽤 좋은 성과도 내고 있다.

즉 외국 서비스 기업의 전문 지식과 기술을 십분 활용하여 국내의 서비스 역량을 구축해야 한다. 서비스 부문을 외국 기업에 개방하는 것이 중국 소비자에게 중요한 의미가 있다고 말하는 이유도 여기에 있다. 중국은 세계적인 서비스 기업과 협력하거나 이들에게 시장 참여를 허용함으로써 유통, 시스템 솔루션, 마케팅, 기술 개발 등에 관한 전문 지식과 기술을 습득하여 서비스 산업에 새 생명을 부여할 수 있다. 이것은 과거 중국이 제조업 부문에서 외국인 투자 기업을 국내 기업으로 전환함으로써 경쟁력을 비약적으로 발전시켰을 때의 전략과 같다.

중국이 제조업 부문에서 시도했던 전략을 서비스 부문에서도 적용할 것이 분명하다. 게다가 지금은 외국의 유수한 서비스 기업들이 중국시장에 발을 들여놓기 위해 안달하는 상황이다. 전 세계의 내로라하는 서비스 기업 중에 이 엄청난 기회를 놓치고 싶어할 곳은 없다. 그러나 중국이 소비자 사회로의 전환을 완성하려면 서비스 산업의 발달에만 의존해서는 안 된다. 서비스 산업의 발달 외에도 개인의 소비 지출을 늘리기 위한 다양한 대책이나 방안이 필요하다. 하지만 소비 진작을 위한 여러 노력이 곧바로 소비로 이어지는 것만은 아니다. 그러나 결과가 보이지 않더라도 소비 진작을 위해 어떤 노력을 할지 고민해볼 필요는 있다.

미국과 중국, 양국 가운데 중국이 먼저 재균형화 작업을 시작한 것으로 보이는 징후들이 여럿 포착된다. 중국은 이미 제12차 5개년 계획으로 재균형화 전략을 명확히 제시했다. 또한 중국 시진핑 지도부의 실행력 역시 뛰어나다. 새로 꾸려진 중국의 제5세대 지도부는 사회적 안전성과 실용주의에 입각한 정책 추진에 초점을 맞추는 한편 외부 수요에 의존한 경제 모형에서 내부 수요에 의존한 경제 모형으로 옮겨가는 것이 중요하다는 사실을 인식하고 있는 듯하다. 2013년 초, 중국의 신지도부는 경제성장의 속도 조절이 필요하다고 인정한 사실이 있다. 이처럼 통화와 재정 정책에서 규율과 균형을 강조하는 것은 초고도 성장에 집착하던 과거의 태도와는 분명한 차이를 두고 있다. 앞에서 언급했던 것처럼, 중국이 예전보다 낮은 성장률로도 전체 경제의 성장 기조를 이어가려면 서비스 중심, 소비자 중심의 성장 모형에 더 치중해야 한다.

2008~2012년의 미국발 경기 침체로 인한 세계 경제 쇼크는 중국에게는 경고 신호로 작용했다. 이번에는 미국의 차례다. 미국에는 중국 경제의 재균형화 움직임이 중요한 경고 신호로 작용할 수 있다. 이는 미국이 경제적 패권을 지키기 위해 전략적 투쟁에 임해야 한다거나 중국의 성장 속도에 발맞춰야 한다는 차원의 경고 신호가 아니다. 소비 중심의 성장 모형으로 전환하려는 중국이 자국의 잉여 저축을 내수 진작에 투입한다면 미국은 가장 큰 외부 자본 공급원을 잃게 된다. 중국이 달러화에 대한 수요를 줄이고 잉여 자산을 국내 수요처에 투입할 가능성에 관해 미국 정치권은 우왕좌왕 하고 있다. 중국은 외화 표시 자산을 사들이던 잉여 자금을 국내에서 소화할 수도 있다. 사회 안전망 확충이라든가 기타 소비자 사회로 전환하기 위해 필요한 부분에 잉여 저축을 활용할 수 있다. 앞으로 중국의 달러화 수요는 예전보다 감소할 것이다.

만약 미국과 중국의 관계가 이 정도로 진행된다면 여전히 불균형적인 미국 경제는 장기 금리의 급상승이나 달러화의 가치 하락을 모면하기 어려울 것이다. 이런 압박에서 벗어나려면 중국을 대체할 새로운 자본 공급원을 찾아야 하는데 이것이 여의치 않다면 국내의 저축률을 상승시켜서 이 부족분을 메우는 수밖에 없다. 요컨대 미국이 소비 중심의 경제 상황에서 벗어나려면 가계 저축을 늘려야 한다. 지속 불가능한 과소비 성장 모형을 폐기하려면 저축을 늘리고 지출을 줄이는 방법밖에 없다.

미국은 민간 소비 경제에서 벗어나 좀 더 지속 가능한 성장 동력을 찾기 위한 전략을 재수립해야 한다. 그러자면 저축을 더 늘려야 하고 또 자본적 지출을 통해 수출 경쟁력을 높여야 한다. 하지만 최근 미국의 행보를 보면 적극적으로 전략을 세워 대응하기보다는 대충 넘어가는 쪽을 택한 것 같다. 재균형화 착수도 중국에 주도권을 빼앗긴 상황에서 계속 지지부진한 미국의 행보가 안타깝다.

이에 반해, 중국은 재균형화에 대한 의지가 확고하다. 의존 관계인 미국으로서는 이런 변화에 어떤 식으로든 반응해야 한다. 만약 미국이 중국의 재균형화 추세를 보면서도 계속 재균형화의 필요성을 부정한다면 달러화 약세와 금리 상승의 압박이 더욱 심해질 것이다. 의존 관계라는 관점에서 보면 미국이 어떤 선택을 해야 할지가 분명해진다. 미국은 보다 현명하게 굴어야 한다. 미국은 자국의 운명에 대한 통제권을 쥐고 또한 새로운 중국이 제공하는 기회를 움켜쥐어야 한다. 만약 그러지 못한다면 자국의 운명에 대한 통제권을 포기하고 큰 기회를 날려버리는 일이 될 것이다. 이보다 더 심각한 상황은 미국이 예전의 성장 모형에 대한 미련을 떨쳐버리지 못하고 계속 여기 매달리는 일이다. 이렇게 되면 미국은 새로운 중국이 제공해줄 기회를 결국 놓쳐버릴 것이다.

미국과 중국 사이에 있어 필요한 것은 하나다. 양국이 추구해야 할 공통의 목표는 하나인 것이다. 이미 출발에서 뒤진 미국은 외부(중국의 재균형화)로부터 변화의 압박을 받을 것이다. 중국인들의 머릿속에는 이미 개혁과 개방 '전략'을 통해 엄청난 성과를 올린 기억이 생생하다. 하지만 미국은 무엇을 어떻게 해야 할지 아직은 정확히 인식하지 못한 것으로 판단된다. 그러나 여기서 반드시 기억해야 할 중요한 사실이 하나 있다. 먼저 행동에 나선 중국이 재균형화라는 종착역에 성큼성큼 다가가는 그 자체가 미국에는 큰 부담으로 작용할 것이라는 사실이다.

2장_
미국과 중국의 동상이몽

2-1
미국의 동진

미국이 중국이라는 세계 최대 라이벌의 세계적인 확장을 가로막으려면 경제나 금융 분야의 수단만으로는 부족해 보인다. 미국은 이미 60년 넘게 세계 패권 국가로서 그 역할을 해 왔다. 그런 미국이 지금은 동원 가능한 모든 수단을 동원해 중국에 대해 대대적인 공격을 퍼붓고 있다.

"미래의 정치는 아프가니스탄이나 이라크가 아니라 아시아에 의해 결정될 것이며 미국은 이러한 행동의 중심에 있을 것이다. 제2차 세계대전 이후 미국이 대서양 양편을 연결하는 포괄적이고 지속적인 기구와 관계의 네트워크를 구축하기 위해 노력해 왔고, 이를 통해 몇 배의 수익을 얻었으며 아직까지도 계속 이익을 얻고 있는 것처럼 말이다.

현재 미국은 태평양 대국으로서 똑같은 노력을 하고 있다. 이 전략은 오바마 대통령이 취임 초기부터 확정한 것이며 이미 그 효과가 나타나고 있다.

미국은 동북아의 전통적인 동맹국들에 대한 기지 배치를 새롭게 조정하고 있다. 이와 동시에 동남아와 인도양에서 우리의 존재도 강화하고 있다. 예를 들어, 싱가포르에 미국 연안전투함을 배치할 것이고 양국 군대가 연합 훈련이나 합동 작전을 지금보다 더 많이 할 수 있도록 계속 연구하고 있다.

호주와는 양국 연합 훈련의 기회를 늘리기 위해 올해 호주 내 미군 주둔 규모를 확대할 수 있는 방법을 강구하기로 합의했다. 또 동남아와 인도양 지역에서 행동반경을 확대하고 동맹국과 우방과의 접촉을 강화할 수 있는 방법도 모색하고 있다."

위의 내용은 2011년 힐러리 클린턴 미 국무 장관이 미국의 계간지 〈포린 폴리시〉에 기고한 글의 일부이다. 〈포린 폴리시〉는 〈포린 어페어스〉와 함께 미국에서 가장 권위 있는 외교 전문지 중 하나이다. 미국은 자신들의 외교 전략에 중대한 변화가 있을 때마다 주로 이 두 전문지를 통해 그 내용을 주장하고 설명해 왔다. 1947년 구소련 미국 대사 조지 케넌이, 미국이 대소련 봉쇄 정책을 추진할 것임을 밝힌 '소련 국가 행위의 근원'이라는 글도 〈포린 어페어스〉에 익명 형식으로 실린 바 있다. 그동안의 미국의 행보로 보아, 힐러리의 이 글도 미국의 대아시아 전략에 중대한 변화가 생겼음을 밝히는 것으로 받아들일 수 있다. 미국이 중국과의 대결을 전략적으로 준비하는 과정에서 중요한 상황을 맞이하고 있음을 이 글에서 암시하고 있는 것이다.

2012년 미국의 국방 예산은 2011년의 7,250억 달러에서 630억 달러 삭감된 6,620억 달러였다. 단순히 숫자상으로는 미국이 군사 전략을 축소한 것 같지만 이는 표면적인 모습에 불과하다. 이러한 예산의 삭감 배경에는 아시아 외 다른 지역에 대한 전략을 축소하는 동시에 대아시아로의 대규모 전략적 이동을 감행하겠다는 미국의 계획이 깔려 있다. 2011년 국방 예산 중 1,587억 달러는 각각 이라크와 아프가니스탄 전쟁에 투입됐는데, 그중 이라크에는 1,000억 달러, 아프가니스탄에는 600억 달러가 지출됐다. 미국은 2011년 당시, 이라크에서의 철군이 완료됐다고 공식 확인한 바 있다. 그러나 표면적인 철군 발표 뒤에는 다른 계획이 숨겨져 있다. 앞으로 이라크에 대해 미국이 지출하는 돈은 국방 예산이 아닌 외교 예산으로 책정될 것이라는 뜻이다. 또 2011년 당시엔 아프가니스탄에서의 미군 철군도 이미 중간 정도 진행된 상황이었다. 결국 모든 상황을 종합해서 살펴보면 다음과 같다. 2011년 국방 예산에서 이라크와 아프가니스탄에 대한 예산을 제외한다면 2012년 이 두 지역 외 기타 지역, 특히 아시아에 대한 국방 예산은 오히려 570억 달러가량 증액됐음을 확인할 수 있다.

여기서 말하는 기타 지역이란, 바로 중국 주변의 아시아, 태평양 지역을 가리킨다. 2008년 미국발 금융 위기 이후 미국은 전략적인 동진 대아시아 확장 정책을 계속해서 진행해 왔다. 미국이 궁극적으로 바라는 결과는 달러 자본의 순환 시스템에서 중국이 벗어나는 것을 최대한 막는 것이다.

세계 각국이 중국 주변으로 전략적 이동을 하는 상황 속에서, 미국이 가장 중점을 두고 있는 곳은 동남아다. 이곳은 피터슨국제경제연구소가 '위안화의 뒷마당'이라고 지칭하기도 한 곳으로, 미국의 동남아 진출은 다분히 전략적인 선택이라고 할 수 있다. 동남아는 아시아 지역에서도 특히나 그 특수성을 인정받는 곳이기도 하다. 달리 말하면, 달러의 아시아 순환 시스템 가운데 가장 취약한 곳이자 달러에 대한 위안화의 공세가 성과를 거두기 가장 용이한 지역이란 뜻이다. 동남아의 이런 특수성은 몇 가지 원인으로 인해서다.

첫째, 경제적인 현실을 꼽을 수 있다. 동남아 국가들의 경제 규모를 먼저 예로 들어 보자. 동남아는 중국과는 비교도 안 될 만큼 좁은 지역에다가, 중국 산업의 가치 사슬에서 하류에 위치해 있기 때문에 보다 쉽게 중국의 영향을 받는 지역이라고 할 수 있다. 즉 동남아 국가들은 중국 경제의 힘이 가장 쉽게 도달할 수 있는 지역이자 위안화 국제화에 대한 저항력이 가장 적은 지역인 것이다. 그렇다면 동아시아 국가로 통칭되는 한국과 일본의 경우는 어떠할까? 한국과 일본은 경제 규모에 있어서는 중국보다 작지만, 산업의 가치 사슬에서 중국 산업의 상류에 위치한다고 할 수 있다. 다시 말하자면, 한국과 일본, 그리고 중국은 각각 경제 협력의 범위에서 비교적 평등한 관계에 놓여 있다고 할 수 있다.

둘째, 역사적인 원인을 들 수 있다. 동남아의 여러 나라들은 1997년 동남아 금융 위기 당시, 달러 자본이 다른 나라를 얼마나 잠식해 들어올 수 있는지를 똑똑히 목도했던 나라들이다. 허울 좋은 달러 자본이 자국의 부를 얼마나 비정하게 수탈할 수 있는지 분명하게 목격했던 것이다. 태국, 말레이시아, 인도네시아, 필리핀 모두 1997년 금융 위기에서 미국에 의해 큰 손실을 입은 대표적인 나라들이다.

미국뿐만 아니라 일본 역시도 같은 역할을 했다. 당시 그들이 보여 준 행동은 동남아 지역에서의 엔화에 대한 신뢰도를 추락시키는 결과를 낳고 말았다. 과거 한동안 동남아 지역은 엔화 국제화의 가장 중요한 기점 역할을 했다. 그러나 1998년 금융 위기의 여파가 동남아까지 미치자, 일본 은행들은 동남아에서 재빠르게 손을 뗐다. 런던 정경대학 마이클 킹의 연구에 따르면, 1997~1998년 동아시아에서 이탈한 자본 가운데 3분의 1이 일본 자본이었으며 그 규모는 총 230억 달러에 달했다. 일본 은행들은 태국에서 120억 달러, 한국에서 80억 달러, 인도네시아에서 40억 달러의 자금을 순식간에 빼내어 갔다. 일본의 이 같은 행동은 이후 아시아 각국으로부터 두고두고 원성을 샀다.

하지만 중국은 그들과는 달랐다. 당시 중국은 위안화 가치 절하의 압력을 견뎌냈고, 그 후 동남아 경제가 안정을 되찾는 데 큰 역할을 했다. 그 이후 2012년 무렵이 되자, 중국은 아세안의 최대 무역 상대국으로 우뚝 설 수 있었다.

앞에서 열거한 원인들로 인해 중국의 위안화에 대한 동남아 국가들의 신뢰도는 상당히 높은 편이다. 위안화의 국제화를 이야기할 때 동남아를 가장 먼저 거론하는 이들이 많은 것도 이런 원인이 크게 작용한다.

'달러가 국제화한 후 미국은 윤전기로 찍어 낸 지폐를 그대로 가지고 가 중국에서는 공산품을, 중동에서는 석유와 천연가스를 살 수 있었다. 언젠가 위안화가 국제화한다면 중국도 윤전기를 돌려 찍어낸 지폐를 환전 없이 그대로 동남아에 가져가 마음껏 쌀을 살 수 있을 것이다.'

위의 글은 2011년 7월 하지밍 골드만삭스 중국 지역 수석 전략가가, 중국의 위안화 국제화를 쉽게 설명하기 위해 위안화로 동남아에서 쌀을 사 올 수 있다는 비유를 든 내용이다. 굳이 하지밍의 이런 비유를 들지 않더라도, 이미 동남아 일부 지역에서는 위안화를 현지 지폐로 환전하지 않고 위안화 그대로 현지에서 사용할 수 있다.

패권국을 자임하는 미국으로서는 이런 상황들을 그대로 두고 볼 수 없었던 듯하다. 2009년 7월 결국 미국은 동남아 회귀 정책을 정식으로 내놓고 말았다. 2009년 당시, 아세안지역안보포럼에서 클린턴 미 국무 장관이 미국의 동남아시아 우호협력조약 가입 의사를 밝히고 정식으로 '동남아 회귀'를 선언했던 것이 그 일환이다.

하지만 미국이 동남아 회귀를 선언한 후 뜻하지 않은 사건이 발생했다. 단순히 중국과 당사국 간의 문제로 남아 있던 남중국해 문제가 불쑥 커진 것이다. 갑자기 과열되기 시작한 이 문제로 필리핀, 베트남 등의 국가는 남중국해를 국제 분쟁의 지역으로 확대시켰다. 그때였다. 미국이 남중국해 문제에 본격적으로 가세하기 시작한 것이다. 미국은 남중국해 문제에 적극적으로 개입하며 "남중국해 상에서 선박 운항의 자유를 지키는 것은 미국의 이익에 부합한다."라는 주장을 불쑥 내놓았다. 더 나아가 미국은 필리핀 등이 남중국해 문제를 국제 분쟁으로 확대시키는 것을 지지하는 입장문을 내놓았다. 그들은 남중국해 문제를 자국이 동남아로 회귀하기 위한 수단으로 삼았고 결과적으로 아세안은 극도의 분열 상태에 놓이게 되었다. 지금까지도 미국은 남중국해 문제를 분쟁화시켜 중국과 아세안이 경제 및 금융 분야에서 협력하지 못하도록 하는 전략을 추진하고 있다.

2012년 11월 오바마는 재선에 성공한 후 첫 해외 순방 대상을 동남아 3국으로 결정하고 그중 첫 번째로 중국과 국경을 마주하고 있는 미얀마를 방문했다. 이에 대해 독일 일간지 〈프랑크푸르터 알게마이네 차이퉁〉은 "오바마 행정부 2기의 외교 나침반이 윤곽을 드러냈다."라면서 "아시아가 미국의 미래를 결정하게 될 것"이라고 평가했다. 일본 〈교도 통신〉도 "오바마가 아시아로 회귀하겠다는 의지와 결심을 피력한 것"이라고 보도했으며, 〈월스트리트 저널〉은 "오바마의 이번 방문으로 미중 관계가 재편될 것"이라며 "세계 1, 2위 경제 대국의 새 지도자의 관계가 향후 10년간 국제 정치의 향방을 결정할 것"이라고 평했다.

　　미국이 갑자기 태도를 돌변하여 이토록 동남아를 중시하는 데에는 나름의 이유가 있다. 미국은 자신들과는 '가치관'이 완전히 다른 미얀마를 향해 손짓을 함으로써 위안화 국제화 전략을 적극적으로 저지하고 나섰다. 미국은 동남아가 세계에서 가장 먼저 위안화를 무역 결제 통화이자 준비 통화로 대체할 것임을 예상하고 있다. 또한 미국은 이러한 일들이 국제 사회에서 자국에 대한 외교적 리스크를 발생시킬 가능성이 크다고 예상하고 있다.

2-2
미국으로 들어가는 중국 자본, 상호 의존의 성립

 근래 미국의 의회에서는 이상한 생각을 가지고 있는 듯하다. 어찌된 노릇인지 미국은 자국 근로자들이 경제적으로 힘들어진 것은 위안화의 가치가 너무 절하된 탓이라며 중국에 책임을 돌리고 있다. 연준 역시도 금융시장의 불안정이 중국의 과다한 잉여 저축에서 비롯된 것이라며 중국의 탓을 한다. 미국의 섣부른 판단에 대해 중국 역시도 가만히 두고만 보지 않았다. 중국은 미국 스스로가 파놓은 함정에 제가 빠졌다며 오히려 그들 자신의 책임을 회피한다고 비난했다.

 미국과 중국의 아슬아슬한 동거, 의존관계와 그 불협화음 속에서 인과관계를 파악하기란 매우 어렵다. 최근까지의 미중 관계는 1930년대 이후 세계 경제를 덮친 최악의 장기 불황과 밀접한 관계가 있기 때문이다. 전 세계를 덮친 금융 대위기와 그에 따르는 경기 대침체는 아무런 이유도 없이 갑자기 발생한 것이 아니다. 세계 경제는 전 세계적 확산세를 타고 있는 세계화로 인해 서로가 서로에게 연결되어 있어서 어느 정도는 국가끼리 의존할 수밖에 없는 상황 속에 있다. 결국 이런 조건 속에서 금융 대위기와 경기 대침체가 전개된 것이다.

이런 상황 때문에 국가 간의 문제는 더욱 복잡해질 수밖에 없다. 이처럼 국경을 넘나드는 상호 의존성을 바탕으로 무역, 자본, 정보, 노동 등 수많은 요소들이 서로 영향을 미치며 세계화라는 형태로 만들어지는 것이다. 이런 일련의 '흐름'이 실물경제와 금융시장을 통일성 있는 하나의 결정체로 만들어 간다.

미국과 중국 간에 형성된 의존관계 사이에는 다차원적 특성이 존재한다. 또한 이러한 측면이 여러 과정을 거치며 의존성의 지표가 됨을 알 수 있다. 오랜 세월을 지나며 미국과 중국의 관계에도 조금씩 변화가 생길 것임이 분명하다. 또 이런 지표를 통해 의존 관계의 긍정적인 측면뿐만 아니라 부정적인 신호도 감지해낼 수 있음이 분명하다.

국가들 사이의 의존성과 관련하여 또 살펴보아야 할 것은 다국적 기업의 급속한 팽창과 그에 따라 형성된 중국의 역할이다. 근래 들어 중국은 새로운 변화 속에서 변신을 시도하고 있다. 외국 투자자들이 역외 생산 시설과 조립 공장의 투자처로 미국 다음으로 선호하는 국가는 중국이다. 또한 비용 설비비가 높기로 유명한 유럽에서도 중국의 생산 시설과 조립 공장은 매우 효율적인 선택지로서 알려져 있다. 이런 방식으로 중국에 들어온 다국적기업은 결국 세계에서 인구가 가장 많은 중국의 내수시장에까지 그 영향력을 행사할 수 있게 된다.

특히 미국과 중국은 다국적기업의 활발한 활동으로 갈수록 국가 간 경계가 모호해지고 있다. 미국을 비롯한 서구 유럽의 다국적기업들은 중국 내에 자회사를 설립하며 중국을 전 세계적 수출 전진 기지로 사용하고 있다. 지난 10년간의 누적 수출 물량 가운데 다국적기업의 중국 자회사가 차지하는 비중이 60퍼센트 이상이었다. 애플이나 제너럴일렉트릭, 포드와 같이 그 본사가 미국인 다국적기업은 국내용 제품의 생산비를 조금이라도 줄이기 위해 중국의 저비용 생산 시설을 활용하고 있다. 요컨대 그저 중국의 수출 물량이 많다는 이유로, 미국이 무작정 중국에 비난의 화살을 돌리는 것은 타당성이 결여된 논리라고 할 수 있다.

미국과 중국 사이에 엄연하게 존재하는 의존성은 미중 경제 관계의 여러 측면에 넓게 영향을 미치고 있다. 이러한 측면에서 미국과 중국, 양국의 경제 관계를 따로 떼어내서 생각할 수는 없다. 이 대목에서 일련의 결론을 얻을 수 있다. 결국 이러한 문제를 통해 볼 때, 그것은 거대한 거시경제의 헤게모니 속에서 미중 양국의 경제적 연결성을 포괄적으로 이해해야 한다는 것이다. 또한 이러한 점은 국가 간의 무역이라는 협소한 차원에서만 논할 일이 아니라는 것을 의미한다. 이것은, 미국과 중국 사이에 발생한 저축과 무역 흐름 간의 균형화 작업에 관한 것이고, 또 이런 흐름이 단절에서 비롯된 다자간 경제 불균형의 해소에 관한 것이기도 하다는 의미다.

이렇게 무역 흐름을 따라가 보는 것은, 미국과 중국의 의존 관계를 규명하는 데 분명하고도 중요한 출발점이다. 중국은 무역(수출)을 성장 동력으로 삼는 경제 발전 시나리오를 발전전략으로 선택했다. IMF의 추산에 따르면 신흥 경제국과 개발도상국의 전체 수출량에서 중국이 차지하는 비중이 25퍼센트나 되고 세계 전체로 보면 그 비중이 9.4퍼센트라고 한다. 심지어 2010년에는 중국이 미국을 제치고 세계 최대수출국이 되기도 했다.

이러한 결과치들은 중국이 아주 짧은 시간 내에 엄청난 발전을 이뤄냈음을 의미한다. 그러나 이러한 중국의 경제 발전이 하루아침에 이루어진 것은 아니었다. 20년 전에는 세계 총 무역량에서 중국이 차지하는 비중은 지금의 절반 수준에 불과한 정도였다. 이후 20여 년의 시간 동안 중국 정부는 무역 증진에 속도를 내면서 한동안 수출과 수입이 매년 25퍼센트씩 증가할 정도로 놀라운 결과를 도출해 냈다.

중국 정부가 주도한 이 같은 경제 발전은 그 시기를 적절히 선택한 것에서 비롯된 것이다. 중국의 수출 주도형 경제성장은 세계 무역 사상 유례없는 자유화·세계화의 바람 속에서 이루어낸 결과물이었다. 세계 수출 규모는 2002년에 총 GDP의 24퍼센트 수준에서 2008년에는 32퍼센트로 높아졌다. 세계 수출량은 자유화·세계화의 물결을 따라 엄청난 증가세를 나타냈는데, 중국의 수출량이 그 절반을 차지할 정도로 엄청난 수치였다. 세계 무역 자체가 사상 유례가 없을 정도의 폭발적 호황을 누리던 시기에, 그러한 세계 무역의 성장을 이끌어가는 가장 강력한 동력으로 작용한 것이 바로 중국이다.

앞에서의 논의에서 알 수 있듯이, 무역과 경제 발전 간에 밀접한 관련이 있다. 무역과 경제 발전이 상호보완 관계에 있다는 사실은 새삼 놀라운 일이 아니며 아시아 경제국의 경우에는 특히 그렇다. 좀 더 자세히 말하자면, 아시아 국가 중에서도 특히 중국의 성장세가 도드라진다. 중국 정부는 시종일관 공격적으로 무역 의존 전략을 추진했고 그 결과 타의 추종을 불허할 정도로 큰 성과를 얻었다. 이 같은 결과는, 다른 아시아 경제국의 성장 추이를 비교해 보면 좀 더 명확히 드러난다. 중국 경제가 발전에 시동을 걸기 시작한 1982년 이후 중국이 세계 무역에서 차지하는 비중은 8배나 증가했다. 이와는 대조적으로 같은 기간에 아시아의 4대 신흥 경제국인 한국, 타이완, 홍콩, 싱가포르의 비중은 5배 증가하는 데 그쳤다. 또한 아세안 4개국의 비중은 3배 증가하는 데 만족해야 했다.

그런데 특이한 점은 인도의 비중이 2배 정도 밖에 증가하지 않았다는 사실이다. 이 같은 인도의 성장세는 아시아 국가에서 가장 더딘 성장세로 국내 경제에 초점을 맞춘 인도 정부의 폐쇄경제 모형 추구의 결과로 비롯된 현상이라 생각된다.

유럽과 미국은 중국의 가장 큰 시장의 역할을 했는데 2010년에는 중국 수출의 38퍼센트를 이 두 시장이 차지할 정도였다. 굳이 비교하자면 미국 시장이 유럽 시장보다 컸다고 할 수 있다. 그런데 이러한 상황이 역전되기 시작했다. 2001년 유로화가 등장한 이후 중국의 대유럽 수출이 급격히 증가하기 시작한 것이다. 얼마 후 2008년에는 대유럽 수출이 대미 수출 물량을 앞질러 상황이 뒤바뀌게 되었다. 2010년 중국의 대유럽 대 대미 수출 비중은 20퍼센트 대 18퍼센트였다.

그런데 이러한 변화는 비단 수출 비중에만 그치지 않았다. 세부적으로도 변화가 나타나기 시작했던 것이다. 중국의 대미 수출 품목에 큰 변화가 나타났다. 1980년대에는 중국의 대미 수출 품목은 반도체 소자와 같은 전자 부품, 의류와 장난감 같은 비교적 저가의 비내구 소비재가 대부분이었다. 그러던 것이 수출 품목의 수와 종류에서 큰 변화가 일어나기 시작했다. 중국의 대미 수출 품목의 변화에서 알 수 있듯이, 중국은 이제 대미 수출의 가치 사슬의 상층부로 올라가기 시작한 것이다. 특히 이런 변화는 중국의 제조업 부문에서 일어났는데, 이는 중국의 경제가 한층 성장하는 계기가 되기도 했으나, 한편으로는 심각한 불균형 경제의 시발점이 되기도 했다.

그러다가 1990년대 중반이 되자 대미 수출 품목에 또 한 번 변화가 일어났다. 대미 수출 품목이 자동차와 그 부품, 정보 기술 제품과 자본재 등으로 확대되기 시작한 것이다. 이로써 중국은 미국의 수요를 충족시키는 소규모 공급원에서 최대 공급원으로 그 경제적 위상이 바뀌게 되었다. 2012년 당시 미국 총수입의 19퍼센트를 중국 수출품이 차지할 정도였다. 이러한 수치는 미국의 이웃 국가이자 나프타 가맹국인 캐나다와 멕시코마저 넘어서는 수준이었다.

그런데 이 부분에 있어서는, 어느 정도의 과대평가가 반영되어 있다. 이에 관해서는 미국의 대중국 수입 의존도가 과대평가되었다고 의심할 합리적인 근거가 분명히 존재한다. 여러 가지 수치를 통해서 보면 몇 가지의 통계적 오류 사항이 내재되어 있기 때문이다.

첫째, 세계 생산과 공급망에서 중국의 역할에 변화가 생겼다는 점을 꼽을 수 있다. 자세히 언급하자면 세계의 공장 역할을 하던 중국이 이제는 제품을 조립하는 쪽으로 경제 모형의 방향을 수정했다는 의미이다. 중국이 수출로 벌어들인 부가가치 중 외국산 부품이 차지하는 비중은 40퍼센트나 된다. 거꾸로 말하자면, 순수 중국산 수출품이 창출한 부가가치는 겨우 60퍼센트에 불과하다는 의미다. 이처럼 미국의 통계 자료는 이러한 부분을 간과한 채 중국산 수출품의 부가가치 창출률을 100퍼센트로 상정했다. 이를 통해 미국과 중국 사이의 무역 적자 규모가 실제보다 과대평가되었던 것이다.

둘째, 생산 기업의 실질적 소유 주체를 구분하지 않은 점을 꼽을 수 있다. 중국 측의 통계에서도, 미국 측의 통계에서도 이 같은 부분은 정확하게 명시되어 있지 않다. 중국의 전체 수출량 가운데 약 60퍼센트는 외국인 투자기업 FFE이 창출한 것이다. FFE는 통상 서구 유럽 소속 다국적기업의 중국 자회사 형태로 운영되고 있다. 이러한 FFE는 다국적기업의 역외 생산 플랫폼으로서 비용과 효율성 등에서 이점을 꾀하고 있다. 이러한 몇 가지 오류들을 감안한다면 미국이 바짝 긴장할 정도로 중국의 수출 규모가 미국에 위협적인 것은 아니다. 중국 정부가 국내 기업에 대해 저금리 융자, 낮은 통화가치, 비관세 장벽을 통하여 보호 조치를 하는 등의 온갖 특권을 제공하기 때문에 중국의 경제가 급성장할 수 있었다는 일반적 인식과는 달리, 중국의 실질 수출 동력은 주로 서유럽 소속 다국적기업의 중국 자회사를 통해 발생했다.

요컨대 통계 자료상으로는 중국이 수출을 독점하여 미국과 중국 사이에 무역 불균형이 발생한 것처럼 보일지라도 실제 양국 간의 무역에서는 그렇지 않다. 앞에서 언급한 몇 가지 왜곡 요소를 제대로 상정한다면, 즉 외국 생산자가 창출한 부가가치 그리고 외국인 투자 기업의 수출을 통계에 정확하게 반영한다면, 미국과 중국 사이의 무역 적자를 재산정하여 미국의 긴장과는 달리 양국의 무역 불균형은 한결 완화된 것으로 볼 수 있다. 그런데도 미국은, 미국의 무역 자료에 이 같은 왜곡 요소가 엄연히 존재함에도 불구하고 중국이 공격적 수출 정책을 펼치고 있다고 계속 비난하고 있다.

미국과 중국의 무역 불균형 논쟁에서 결코 무시할 수 없는 부분은 바로 무역상의 연결 관계다. 미국과 중국 두 나라의 상호의존적인 연결 관계는 시간이 갈수록 호혜적 관계로 변해 가고 있다. 현재 중국은 미국의 수출시장 중 나프타 가맹국인 캐나다와 멕시코에 이어 세 번째로 큰 시장이다. 2005~2012년까지 미국의 대중국 수출량은 연평균 16퍼센트의 증가율을 나타냈다. 이는 같은 기간 캐나다와 멕시코에 대한 수출 증가율보다 2배 이상 높은 수준이다.

하지만 이 같은 결과는 단지 과거에 얻은 결과일 뿐이다. 앞으로 벌어질 일에 대해서는 그 누구도 예측할 수가 없다. 앞으로 어떤 부분에서 얼마나 더 변화가 일어날지는 아무도 장담할 수 없다. 미국의 대중 수출이 폭발적으로 증가하여 미국에 부담만 되던 미중 무역 관계가 미국의 성장과 일자리 창출에 도움이 되는 귀한 자산으로 바뀔지 누가 알겠는가? 어쩌면 이러한 부분이 미국과 중국 사이의 무역 불균형을 해소하는 계기가 될 수도 있다. 그런데 여기에는 몇 가지 요소가 영향을 미친다.

첫째, 중국은 개방경제 모형을 전략적으로 선택해 온 지 오래되었다는 사실이다. 이 같은 조치에 따라 중국의 국민들은 자연스럽게 외국산 제품을 소비하고 있다. 이는 아시아 국가로는 최초로 경제 기적을 일궈낸 일본과는 확연한 차이를 나타내는 부분이기도 하다. 중국은 2002년 이후 수입이 GDP에서 차지하는 비중이 28퍼센트 정도였다. 이는 고도 성장기(1960~1989)에 수입이 GDP에서 차지하는 비중이 10퍼센트 정도에 불과했던 일본의 3배에 달하는 수준이다. 급격히 증가하고 있는 자국의 국내 수요를 충족시키기 위해 중국은 일본보다 훨씬 더 외국산 제품에 의존한다고 볼 수 있다.

둘째, 중국 정부는 자국 경제의 근본적이고 구조적인 변화를 이끌어내기 위해 전략을 세우고 있다. 이것은 중국의 무역 상대국에는 뜻하지 않은 기회로 작용하게 될 것이다. 중국 정부가 수출과 외수 중심에서 소비와 내수 중심으로 경제의 구조적 변화를 꾀함에 따라 개인용 첨단 기기에서부터 고가 사치품에 이르기까지, 중국 내에서 외국산 소비재에 대한 소비 욕구가 급격히 증가하게 될 것이다. 더불어 중국의 소비자들이 점점 부유해지면서 첨단 정보 기술 및 생명 기술 제품에서부터 자동차와 의약품을 비롯한 고가의 외국산 제품에 대한 소비율이 점차로 높아질 것이다.

셋째, 중국의 서비스 부문은 아직 시작 단계에 불과하므로 여기에는 엄청난 성장 발전의 기회가 내재되어 있다. 중국의 서비스 부문이 GDP에서 차지하는 비중은 43퍼센트에 불과하다. 주요 경제국과 비교해 보면 알 수 있듯이 이는 상당히 낮은 비율이다. 중국은 제12차 경제 개발 5개년 계획에서 서비스 부문의 발전 전략을 공격적으로 추진한다는 목표를 세웠다. 반면 미국은 중국과는 달리 서비스 부문에서 세계 최고 수준을 자랑한다. 따라서 중국 정부가 서비스 부문의 성장에 경제적 비중을 둔다면 미국의 다국적 서비스 기업에는 더할 나위 없이 좋은 기회가 될 것이다.

하지만 중국 정부가 꾀하고 있는 경제 부문에 변화가 생긴다고 해서 그 효과가 즉각적으로 나타나지는 않을 것이다. 예를 들어 설명하자면, 중국 정부가 자국 내 서비스 부문에서의 성장에 주력한다고 해서 짧은 시간에 뭔가가 이루어지기를 바라는 것은 사실상 불가능하다. 중국 내 서비스 부문에서 중국 당국이 그 결실을 보려면 일정 시간 정도의 기간이 소요된다. 만약 그것이 회계, 법률, 컨설팅 같은 고도로 지식 집약적인 서비스 분야라면 더욱 그러하다. 서비스 분야의 성장으로 그 결실을 얻으려면 먼저 교육 개혁이나 인적자원에 대한 투자 같은 사전 준비 작업이 필수적으로 마련되어야 하기 때문이다. 이러한 작업들은 최소한 수십 년의 기본적인 구조화 과정을 거쳐야 하는 일이기도 하다. 그러나 이처럼 가치 사슬의 상층부에 속하는 고도의 지식 집약적 서비스 분야와는 달리, 가치 사슬의 하위 부문, 특히 유통이나 업무 처리 등의 부문에서는 예상 밖으로 짧은 시간 내에 성과가 나올 수도 있다. 고도로 지식 집약적인 분야에서 활동할 전문가를 양성하려면 여러 세대에 걸친 초장기적 교육 개혁이나 좀 더 진화한 교육 체제가 뒷받침되어야 한다. 그러나 이와는 반대로 하위 서비스 분야에서는 비교적 단기간의 교육 프로그램만으로도 일정 정도의 발전 성과를 얻을 수 있다.

이렇게 통계상으로 여러 가지 왜곡 요소가 존재함에도 불구하고 서구 유럽, 특히 미국은 여전히 중국으로부터의 수입이 과다하다는 사실에 사로잡혀 긴장을 늦추지 못하고 있다. 미국은 다른 요소들을 고려하지 않은 채 자신들만의 편견에 사로잡혀 있기 때문에, 중국이 소비자 주도형 성장 전략으로 방향을 바꾸면서 대중 수출 분야에 많은 기회가 생겼는데도 이를 제대로 활용하지 못하고 있다.

역사적으로 국경을 초월한 무역 경향이 경제의 세계화를 가져왔던 것처럼 국경을 초월한 자본의 흐름이 국제 금융시장의 세계화라는 변화를 가져오고 있다. 이러한 흐름 또한 미국과 중국의 의존 관계와 관련하여 중요한 의미를 지닌다.

제품이나 서비스 무역과 마찬가지로 미국과 중국 사이의 자본 흐름에는 장점과 단점을 동시에 내포하는 양면성이 존재한다. 그 하나는 중국의 수출 경쟁력의 버팀목이 되어 주는 통화 정책은 '달러화 표시 유가증권'에 대한 수요를 그 기반으로 한다는 점이다. 이런 측면은 1997~1998년 아시아 금융 위기 당시 구체적으로 나타나기 시작했다. 그때 당시 동아시아가 애써 일군 경제 기적은 자칫 한순간에 무너져 내릴 위기에 처했었다. 그러한 상황이 벌어지기까지 여러 이유가 있었겠지만 아마도 경상수지 적자, 외환보유고의 부족, 단기성 투기 자금으로 인한 환노출 과다, 급격한 통화가치 하락 등이 주요 원인으로 작용했을 것이다.

그때 당시, 아시아에 심각한 금융 위기가 전개되는 동안 중국은 다른 아시아 국가들과 똑같은 실수를 저지르지 않기 위해 위기에 허덕이는 나머지 국가들과의 차별화를 꾀하기 시작했다. 그러면서 동시에, 세계 경제 역사상 유래가 없을 정도로 엄청난 규모의 외환을 끌어 모으기 시작했다. 어쩌면 그러한 조치는 중국이라는 큰 나라에게는 그리 어려운 일이 아니었을 것이다. 중국 정부는 수출 주도형 성장 모형으로 막대한 무역 흑자를 창출하고 있었을 뿐만 아니라 저평가된 통화의 가치 상승을 기대하고 투기적 배팅을 실시함으로써 외환을 무서운 속도로 축적하기 시작했다. 1990년대 말 1,000억 달러 미만이었던 외환보유고가 2013년 중반이 되자 3조 5,000억 달러로 늘어나게 되었다. 이로써 중국은 일본을 제치고 세계 1위의 외환보유국이 될 수 있었다.

이러한 결과로 지금 중국 정부는 엄청나게 축적한 외환을 전략적으로 사용할 수 있는 상황에 이르게 되었다. 중국 정부는 축적해 놓은 외환을 자국 통화로 전환할 수 있다. 그러면 위안화의 가치가 상승하면서 수출 경쟁력이 떨어지게 된다. 또는 자국 통화가치의 급속한 상승을 막기 위해 축적된 외환을 달러로 표시된 자산에 재투자할 수도 있다. 중국 정부가 축적하여 활용하는 달러화는 자국의 금융 안정과 수출 경쟁력의 척도가 된다.

2005년 7월, 중국 정부는 또 한 번의 전략적 선택을 하게 된다. 위안화의 가치를 달러화에 고정한 고정환율 제도를 폐지하기로 한 것이다. 고정환율 제도를 과감하게 폐지한 중국은 이후, 달러화 대비 위안화의 가치가 단계적으로 상승하도록 달러 표시 자산의 매입을 철저하게 관리했다. 서구 세력은 중국에 위안화의 가치를 일시에 대폭 절상하라는 요구를 끊임없이 제기했지만 중국은 앞에서 설명한 방법으로 그들에 맞섰다. 그도 그럴 것이, 중국의 지도자들은 동아시아의 경제 강국이었던 일본의 뼈아픈 경험을 이미 알고 있었다. 일본은 비교적 짧은 기간인 1985~1986년에 엔화 가치가 대폭 절상되면서 국가적 위기에 봉착했었다. 중국 당국은 이러한 일본의 경험을 토대로, 급격한 통화가치 변동이 아직은 취약한 금융 체계에 악영향을 미칠지도 모른다는 각계의 경고에 대해 재고하기 시작했다.

중국 정부는 이러한 국내외적인 제약 요소를 모두 고려하였다. 고심 끝에 중국 당국은 국익을 위해서는 위안화의 가치를 조정하는 일에 신중을 기해야 한다고 믿게 되었다. 중국 정부는 내적으로는 인플레이션 억제와 외국산 제품에 대한 구매력의 증진 정도를 고려했다.

또 외적으로는 급성장한 국제무역과 경상수지의 흑자 기조 속에서 일정 시간 상황을 지켜본 후에 무역 마찰과 보호무역주의를 피할 수 있었다.

중국 정부가 위안화의 가치를 서서히 그리고 꾸준히 상승시키는 전략을 고수함에 따라 시간이 지날수록 위안화 절상이 중국 경제에 미치는 영향력은 그 정도가 상당해졌다. 위안화는 2005년 이후 꾸준히 가치가 상승하여 2013년 중반에는 달러화 대비 35퍼센트가 절상되었다. 연평균 4퍼센트씩 위안화의 가치가 상승한 셈이다. 2002년 이후 연평균 2퍼센트씩 절상된 미달러화보다 훨씬 빠른 속도로 통화 가치가 상승한 셈이다.

중국 통화의 가치 변동은 중국의 외환보유고 사정에도 중대한 영향을 미쳤다. 중국이 보유한 미 재무부 장기 채권은 1998년 당시 1,000억 달러에 못 미치는 수준에서 2013년 중반에는 1조 3,000억 달러 수준으로 증가했다. 중국은 달러로 표시된 또 다른 고정 금리 채권도 7,000억 달러어치가량 보유하고 있으며, 패니메이 혹은 프레디맥이 발행하는 기관채가 주를 이루었다. 따라서 중국은 2013년 중반에 장기 국채와 준국채 보유율이 16퍼센트로 증가하면서 미국 국공채 최다 보유국이 되었다.

지금까지 살펴본 바들은, 미국의 대중국 의존도를 보여주는 주요한 지표들이다. 불균형적 성장 모형에 의해 중국에서 미국으로 막대한 자본이 유입된 것은 미국의 소비성향의 증가에 중요한 영향을 미쳤다. 중국 정부는 주로 미국 재무부 채권을 사들였는데 이는 결과적으로 중국의 자본이 미국으로 흘러들어가는 계기가 됐다. 이러한 일로 인해 2008년 금융위기 이전 미국의 장기 금리 인상이 저지되었다. 그리고 이는 모기지 금리의 상승을 억제하고 거대한 미국의 주식시장이 무너지는 것을 방지하였다. 그러나 결국 이것은 미국의 주택 가격에 대한 엄청난 거품과 신용 거품이 일어나는 일에 원인으로 작용했을 뿐이다. 주택 거품과 신용 거품은 2000년대 초 미국의 과잉 소비 경제의 바람이 일어나는 데 큰 영향을 미쳤다. 이런 관점에서 보면 중국 역시도 미국의 주택 거품과 신용 거품이 유발한 미국의 소비자 수요 가운데 상당 부분에 대한 책임이 있다.

그런데 더욱 주목해야 할 점은, 이런 흐름이 아주 잠시 동안은 미국과 중국 모두에 득이 되는 것처럼 보였다는 것이다. 중국의 거대 자본이 미국 시장에 급속도로 유입되는 바람에 미국 가정은 주택 거품을 기반으로 그들만의 소비 파티를 벌이게 되었다. 그리고 그런 자본 흐름 속에서도 저평가된 위안화 덕분에 중국의 제조업체는 세계 경제의 최종 소비자인 미국 소비자의 주요 공급자로서 경쟁적 이점을 계속 누릴 수 있었다.

이렇듯 미국과 중국의 상호 의존은 이제 상호 탐닉으로 나아가게 되었다. 상호 탐닉으로 이어진 미국과 중국의 끈끈한 의존성은 양국의 과잉 경제를 만들어내는 핵심 요소로 작용했다. 그런데도 미국과 중국은 이러한 의존성의 부작용에 대해서는 그다지 관심을 기울이지 않았다. 미중 양국은 꽤 오랫동안 부작용을 간과했다. 중국은 끊임없이 미국으로 자본을 유입시켰고, 미국의 과잉 소비를 지탱하는 역할에 만족하면서 미국의 가짜 호황에 덩달아 자신들의 이득을 챙겼다. 미국도 별반 다르지 않았다. 미국과 중국 모두에게 이는 만족스러운

결합이었고, 이렇게 양국은 의존 관계의 부정적인 면을 간과하는 것
에 익숙해졌다.

2-3
미국의 소비 파티는 이제 끝!

    모든 것에는 반드시 끝이 있듯이, 미국의 소비 파티에도 문제가 발생하기 시작했다. 세계의 소비자 미국은 당황하기 시작했다. 2008년 9월 리먼 브러더스의 파산으로, 위태위태하던 미국 경제의 곪은 종기가 결국은 터져버렸다. 서로를 지탱해주던 부동산 거품과 신용 거품이 동반 붕괴됐고 소비자 수요는 사상 최악으로 급감했다. 이러한 경제적 파장의 영향은 비단 미국뿐만 아니라 전 세계로 퍼져 나갔다. 의존 관계를 맺고 있던 불균형적 세계 경제 역시 이 위기에 큰 타격을 입게 되었다.

    그동안 대다수의 정책 결정권자들과 정치인들은 경제의 불균형은 그렇게 중요한 것이 아니며 그러한 문제 때문에 경제가 무너지지 않을 것이라고 장담했다. 그런데 이러한 대위기가 찾아왔으니 모두가 혼비백산할 수밖에 없었다. 소비지출이 급격히 감소하자 오랫동안 외수에 의존했던 잉여 저축 국가들과 2세계 경제가 와르르 무너졌다. 그러자 대다수가 대수롭지 않게 생각했던 경제 불균형이 어느 날 갑자기 의존적인 세계 경제와 무력해진 세계 금융 체계를 압박하는 요소가 되었다. 이 위기의 여파는 전 세계 곳곳으로 퍼져 나갔고 그 어디도 미치지 않는 곳이 없었다.

전 세계에 부는 악영향으로부터 중국도 예외가 될 수 없었다. 대위기의 여파가 몰아친 2008년 말 중국 또한 경기 침체에 버금가는 상태가 되었다. 급속히 진행되던 성장은 멈추었고 대규모 해고 사태가 벌어졌다. 사회적 안정을 최우선시하는 중국은 적극적 경기 부양책으로 응수했고 덕분에 2009년 하반기에는 침체 일로를 걷던 경제가 반등하는 효과가 나타났다. 그러나 이런 대대적 부양책에도 불구하고 부작용이 없을 수는 없었다. 중국이 진행한 경기 부양책은 위기 이전부터 존재했던 중국의 경제 불균형을 심화시켰고 이는 새로운 위기의 계기가 되었다.

전 세계의 정책 결정권자와 정치인들은 세계 경제의 불균형적 성장이 이런 재앙의 근원이었다는 사실을 깨닫게 되었다. 물론 몇몇이기는 하지만 세계 경제의 이 같은 불균형적 성장 경향이 지속 불가능하다고 미리 전망했던 사람들도 있었다. 그러나 전 세계 경제의 대위기가 이렇게 빨리 오리라 예상한 사람은 거의 없었다. 좋은 시절에는 불안한 미래를 전망하는 얘기들이 귀에 들어오지 않는 법이다. 그러다 결국 위기는 닥쳤고, 대다수 사람이 믿고 싶지 않았던 예측이 현실화되었음을 깨닫게 되었다.

2008~2009년 당시 많은 국가들은 대위기와 함께 찾아온 경기

대침체를 경제 건전성 회복의 계기로 삼았어야 했다. 그런데 안타깝게도 어느 국가에서도 이런 조짐을 찾아볼 수가 없다. 미국은 위기 이후 잔뜩 위축된 소비자의 야성적 충동을 북돋워서 무모한 위험을 감수하도록 대규모 통화 및 재정적 경기 부양책을 택했다. 이것으로써 미국이 건전성 확보 쪽으로 가닥을 잡은 것이 아니라는 점은 더욱 분명해졌다. 안타까운 상황은 중국도 마찬가지였다. 위기 후 중국 지도부 역시 경기 부양책에 의존했고 이는 원자바오가 말한 4불 경제 상황을 더욱 악화시켰을 뿐이다.

그런데 만약 이런 경기 부양책이 여전히 효과가 있다거나 적어도 한동안이라도 과거와 비슷한 정도로 경제가 회복된다면 어떨까? 여전히 과잉 소비자인 미국과 이에 못지않게 기형적 생산자인 중국이 주도한 불균형적 성장 기조에 세계 경제가 다시 미중에 의존하는 일이 벌어질까? 짧은 선거 주기를 지닌 미국 그리고 일당 정치 체제의 내재적 압력을 지닌 중국 당국이 정치적 고려 때문에 가짜 호황카드를 다시 한 번 꺼내들 것인가? 그러나 대위기는 이제 총력을 다해 그런 기형적인 의존성에서 과감히 탈피해야 한다고 강하게 경고하고 있다. 미국과 중국이 이런 경고 신호에 반응하여 과연 유혹을 이겨낼 수 있을까?

'대침체'라 불리는 데는 그만한 이유가 있다. 대공황 이후 최악이라 할 정도로 엄청난 타격을 입었기 때문이다. 그동안 세계 최대 소비자로서 중국 경제를 지탱했다 해도 과언이 아닐 정도로 중국의 외부 수요에서 절대적 비중을 차지했던 미국 소비자에게 대침체는 이제 그들만의 소비 파티는 끝났음을 알리는 엄중한 경고였다. 미국의 개인 소비지출은 2008년 일사분기부터 2009년 이사분기까지 여섯 달 동안 연평균 1.8퍼센트 감소했다. 연평균 1.8퍼센트의 감소율이면 그렇게 심각한 수준이 아니라고 생각할 수도 있다. 그러나 사실 이는 제2차 세계대전 이후 가장 큰 폭으로 감소한 것이다.

물론 미국의 소비자 수요는 이전의 경기 침체기에도 감소했었다. 그러나 그때는 일시적 감소였고 또 그 강도가 심하지도 않았다. 극심한 인플레이션 문제를 해결하기 위해 연준이 여신 관리에서 악수를 두는 바람에 발생했던 1980년 경기 침체기의 수요 감소가 여기에 비견될 수 있을 것 같다. 그해 이사분기에는 실질 소비가 연환산 평균 8.7퍼센트 감소했다. 그러나 이때는 연준이 인플레이션을 잡으려는 노력을 너무도 쉽게 포기했고 소비 수준은 바로 회복되었다.

이 경우 외에는 소비자 수요가 감소하더라도 심각한 수준은 아니었고 또 지속 기간도 짧았다. 또 자동차, 가구, 가전제품 등 '내구재'에 대한 지출이 감소하더라도 식료품, 주택, 유틸리티 등 생필품과 기본 생활재에 대한 수요가 유지됨으로써 수요 감소분이 상쇄되었다. 미국 경제가 주기적으로 경기 침체를 겪는 동안에도 끊임없이 소비하고자 하는 욕구가 높은 소비자들이 경기 순환의 방어벽 역할을 톡톡히 해 주었던 셈이다.

그러다 대침체가 찾아왔다. 1992년 일사분기부터 2007년 사사분기까지 6분기 연속으로 실질 소비지출이 증가하다가 뜻밖에 소비가 감소했던 것이다. 리먼 브러더스사가 파산하기 전에도 소비 증가세가 주춤하기는 했지만 처음에는 그리 우려할 만한 수준은 아니었다. 2008년 상반기만 해도 인플레이션을 반영한 소비지출은 '제로 증가율'을 나타냈다. 그러나 그것으로 끝이 아니었다. 2008년 삼사분기와 사사분기에는 소비지출이 3.8퍼센트 감소했고 2009년 일사분기와 이사분기에는 소비지출이 연환산 평균 1.5퍼센트 감소했다. 2008년 중반부터 2009년 중반까지 사분기 동안 개인 소비지출이 평균 2.7퍼센트 감소했고 이는 현대 역사상 유례가 없는 수준이었다.

이에 따른 당연한 결과로 전체 경제가 경기 대침체의 파도 속에서 헤어날 수 없었다. 단 2년 만에 880만 개의 일자리가 사라지면서 2008년 초에 4.9퍼센트였던 실업률이 2009년 10월이 되자 10퍼센트로 치솟았다. 게다가 대침체는 엄청난 속도로 진행되었다. 침체가 최고조에 달했던 2008년 사사분기에 인플레이션을 반영한 이른바 실질 GDP가 8.3퍼센트 감소했고 이어 2009년 일사분기에는 5.4퍼센트 감소했다. 이는 전후 최악의 감소율이었다.

결국 실질 GDP는 2007년 말의 최고점 수준에서 4.3퍼센트 하락했고 2009년 중반에는 바닥을 쳤다. 이는 전후 여덟 차례에 걸친 경기 침체기의 평균 GDP 감소율 1.9퍼센트의 2배가 넘는 수준이었고 이 같은 상태가 7개월가량 더 이어졌다. 이렇듯 미국 역사상 최악의 경제 침체 기록이 계속해서 새롭게 경신되었다.

대위기와 대침체가 상호 연관되어 있다는 사실은 부정하기가 더 어렵다. 금융 위기가 침체로 이어진다고 보는 것이 논리적으로도 타당하다. 또 수많은 연구 결과가 이를 뒷받침하듯이 금융 위기 여파로 발생한 경기 침체는 그 정도가 항상 심각하다. 엄청난 위기가 발생할 때면 늘 엄청난 침체가 뒤따른다. 그러나 고통스러운 경험일수록 더 큰 교훈을 주는 법이다.

이번 대위기의 뒤를 이은 대침체의 경우 금융 위기는 여러 해 동안 모락모락 연기만 피워내던 모닥불에 기름을 부은 격이 되었다. 미국 소비자는 아주 오래전부터 부동산 거품과 신용 거품이라는 거대한 2개의 거품에 너무 의존하고 있었다. 금융 위기와는 상관없이 이 거품은 언젠가는 사라지고 본 모습을 드러내게 되어 있었다. 그리고 실제로 대위기가 터지기 전인 2008년 가을부터 거품 붕괴는 이미 진행되고 있었다. 주택시장 거품은 2006년 말부터 꺼지기 시작했다. 그리고 2007년 여름 서브프라임 모기지 시장에서부터 심상치 않은 조짐이 보이더니 결국 신용 거품도 꺼지고 말았다.

처음에는 두 부문의 거품이 꺼지는 속도가 그렇게 빠르지 않았다. 그러나 2008년 3월에 베어스턴스가 파산했고, 이어 6개월 후에는 리먼 브러더스가 파산하면서 거품은 요란한 소리를 내며 푹 꺼지고 말았다. 리먼 파산 이후 과다 차입의 늪에 빠진 미국의 금융 시장이 얼어붙었고 월가와 정가에서마저 악재를 보태면서 소비자와 기업에 그나마 남아 있던 일말의 자신감마저 깡그리 사라져버렸다. 미국의 야성적인 소비 충동은 북돋워지기는커녕 안으로 움츠러들었고 이미 감소한 소비자 수요는 거의 전체 경제의 붕괴 수준에 이르렀다. 자산 및 신용 거품에 기초한 가짜 호황에 크게 의존했던 수요였기 때문에 그 거품이 다 꺼진 다음에는 수요 붕괴가 심각할 수밖에 없었다.

그런데 지금까지도 어느 쪽이 먼저냐에 대한 '닭과 달걀 논쟁'이 계속되고 있다. 거품이 먼저였나, 아니면 금융 위기가 먼저였나? 실업 증가가 먼저였나, 아니면 소비자 수요 감소가 먼저였나? 통화 정책의 실패가 먼저였나, 아니면 규제와 감독 소홀이 먼저였나? 중요한 경제적 사건이나 역사적 사건은 어떤 것이 원인이고 어떤 것이 결과인지를 명확히 구분하기 쉽지 않다. 특히 주요 사건이 연달아 일어났을 때는 원인과 결과를 구분하기가 더 어렵다. 그러나 여기서 굳이 닭과 달걀 논쟁의 결말을 짓는 것은 논점을 벗어나는 일이다.

어쨌거나 거품에 의존했고 저축은 하지 않았으며 과도한 부채를 졌던 미국의 소비자가 대침체의 중심에 있었다는 사실에 대해서는 아무도 이의를 제기하지 않을 것이다. 소비자 수요가 급감했고 뒤이어 기업 수요도 급감했다. 특히 소비자 수요에 크게 의존하는 자본 지출이나 고용 등의 파생 수요가 급격히 감소했다.

그러나 여기서 끝이 아니었다. 앞으로도 꽤 오랫동안 전 세계 경제의 위기에 관련한 여진의 중심에는 미국 소비자가 자리하고 있을 것 같다. 경기 침체의 직격탄을 맞고 만신창이가 되어버린 바로 그 소비자 말이다. 그리고 과거에 침체에서 회복되던 속도에 비하면 지금의 성장은 몹시 더디게 전개될 것이다. 이것은 주요 경제 주체인 소비자에게 가해진 경제 압박의 결과물이다. 자산 가격 하락과 과도한 부채 때문에 소비의 여력이 사라지는, 이른바 대차대조표 침체가 빚어내는 현상이기도 하다. 대침체 이후 대차대조표가 복구되어가면서 당분간 미국 경제의 가파른 회복세는 기대하기 어려울 것이다. 그리고 이와 같은 경제적 경향의 여파는 나머지 국가들, 특히 중국에 엄청난 영향을 미치게 된다.

세계의 소비자 미국이 흔들리자 세계 무역도 같이 흔들렸다. 2009년에 세계 무역 규모는 10.6퍼센트 감소했다. 1982년에 무역량이 1.8퍼센트 감소한 이후 이처럼 대폭적인 무역 축소는 처음이었고 이는 전후 가장 큰 낙폭이었다. 대공황이 시작되고 첫 3년간 (1930~1932) 세계 무역이 61퍼센트 감소한 것을 제외하면 지금까지 2009년만큼의 감소폭을 나타낸 사례가 없었다.

2009년 당시 세계 경제활동이 급속히 줄어든 것을 생각하면 그해 무역 규모가 그렇게 감소한 사실이 그리 놀라울 것도 없다. 그런데도 아직 2008년 말에 시작된 세계 신용시장 경색으로 무역 금융이 축소되었고 이것이 세계 무역을 더욱 축소시켰다고 믿는 사람이 많다. 이 생각이 옳다면 2009년의 세계 무역 축소는 대위기의 중심에 있던 신용시장발 '퍼펙트 스톰 Perfect Storm'에서 비롯된 현상이라는 의미가 된다.

그러나 이런 해석은 상당히 과장된 것이다. 신용 긴축이 어느 정도 영향을 미친 것은 사실이지만 그렇다고 전체적인 원인으로 작용하진 않았다. 그러나 연구자들 대다수가 2009년 세계 상품 무역 감소폭의 70퍼센트 정도는 그해 세계 GDP가 0.6퍼센트 감소한 것에서 원인을 찾아야 한다는 데 의견의 일치를 보고 있다.

이와 관련하여 몇 가지 요소를 고려해볼 수 있다. 첫째, 생산량이 감소한 것 자체가 매우 이례적인 일이었다. 1980년 이후 연평균 3.4퍼센트의 증가율을 보였고 위기 이전 29년 동안 단 한 번도 감소한 적이 없었던 생산량이 2009년에 처음으로 0.6퍼센트 감소했다는 사실 자체가 극히 드문 현상이었다. 둘째, 생산 순환주기보다 무역 순환주기가 더 민감하게 반응하는 일이 드물지는 않다. 대위기 이전의 상황을 보면 이런 결과가 빚어질 조건이 무르익을 대로 무르익은 상태였다. 일단 세계 무역이 엄청나게 증가했다. 위기 발생 이전인 2003년부터 2008년까지 6년 동안 세계 무역은 연평균 7.4퍼센트씩 증가했고 2008년 당시 세계 무역이 세계 총 GDP에서 차지하는 비율은 32퍼센트나 되었다. 거품이 잔뜩 낀 듯한 이런 상황에서 생산량 감소 쇼크가 세계 무역에 큰 타격을 입혔다는 사실이 그리 놀라울 것은 없다.

대위기가 절정을 이뤘던 시기에 '금융 마찰'이 무역 순환주기에 미친 영향을 과소평가할 수는 없다. 금융 긴축이 수요 감소의 쇼크를 더욱 증폭시킨 것은 분명하다. 특히 금융 위기에 취약한 개발도상국 기업은 더욱 그랬다. 그러나 세계 무역 불황의 주된 원인을 금융 위기에 돌리는 것은 아무리 봐도 억지스럽다.

어쨌거나 그 어느 국가도 2009년 세계 무역 축소의 영향권에서 벗어나지 못했다. 당시 무역량이 12.2퍼센트나 감소하면서 위기의 진원지인 선진국이 직격탄을 맞았다. 그러나 2009년 당시 무역량이 8.1퍼센트 감소한 수출 주도형 개발도상국의 쇼크도 이에 못지않았다. 단순히 감소 수치만으로는 개발도상국의 쇼크가 얼마나 컸는지 제대로 설명할 수 없다. 2000년부터 2008년까지 신흥 경제국으로 부상 중이던 개발도상국의 무역 규모는 연평균 10.5퍼센트의 증가율을 기록하고 있었다. 따라서 2009년에 무역량이 8.1퍼센트 감소했다는 것은 위기 이전의 평균 증가세에서 18.6퍼센트나 떨어졌다는 의미이고 이는 같은 기간 선진국의 무역 감소폭 17.8퍼센트를 약간 웃도는 수준이다.

이는 아시아 경제에 특히나 상당한 타격을 입혔다. 2007년 당시 아시아의 수출 규모는 14개 아시아 경제국 'GDP 총합'의 45퍼센트를 차지할 정도였고 이는 이전 10년 동안 10퍼센트 포인트나 증가한 어마어마한 성장세였다. 세계에서 가장 빠르게 성장하는 지역인 아시아의 개발도상국은 세계화와 세계 무역 급증의 주요 수혜자였다. 그러나 대위기와 함께 경기가 침체하면서 2009년에는 아시아 경제국의 GDP 총합에서 수출이 차지하는 비중이 35퍼센트로 떨어졌다. 1990년대 말 아시아 금융 위기 당시의 수준으로 회귀한 셈이었다. 그리고 범아시아 지역의 무역 및 경제성장을 주도했던 신흥 강자 중국 역시 대침체의 영향권에서 벗어날 수 없었다.

중국과 미국의 의존 관계를 다시 생각하다

　　미국과 중국의 의존적 경제 관계를 등가적 차원에서 이해하기란 그리 쉬운 일이 아니다. 물론 어떤 관계든 그 등가성은 관점에 따라 평가가 달라질 수 있다. 요컨대 미국과 중국, 양국이 어떤 '관계'를 맺고 있어야 양측이 똑같은 가치를 누리게 되는지는 섣부르게 판단할 수 있는 문제가 아니다. 중국과 미국의 관계에는 긴장도 있고 만족도 있다. 미국은 중국의 수출 주도형 성장 모형을 지지해주는 외수의 원처이자 중국 통화제도의 기준이다. 또 혁신과 지식 기반 성장 모형의 궁극적 목표이기도 하다. 그리고 미국에게 중국은 부족한 국내 저축을 메워주는 외국 자본의 원천이자 저가 소비재의 공급원이다. 의존성 지표를 보면 미중 양국은 서로가 상대의 필요를 충족시켜주고 있다는 사실이 입증된다.

　　그러나 이 같은 의존 관계 속에서 상대의 필요를 충족시키는 것이 과연 긍정적이기만 할까? 중국은 수출 주도형 성장 모형 덕분에 개발 도상국으로서 단기간에 엄청난 성장을 이뤄냈다. 그러나 이런 급속한 환경 변화에 내재한 불균형적 경제 요소 때문에 과도한 자원 수요, 상품 가격의 상승, 환경 파괴와 오염, 소득 불균형의 심화 등 사회 전반에 걸쳐 부정적인 결과도 낳았다. 미국은 중국이 제공하는 저가 소비재와 저비용 자본으로 큰 혜택을 입었다. 그러나 한편으로 중국은 경제 불안을 심화 시키는 자산 거품과 신용 거품, 과도한 소비 파티 등 미국 경제 불균형의 한복판에 서 있었다.

이런 관점에서 양국 관계의 균형화 작업이 더욱 어려워진다. 이런 상황에서는 누가 누구에게 도움을 주었는지, 또 지금은 누가 누구를 더 필요로 하는지 판단하기 어렵다. 이것이 양국이 맺은 의존 관계의 핵심 특성이며, 이 때문에 양국이 상대를 얼마나 필요로 하는지를 측정하기 곤란한 것이다. 그러나 의존 관계도 고정 불변의 것은 아니다. 1980년대 초에 이런 관계성에 급격한 변화가 있었듯이 앞으로 이 관계의 균형추가 한쪽으로 기울 가능성도 있다.

미국과 중국 경제 모두 더 이상 구조적 변화를 뒤로 미룰 수만은 없다는 점이 가장 큰 이유다. 양국 경제 모두 지속 불가능한 불균형 상태에 놓여 있으며 이런 불균형을 해소해야 한다는 압력이 점점 강해지고 있다. 중국은 과도한 잉여 저축, 수출과 투자 주도형 성장을 조절할 필요가 있다. 이와는 반대로 미국은 저축을 장려하는 한편 과잉 소비를 근절하고 막대한 재정 적자를 해소해야 한다. 각국이 이런 불균형 요소를 얼마나 제거하느냐가 미래의 양국 관계에 지대한 영향을 미칠 것이다.

일반적으로, 미래는 결코 단정지을 수는 없지만 예측은 가능하다. 특히 갈등과 기회라는 측면에서 양국의 미래 관계를 추측해보는 것이 필요하기도 하다. 여기서 고려할 가장 중요한 지표가 바로 '저축'이다. 미국과 중국 모두의 저축 전망이 미래의 관계를 결정하는 열쇠다. 저축은 가장 확실한 의존성 지표다. 한 국가의 저축이 과잉인지 부족인지에 따라 자본 흐름과 무역 흐름이 발생하고 이것이 거시적 경제 불균형의 수준을 결정한다.

중국은 최근 과잉 저축 문제를 많이 해결했다. 상대적으로 미국은 여전히 저축 부족에 시달리고 있다. 이 상황은 앞으로 양국의 저축 흐름에 중대한 영향을 미칠 것이다. 특히 중국의 불균형 해소 정책과 이에 따르는 저축 감소는 여전히 부족한 저축을 중국의 잉여 저축에 의존하는 미국에 지대한 영향을 미칠 것이다.

미국과 중국의 저축이 계속 이런 추세를 보인다면 양국의 의존 관계에 새로운 압력 요소로 작용할 것이다. 저축 부족이 해결되지 않은 미국은 외국 자본에 대한 의존도가 여전히 높을 것이고 반면에 중국은 미 재무부 채권이나 기타 달러 표시 채권에 대한 수요가 줄어들 것이다. 중국이 아니면 누가 미국의 부족한 저축을 메워줄 것인가? 이런 부분들은 나중에 상세히 다룰 것이다. 그러나 이런 질문을 통해 강조하고 싶은 것은 미국이 저축을 장려하는 쪽으로 기조 변화를 도모하지 않으면 중국의 불균형 해소 전략과 그 결과가 미국에 엄청난 압박 요소로 작용할 것이라는 점이다.

핵심은 의존 관계를 균형 있게 잡아주던 틀이 아주 빨리 기울어질 수도 있다는 점이다. 지난 30년 동안 중국과 미국 모두 '자국의 이익이 곧 상호 이익'이라는 전제 하에 경제 정책을 수립해왔다. 불균형 해소 전략을 통해 자국의 이익을 바라보는 관점에 변화가 생긴다면 상호 비정상적인 의존 관계에도 변화가 생길 것이다. 이것이 각국에 긍정적인 결과를 가져다줄 것이라고 장담할 수는 없다. 누가 누구에게 의존하는가? 언뜻 보면 쉬운 것 같지만 사실은 대답하기 굉장히 어려운 질문이다. 물론 의존 관계 속에서는 서로 의존한다고 답할 수 있겠지만 말이다.

그런데 참 우습게도, 2008년에 시작된 전 세계적인 경제 위기들이 특별히 새로울 것은 없다. 가장 최근의 위기들이 특히 심각하게 느껴지겠지만 사실 이런 위기들은 잊을 만하면 계속 터져주면서 30년 넘게 세계 경제를 괴롭혀왔던 굵직굵직한 주요 사건의 연장선에 있을 뿐이다. 1980년대 초에 발생한 남미의 국가 부채 위기를 시작으로 1987년 주식시장 붕괴, 미국 저축대부조합 사태, 일본의 거품 경제 붕괴, 멕시코의 페소화 위기, 아시아 금융 위기, 롱텀캐피털매니지먼트의 파산, 닷컴 붕괴, 미국 기업의 회계 부정 사건, 서브프라임 모기지 사태, 유럽의 국가 부도 위기 등이 여기에 해당한다. 30년 동안 11차례의 경제 쇼크가 세계 경제를 그야말로 주기적으로 뒤흔들었다. 게다가 이런 위기는 회를 거듭할수록 점점 복잡해지고 점점 치명적이 되어갔다.

위기를 몰고 온 원인은 각각 다를지라도 이런 위기에 대한 대응은 대개 익숙한 틀에서 거의 벗어나지 않았다. 위기에 직면한 정부 당국자는 다시는 예전과 같은 상황이 벌어지지 않게 하겠노라고 약속한다. 그리고 위기 해결을 위한 행동에 나선다. 일단 처음에는 통화 및 재정 정책을 활용하여 위기에 따른 손실 복구에 전념한다. 그다음에는 가장 최근의 위기에서 드러난 문제를 중심으로 이를 규제하는 데 초점을 맞춘다. 1987년의 주식시장 붕괴 후에 도입된 서킷브레이커, 아시아 금융 위기 이후 등장한 새로운 환율 제도, 미국 기업의 회계 부정 사건 이후 제정된 사베인즈-옥슬리법 금융 개혁 법안 등이 여기에 해당한다.

그러나 안타깝게도 일이 벌어진 후의 뒤늦은 대책은 또 다른 문제를 낳을 뿐이다. 이런 대책은 기본적으로 다음번 위기도 이전의 위기와 같을 것이라는 전제를 깔고 있다. 그러나 현실은 그렇지 않다. 일단 위기가 발생하고 나서 파국적 사태까지는 벌어지지 않고 어느 정도 시간이 지나면 당국자들은 다소 안심하게 된다. 그러면서 자연적으로 사태가 수습된 부분이 있음에도 이를 당국의 대책이나 규제 덕분이라고 오판한다. 그러나 이런 성공적 해법은 사후약방문식의 후행적 대책으로는 포착할 수 없었던 새로운 문제가 생기면 바로 그 가치를 상실한다. 따라서 위기가 발생하고 대책을 내고 또 위기가 발생하고 대책을 내는 과정이 계속 반복된다. 지난 30년을 돌이켜보면 대체로 3년에 한 번씩 위기가 찾아왔다.

현재와 같은 정책 환경에서는 참으로 반갑지 않은 소식이다. 효과가 빨리 나타나는 섣부른 치료제만 열심히 찾는 환경에서 다분히 정치화된 혹은 정치색을 띤 위기 대응 기제만 남게 되었다는 의미다. 선행적 해법을 도외시하는 이면에는 가짜 호황이라는 정치경제적 논리가 도사리고 있다. 당국은 비록 현재의 경제성장이 지속 불가능한 것이라 할지라도 그 기조를 흐트러뜨리려고 하지 않는다. 실제로 정책

입안자들은 위기가 오면 부실함이 드러났던 과거의 불안정한 경제성장 모형을 다시 꺼내 들려고 한다. 미국에서는 지금 연준이 그러고 있고 중국에서는 2008~2009년의 대위기 때 그런 시도가 있었다.

그런데 2008년에 시작된 전 세계 경제의 위기는 이전의 위기와는 사뭇 다르다. 복잡성이 더해진 것은 말할 것도 없고 그 규모와 강도를 보면 각국의 경제 관리는 물론이고 포괄적으로는 세계 경제 관리에 대해 의문이 생길 수밖에 없다. 그리고 세계 경제 관리는 현재와 같은 세계화 시대에 특히 중요한 의미가 있다. 주로 IMF와 세계 20대 강국으로 구성된 G20이 주도하는 세계 경제 정책의 틀에는 정책 도구도 빠져 있고 그런 도구의 효과를 높여줄 실행 기제도 없다.

세계 경제 정책의 틀에 결함이 있다는 것은 세계의 지도자들이 애초에 각국의 가장 좋은 정책을 모아놓으면 그것이 가장 좋은 세계 정책이 된다는 잘못된 전제 하에 일을 도모하고 있다는 의미가 된다. 이런 접근법은 조화로운 정책 실행과 관리 감독의 기본 틀을 제공하기보다 국가 간에 불필요한 경쟁을 부추길 뿐이다. 유럽의 위기 사태에서 보았듯이 공동 대책의 필요성과 국가 주권의 문제가 서로 충돌하는 상황이 벌어질 수 있다. 요컨대 각 국가를 넘어 유럽 경제 공동체라는 좀 더 '포괄적인 집단의 이익'과 '개별 국가의 이익'을 어떻게 조율할지가 문제가 될 수 있다. 이는 비단 유럽만의 문제는 아닐 것이다. 전 세계적으로 지속 가능한 세계화를 추구하는 우리 모두의 문제다.

대위기와 그 여진은 중국과 미국에 전하는 중요한 경고 신호였다. 중국으로서는 원자바오가 말한 4불 경제론을 재고하는 계기가 되었다. 난데없는 억측이라고 밀쳐뒀던 4불 논쟁이 재점화되었고 결국 불균형적이고 불안정한 중국 경제 또한 세계 경제 위기의 영향권에서 벗어나지 못한다는 사실을 인식하게 된 것이다. 중국 경제의 2대 외부 수요원인 미국과 유럽이 대위기 이후 3년 만에 또다시 위기에 휩싸이면서 4불 경제론의 타당성이 입증된 셈이었다. 그런데 미국의 서브프라임 사태는 100년에 한 번 벌어질까 말까 한 매우 이례적인 사건으로 이를 통상적 위기의 범주에 넣는 것은 가당치 않다고 주장하는 사람들이 많았다. 이런 사태가 다시 일어나리라고 생각하는 것은 기우일 뿐이라는 것이다. 중국의 지도자들이 이런 주장에 귀 기울인다면 역시 같은 결론에 도달할 것이다. 즉 어려움에 빠진 미국 경제도 일정 기간 치유 과정을 거친 후에 다시 제자리를 잡으리라고 보는 것이다. 한때 어려움을 겪었던 미국 경제가 결국은 살아남을 것이고 다시 전성기로 복귀하여 예전처럼 중국 경제를 지탱해주리라 기대하는 것이다.

그러나 유럽에서마저 한 차례 폭풍우가 휘몰아치자 이런 낙관론은 자연히 수그러들 수밖에 없었다. 위기가 또 다른 위기를 불러오면서 100년에 한 번 있을까 말까 한 일회성 위기라는 주장을 쑥 들어가고 말았다. 게다가 위기 후에 경기가 회복되기는커녕 만성적 경기 침체로 굳어지는 환경에서라면 수출 의존도가 높은 중국 경제는 최대 외부 수요원인 미국과 유럽에 더는 의지할 수 없는 상황이 될 것이다. 외수에 크게 의존하는 중국으로서 이보다 더 심각한 경고 신호는 없을 것이다. 더는 외수에 기댈 수 없다는 사실 하나만으로도 기존의 수출 주도형 성장 모형을 버릴 이유는 충분하다.

미국에 대해서도 이와 비슷한 결론을 도출할 수 있다. 중국과는 달리 안정성 부분에 대해서는 부담이 없던 미국은 성장 기조를 유지하기 위해서라면 그 어떤 일도 주저하지 않았다. 미국에서는 1990년대 중반부터 경제 전반에 걸쳐 나타난 거품이 또 다른 거품을 만들어 냈고 이를 통해 광란의 소비 파티가 계속되었다. 결국 세계의 소비자를 자처하던 미국은 현대 역사상 최악의 경기 침체 속으로 굴러떨어지게 된다. 이는 미국 경제 관리에 새로운 개념 틀이 필요하다는 사실을 일깨우는 하나의 경고 신호였다.

대위기는 또한 미중 불균형적인 의존 관계에 매달려 있는 양국에 대한 경종이기도 하다. 대위기로 양국의 성장 동력이 큰 타격을 입었다. 중국도 이제는 자국 제품을 열심히 사주었던 미국 소비자의 덕을 볼 수 없게 되었다. 마찬가지로 중국이 자국의 잉여 저축에 의존하는 체제로 전환하기 시작하면서 미국은 이제 미 재무부 채권의 가장 큰 외국 매수자였던 중국을 잃게 되었다.

의존 관계의 경제적 효과는 물론 존재한다. 그러나 대위기와 그 여진은 의존 관계의 또 다른 측면인 신뢰를 바탕으로 한 정치적 협력 관계에 악영향을 미칠 수도 있다. 미국의 경기 회복이 계속 지지부진할 경우 미국 정부는 다른 어딘가에 비난의 화살을 돌리는 악수를 둘 것이고 모두가 예측할 수 있듯이 특히 중국을 희생양으로 삼을 가능성이 커진다. 그런데 지금의 중국은 예전의 그 궁핍했던 중국이 아닌 것이 문제다. 경제가 좋아지면서 중국인들의 민족적 자긍심도 함께 높아졌다. 따라서 이제는 외부의 비난을 가만히 받아들이지는 않을 것이다. 대위기로 인해 미국과 중국의 정치적, 경제적 마찰이 더욱 심화한다면 앞으로 더 심각한 상황이 벌어질 수도 있다.

물론 세계 경제 관리와 관련한 경고 신호가 없을 리 없다. 1990년 대 말부터 시작하여 결국 대위기에 이르기까지 세계 경제 지표 대다수가 불균형의 심화를 알리듯 이상 조짐을 보인 것이 결코 우연이 아니다. 바야흐로 세계 경제는 국가 간의 경상수지 불균형이 극대화되는 시기로 들어서고 있다. 소비국과 저축국의 격차가 갈수록 벌어지고 있었다. 소비를 많이 하는 국가는 이전보다 소비를 더 많이 하고 있었고 저축을 많이 하는 국가는 이전보다 저축을 더 많이 하고 있었다.

그런데 문제는, 이렇듯 불균형이 심화하는 데도 위기의식보다는 근거 없는 낙관론이 힘을 받고 있다는 점이다. 세계적인 석학들마저 이런 불균형 요소가 세계 경제를 집어삼키지는 않았다고 주장하는 쪽이었다. 아직은 그렇다는 말일 것이다. 그러나 상황이 언제 어떻게 변할지 누가 알겠는가!

겉으로는 잠잠해 보이던 그때를 돌이켜보면 '지속 불가능한 불균형' 현상을 경고한 신호가 무척 많았다는 사실을 알 수 있다. 그 대표적인 경고의 예가 바로 미국이다. 미국의 엄청난 경상수지 적자는 만성적 저축 부족에서 비롯된 결과였다. 그런데 아이러니하게도 저축 부족 자체가 '자산에 의존한 소비'를 부추기는 결정적 요소로 작용했다. 가장 큰 자산(주택)이 알아서 저축을 해주는데 굳이 소득에서 따로 떼어 저축할 필요가 있었겠는가? 유일한 문제는 이 전략이 자산 및 신용 거품에 의존하고 있다는 점이었다.

미국 경제는 소득에 기초한 소비자 구매력이나 저축이 아니라 거대한 거품에 의존했다. 그리고 이 때문에 현대 역사상 최악의 경상수지 적자를 기록하면서 세계 경제를 불균형 상태로 이끄는 결정적 역할을 했다. 결국에 거품이 꺼지자 생각지도 못했던, 아니 설마 했던 일이 벌어졌다. 즉 소비자 수요가 급감했던 것이다. 이 사실 하나만으로도 미국의 불균형 경제가 지속 가능하다고 믿는 것이 얼마나 어리석은지 알 수 있다.

전 세계적 경제 대위기 이전 10여 년 동안 세계 곳곳에서 보였던 불균형 경제에 대해서도 마찬가지다. 특히 중국과 독일의 경상수지 흑자도 정상은 아니었다. 중국의 경상수지 흑자는 중국 가계의 불안 심리와 금융 억압에서 비롯된 결과였다. 그리고 독일의 경상수지 흑자는 범유럽 금리 수렴이라는 특이한 유형의 거품과 이를 토대로 인위적으로 창출한 외부 수요에서 비롯된 것이었다. 물론 독일 외부 수요의 원천은 유럽 주변국들에 대한 금리 수렴이었다. 물론 독일 외부 수요의 원천은 유럽 주변국들에 대한 금리 수렴이었다. 그런데 대위기가 발생하면서 중국과 독일의 경상수지 흑자가 과연 지속 가능성을 지닌 현상인지에 대한 의문이 제기되었다.

요컨대 세계 어느 국가를 불문하고 불균형 경제는 결코 지속될 수 없으며 최근의 연이은 경제 위기를 촉발하는 데도 중요한 역할을 했다. 이런 일련의 위기들은 개별 국가 차원에서도 그렇고 세계 경제 차원에서도 시사하는 바가 매우 크다. 세계 경제의 '불균형 해소'는 이제 입으로만 떠들 일이 아니다. 세계 통치라는 차원에서 보면 좁게는 G20 수준에서, 넓게는 IMF 수준에서 이 문제를 해결할 필요가 있다. 그런데 그러자면 매우 까다로운 두 가지 쟁점을 피해갈 수가 없다. 국가 주권과 초국가적 책임 간의 갈등이 그 하나이고, 가짜 호황이라는 정치경제 논리가 또 하나다. 지속 가능한 세계화는 이 두 가지 문제를 해결하지 않는 한, 기대하기 어려울 것이다.

　시간이 최대의 적이 되는 경우도 있다. 장기적 대책 마련에 걸림돌이 되는 것이 바로 '시간'이다. 시간의 마법 덕분에 위기가 과거 속으로 사라질수록 정치인이나 국민은 경고 신호에 대한 주의력이 떨어진다. 문제가 생기면 장기적인 대책보다는 효과가 빠른 정책을 택해 시간을 벌려고 한다. 그리고 시간이 흘러가면서 그 문제가 잊히기를 기대한다. 그러나 대위기가 중국이나 미국 그리고 세계 전체에 보내는 의미심장한 경고는 따로 있다. 지난 30년의 역사는 이런 불균형 요소 간의 상호작용은 시간이 지나도 사라지지 않는다는 사실을 가르쳐준다. 시간이 지날수록 불균형 요소들이 만들어내는 위기 그리고 그 여진이 재발을 거듭하면서 위력이 점점 커질 뿐이다. 세계적인 불균형을 해소할 최적기는 바로 지금이다. 현실 부정은 또 새로운 불균형을 낳고 이것이 중국과 미국 그리고 세계 전체를 더 큰 위기에 빠뜨릴 수 있다.

3장_
미중 관계,
새로운 패러다임이 다가온다

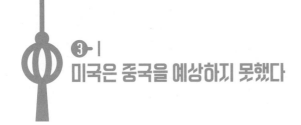

❸-|
미국은 중국을 예상하지 못했다

아주 오랫동안 미국과 서구 유럽은 중국이 스스로 서방식 체제로 변화할 것으로 낙관하며, 영원한 하청구조를 기대했다. 그러나 예상과 달리 중국은 전 세계적인 강대국으로 부상하며 위협적인 라이벌로 떠올랐다. 그동안 전 세계에 영향력을 미친 강대국 중에는 중국처럼 군사력이 아닌 경제력으로 부상한 국가는 없었다. 중국은 조용히 강대국의 길을 향해 걸었고, 미국은 당황할 수밖에 없었다. 미국이 취할 수 있는 방법은 무차별적인 경제 압박 이외에 아무런 대책이 없었던 모양이다. 경제발전에 국가적 목표와 전략을 집중하며 숱한 장애물을 넘어온 중국은 미국의 거친 압박에 응수하며 라이벌전을 벌이고 있다.

하지만 미국은 중국을 경쟁자로 받아들일 준비가 아직은 되지 않은 듯하다. 양국은 강온 전략을 반복하며 할퀴고 껴안기를 계속하고 있다. 그들은 무역과 투자, 금융 등 모든 경제 분야에서 눈부시게 협력하고 배척한다. 다시 말해, 모든 분야에서 대립하고 또 모든 분야에서 타협을 모색한다.

미국과 중국의 이런 모순적인 모습은 역사상 나타난 '힘의 질서를 재편성'하는 과정에서 유례를 찾아볼 수 없는 일이다. 전 세계인들은 미중 양국의 이 같은 혼란스러운 모습에서 눈을 떼지 못한다. 중국은 미국을 맹추격하고 미국은 중국 앞에서 강대국의 위용을 벗어던지고 보호주의를 내세워 '미국 제일'을 연일 외쳐대며 중국 압박에 초당적으로 나선다. 하지만 한편으로 미국은 스스로 중국이라는 거대 시장을 아예 모른 척할 수 없는 현실에 당혹해한다.

중국에 추격당하는 미국이 기존의 방식을 버리려면 아직 많은 시간이 필요해 보인다. 어느 정도 시간이 흐르면 새로운 패러다임이 성큼 다가올 것이다. 미국 중심에서 다원화된 세계로 말이다.

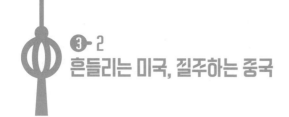

❸- 2
흔들리는 미국, 질주하는 중국

　미국은 중국을 향해 줄곧 '좀 더 서구화하라'고 강요해 왔다. 미국은 오래전부터 지녀온 중국 대륙을 관리하고자 하는 미련을 여전히 가지고 있다. 뉴욕 주지사를 세 번 연임한 마리오 쿠오모의 말처럼 미국은 아직도 "힘센 사춘기 소년 같은 나라"인지도 모른다. 그런데 이 점에 대해서는 중국도 마찬가지의 반응을 보인다. 미국의 그런 압박이 통하지 않는다는 것을 지속적으로 보여주었던 것이다. 지난 오랜 시간 동안, 중국은 미국의 끈질긴 협박과 견제에도 불구하고 묵묵히 자신들의 경제를 발전시켜 왔다. 미국이 대중국 압박에 실패해 온 것이다.

　바야흐로 21세기가 되자, 중국의 미국 추격이 맹렬해지는 만큼 미국의 압박은 갈수록 노골화하고 있다. 미국 정부는 중국경제를 비롯해 정치·사회·문화 체제까지 공격의 수준과 빈도를 높이고 있다. 대만과 남중국해를 중심으로 하는 군사적 긴장도 중국을 견제하는 미국의 중요한 카드로 활용된다. 미국은 자신들과는 전혀 다른 중국 고유의 특성이나 최근 일련의 중국의 변화의 움직임을 이해하려 들지 않거나 부정하려 든다. 중국을 서구화해야 한다는 전략에 대해서는, 21세기 부시와 오바마, 트럼프 정부는 동일한 입장을 견지하고 있다. 다만, 그들이 직면한 상황에 따라 드러나는 압박의 모습에 약간의 차이가 있을 뿐이다.

국내외 여론에 누구보다 민감한 미국 정치인들은 여야 없이 이런 중국을 압박하는 전략에 다른 정치 사안들과는 달리 한목소리를 낸다. 물론 미국 내에서도 미국의 대중국 정책에 대해 우려를 제기하는 지식인들이 없는 것은 아니다. 지금도 미중 양국 간에 밀사 역할을 하고 있는 미국 최고의 외교 원로이자 중국통 헨리 키신저를 비롯하여, '투키디데스 함정'으로 유명해진 하버드 대학의 그레이엄 엘리슨, 중국의 시장 확장 속도를 주목하는 카네기평화연구소의 앨버트 키텔 같은 전문가들은 중국을 견제하고 조종하려 드는 미국 정부에 대해서 지속적으로 경고의 메시지를 보내고 있다. 중국은 더 이상 과거의 중국이 아니며, 미래를 향하여 끊임없이 변화해 가는 중국의 의지를 결코 모른 척해서는 안 된다는 것이다. 골드만삭스와 HSBC, IMF 같은 세계적인 금융기관들도 중국의 미래가 미국보다 밝다는 사실에 대해 앞다투어 계속해서 전망하고 있다. 그들은 일제히 2030년대에 시장 규모 면에서 중국이 미국을 앞설 것이라고 전망한다. 물론 시장 규모의 변화는 단순한 시장 변화로만 그치지는 않는다.

세계적인 중국 전문가들과 전문기관들은 오랫동안 중국에서 일어난 변화들이 결코 예사롭지 않다고 평가한다. 지난 20세기 100년 동안, 중국은 매우 의미 있고 힘든 뼈를 깎는 고통을 수반하는 변화를 과감하게 수행했다. 중국이 수천 년 이어온 봉건제국의 틀을 부수고 혁명을 거쳐 사회주의 공화국 체제를 수립하자 세계는 크게 놀랐다. 서방은 그들을 봉쇄하고 압박했으나, 그들은 당 노선을 계급투쟁에서 경제발전으로 바꾸고, 대담한 개혁개방과 시장경제에 관한 전략들을 실행하는 데 성공했다. 그리고 155년 만에 마침내 홍콩을 되찾고, 헤지펀드가 밀어붙인 동남아 외환위기를 피하며, 세계시장을 향한 WTO 협상까지 마무리했다. 중국은 그렇게 차근차근 21세기를 맞을 준비를 했다.

그런데도 이처럼 거센 변화의 움직임을 멈추지 않는 중국에 대하여 미국의 태도는 조금도 변하지 않았다. 석유 문제와 테러와의 전쟁으로 끊임없이 중동에서 흔들리고, 떠오르는 아시아 시장에서 차이나 딜레마에 빠져들고, 그리고 미국발 금융위기로 곤욕을 치르면서도, 여전히 군사력과 경제력을 내세워 중국과 중동을 압박하면서 무소불위의 세계제국임을 스스로 자랑스러워한다.

예컨대 21세기를 맞이한 중국과 미국의 모습은 아주 대조적이었다. 새로운 시대를 향한 깃발은 2001년에 펄럭이기 시작했다. 2001년, 미국에서는 '9·11 테러'가 발생하고 중국은 WTO에 가입하였다. 이 두 사건을 기화로 양국은 서로 전혀 다른 방향의 국가적 과제에 몰입하기 시작했다. 미국 정부는 아프가니스탄과 이라크를 상대로 중동 침공을 시작한 반면, 중국은 전 세계를 무대로 거대한 무역시장으로 나아갔다.

당시 미국 정부는 곧바로 반테러 전략에 나섰다. 그 과정에서 미국 정부는 불가피하게 중국 정부에 도움을 요청했다. 그 때문에 중국의 WTO 가입을 반대하여 선제적으로 압박하려던 미국 정부의 계획은 좌절되었다. 미국 정부는 이라크에 '대량살상무기' 혐의를 내세워, 따가운 세계 여론에도 불구하고 대중동 전쟁에 착수했다. 하지만 미국 정부가 일으킨 전쟁의 이면에는 석유와 직결된 페트로 달러 체제를 보호하는 일이 자리 잡고 있었다. 미국의 대외전략의 중점이 중국에서 중동으로 전환된 것이다.

미국 정부가 대중동 전쟁에 몰입해 있는 동안, 중국은 미국의 압박에서 벗어나 세계시장으로 질주하는 기회를 맞이할 수 있었다. 미국의 입장에서는 중국에 대한 압박의 기회를 놓치게 된 것이다. 미국이 주춤하는 동안, 중국의 대외무역은 세계시장에서 전반적인 급증세를 보이며 무역대국의 기틀을 잡아나가기 시작했다. 중국의 무역상품 중에서도 특히나 생필품을 중심으로 미국에 대한 수출이 급증하기 시작했다. 이에 따라 미국과 중국 양국은 상호 무역 급증에 따른 제반 문제를 협의해야 할 필요성이 있다는 것을 깨달았다. 그런 배경을 갖고 창설된 것이 2006년에 개설한 미중전략경제대화였다. 이 대화에서 미국과 중국 양국은 무역 불균형과 환율 그리고 경제협력 급증에 따르는 안보 지원과 글로벌 밸류체인과 관련된 세계적 관심사 등의 사안을 의제로 놓고 폭넓게 논의하기 시작했다.

미국이 대외 전략의 중점을 중동 전쟁에서 다시 중국 압박으로 전환한 것은 2001년 9·11테러 발생과 중국의 WTO 가입 이후 10년이 지나서였다. 2011년, 오바마 정부는 이라크에서 미군이 철수할 것임을 선언했다. 그러고는 '피봇 투 아시아(아시아 회귀)'라는 이름을 내걸고 본격적으로 중국의 성장을 저지하기 시작했다.

　　버락 오바마는 중동 전쟁과 2008년 뉴욕발 금융위기라는 두 개의 부담을 안고 2008년 11월 대통령에 당선되었다. 새 정부 출범 직후인 2009년, 오바마는 국무장관 힐러리 클린턴을 중국의 베이징으로 급파했다. 베이징에 도착한 힐러리는 중국 춘추시대 고사인 '동주공제 同舟共濟'를 인용하며 중국이 미국에 대해 협력해 줄 것을 요청했다. 원자바오 중국 총리는 이런 힐러리를 극진하게 환대하고 미국 재무부 채권 3,000억 달러의 추가 매입을 약속했다. 본격적으로 경제발전에 나선 중국의 입장에서는 미국은 언제나 가장 중요한 파트너였다.

　　같은 해, 미중 양국은 대화채널의 위상을 강화했다. 2006년부터 운영해 오던 '미중전략경제대화'에 고위급대화를 통합해 '미중전략 및 경제대화'로 격상하여 정부 간 협의에 중요도를 높였다. 이는 미국과 중국 양국 관계가 무역, 투자, 금융 등 모든 경제분야에서 급속하게 긴밀한 관계를 맺는 가운데 나온 것이다.

　　하지만 2011년, 미국 오바마 정부는 대중국 전략을 협력에서 포위로 그 방향을 바꾸었다. 바로 오바마 정부가 이라크 철수를 선언한 시점이었다. 미국은 반테러 전략과 뉴욕발 금융위기 때 중국이 기꺼이 보여준 협력에는 눈을 질끈 감았다. 오바마 정부는 뉴욕발 금융위기가 미국과 중국 사이의 무역 불균형 때문이었다고 주장하면서, 위기의 책임을 외부로 돌렸다. 하지만 실제로는 금융 위기의 근본 원인은 고질적인 과소비의 지속, 그리고 막대한 이라크 침공 비용과도 연관되어 있었다고 볼 수 있다. 2003년부터 2011년까지, 9년간 지속된

이라크 침공에서, 미군의 참전은 17만 명까지 늘어났으며, 4,400명의 미군이 사망했다. 게다가 이라크 전쟁의 비용은 천문학적이기까지 했다. 보스턴대학의 네파 크로퍼드 박사는, 미국의 아프간 이라크 전쟁의 비용이 도합 4조 7,900만 달러에 달한다고 추산했다. 이라크 침공 중에 발발한 금융위기는 리먼 브라더스와 베어스턴스에서 시작하여 연쇄 도산으로 이어졌다. 부시 대통령은 AIG에 대한 구제 금융을 승인하면서 '비참한 선택'이라고 한숨을 내쉬기도 했다.

미국의 중앙은행격인 연방준비제도이사회는 극약처방으로 양적완화라는 카드를 꺼내 들고 2008년부터 2014년까지 6년간 3차에 걸쳐 4조 달러가 넘는 돈을 찍어냈다. 자그마치 미국 GDP의 20퍼센트가 넘는 규모였다. 양적완화를 수행한 연준 의장 벤 버냉키는 '헬리콥터 벤'이라는 별명으로 불렸다. 이러한 양적완화 전략을 통해 2008~2009년, 월스트리트가 공포에 휩싸인 와중에 400여 개의 금융사에 7,500억 달러, 자동차 3사에 150억 달러의 공적 자금을 쏟아 부었다. 이것은 그동안 중국의 정부 보조금을 비난하던 미국에서 벌어진 일이다. 뉴욕대학의 누리엘 루비니 교수는 이런 현실을 이렇게 비판했다.

"미국에서조차 사회주의가 살아 움직이고 있다. 그러나 이 사회주의는 부자들, 연줄이 좋은 사람들, 그리고 월가를 위한 사회주의이며, 이익은 사유화되고, 손실은 사회화되었다."

한편 중국에 대한 포위에 나선 것은 다름 아닌 국무장관 클린턴 힐러리였다. 아이러니하게도 뉴욕발 금융위기를 맞아 베이징으로 협력을 구하러 갔던 바로 그 인물이었다. 2016년 대선의 유력 주자로 떠오른 그녀는, 2011년 미국 외교전문지 〈포린폴리시〉에 기고한 글 〈미국의 태평양 시대〉에서 그동안 중동에 집중해 온 미국이 이제부터는 외교·군사정책의 중심을 아시아로 이동시켜 중국을 견제하겠다고 선언했다. 중국 포위를 내세운 '피봇 투 아시아'가 시작된 것이다. 금융위기 이후 전 세계에 퍼지고 있는 '미국은 지고, 중국이 뜬다'는 분위기를 잠재울 필요도 있었다. 이때부터 미국은 그들이 자랑하는 항공모함을 아시아에 전진 배치했다. 그리고 해군과 공군을 중심으로 총 국방비의 60퍼센트를 아시아 지역에 집중하기 시작했다. 연간 6,000억 달러가 넘는 미 국방예산 중 약 3,600억 달러를 중국을 포위하기 위한 전략에 쏟아붓기 시작한 것이다. 경제 측면에서 중국을 포위하기 위해서는 중국의 대외 경제 네트워크를 통제하기 위해 '환태평양경제동반자협정'을 동원했다. 이처럼 미국은 흔들리는 가운데 중국 압박에 집중해 나갔다.

미국이 9·11 테러를 당한 다음 아프가니스탄과 이라크를 침공하고, 그 와중에 '뉴욕발 금융위기'를 겪으면서 흔들리고 있던 바로 그 시기에, 중국은 미국 정부의 요청으로 반테러와 금융위기 공조에 협력하는 한편, WTO 가입을 기점으로 경제발전을 향한 전략을 추진하며 질풍처럼 독주하기 시작했다. 중국에서 투자처를 찾는 외국 투자자의 발길이 급증하기 시작한 가운데, 중국 정부는 까다로운 WTO 양허안 수행을 위하여 대대적인 무역 제도 정비에 나섰다.

중국 정부는 열악한 국내 기업 상황을 고려하면서도 수출 전략을 적극적으로 전개해야 하는 과제에 직면했다. 중국이 택한 방식은 외국의 설비와 원료 및 중간재를 과감하게 들여오고, 직접 투자 방식과 가공 무역 방식을 최대한 활용하는 것이었다. 중국이 이처럼 직접 투자를 적극적으로 유치한 영향으로 합자 수출과 가공 수출 비중이 전체 수출의 절반을 넘어서게 되었다. 이는 중국 특유의 현상이다. 이런 방식은 단기간에 수출이 급증하는 원동력이 되었다.

그러나 이런 방식으로 중국이 얻는 것은 크지 않아, 주로 가공임 정도였으며, 이 가공임으로 얻는 이익은 총 매출의 대략 30퍼센트 수준이라고 컬럼비아대학의 조지프 스티글리츠 교수는 추정했다. 외국 기업들과 공동으로 수출하는 셈인데, 그중 가장 큰 비중은 미국의 초국적 기업들이 차지했다.

요컨대 당시 미국은 한편으로 중동 전쟁에 몰두했고, 다른 한편에서는 중국시장에 대한 압박과 진출의 양면 작전을 진행하고 있었다. 이 무렵 뉴욕발 금융위기로 세계경제가 위축된 상황에서, 중국경제는 '나홀로' 독주하며 세계경제의 견인차 역할을 하며 전 세계 경제 강자로 올라섰다. 미국은 뒤늦게 이라크 침공을 멈추고, 질주하는 중국 시장을 저지하는 데 나섰다. 이처럼 역대 미국 정부들의 전략 목표는 중동 유전과 중국시장을 동시에 통제하는 것이었다. 그러나 그 성과를 긍정적으로 평가할 수는 없게 되었으며, 이에 따라 미국의 대외적 위력과 위상도 감소하고 있다.

미국 내에서도 미국의 장래를 우려하는 이들이 적지 않다. 그들 중에 미래학자이며 중국 전문가인 존 나이스비트 교수는 현재 미국이 국가주의와 보호주의가 함께 부상하면서 분열 양상이 우려할 만한 수준에 달했다고 비판한다. 수렁에 빠진 양당제도의 혼란도 미국의 미래 방향을 짐작하기 어렵게 만드는 요인이라고 지적한다. 특히나 정치적 갈등을 극복할 지도자들의 리더십이 부족하여 국정 수행의 마비를 불러오고 있다는 것이다. 늘어나는 국가 부채와 고갈되는 사회 복지 예산, 단순 노동자를 위한 일자리 감소, 실패를 계속하는 보건복지 정책, 증가하는 총기 사고, 무역 불균형, 무너지는 공교육제도, 감당하기 어려운 이민자의 유입, 약화되는 정규군의 군사력, 정치가와 유권자 사이의 불신 등 수많은 문제를 염려한다. 트럼프가 외치는 '미국을 다시 위대하게'라는 정치 구호는 혼자서만 우뚝 서겠다는 이른바 미국 예외주의로 비쳐지며 거부감을 자아낸다고 비난한다. 존 나이스비트는 이렇게 지적한다.

"이미 많은 나라들은 미국이 유일한 초강대국이라고 생각하지 않는다. 지금까지 미국은 공식적으로 자신의 위상이 내려가고 있음을 인정한 적이 없다. 그러나 미국의 연간 경제성장률이 3퍼센트 이상을 기록한 마지막 해가 2004년이었다."

전 세계에 대한 미국의 정치적 목표는 언제나 서구 민주주의가 전 세계에 뿌리내리도록 하는 것이다. 그러나 그것은 미국의 욕심이자 오판이다. 민주주의는 강제로 이식되는 것이라기보다 천천히 자신의 토양을 바탕으로 자라나야 하는 것임은 그들의 경험이 말해 준다. 그럼에도 불구하고, '그들은 왜 그들의 민주주의를 남에게 강요하는가'라는 비난이 이어지는 것이다. 이러한 미국의 권위주의를 환영하는 나라는 없다. 그에 따라 세계 무대에서 미국의 권위도 서서히 그 힘을 잃어가는 것이다. 이런 현상들은 이제 미국 중심 시대에 변화가 오고 있음을 보여준다. 그 뒤에는 다원화된 새로운 세계 질서가 기다리고 있는 것이다.

이런 미국의 상황은 오히려 중국을 여유롭게 한다. 중국 정부는 더욱 정치적 자신감을 회복하고 체제에 대한 국민의 지지를 확보하고 있다. 트럼프는 대통령에 당선되자마자 자신들이 중국 견제를 겨냥하여 만든 환태평양경제동반자협정의 탈퇴를 선언하고, 이어서 범대서양무역투자동반자협정과 관련된 협상을 중단하겠다고 발표했다. 이는 중국에 세계무역에서 신뢰할 만한 선도적 역할을 수행할 기회를 얻게 만들었다. 기회가 있을 때마다 시진핑은 자유무역과 환경보호를 강력하게 천명하는 데 반하여, 트럼프는 기후 변화의 증거를 부인하고 보호무역을 강조하여 전 세계를 두려움에 빠뜨리는 대조적인 모습을 보여주고 있다.

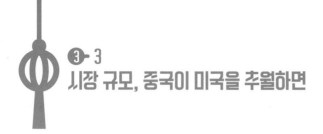

3-3
시장 규모, 중국이 미국을 추월하면

    2018년 7월, 트럼프 정부가 중국에 관세 폭탄 공격을 쏟아붓기 시작하면서 백악관이 발칵 뒤집혔다. 이후, 세계 최고의 금융기관인 HSBC와 IMF가 시장 규모에서 중국이 미국을 추월하는 시기를 2030년으로 전망하는 보고서를 잇달아 발표한 것이다. 그러한 전망은 중국의 추격을 저지하려는 미국의 관세 폭탄에 찬물을 끼얹었다. 미국 정부는 기민하게 대응하기 시작했다. 부통령과 국무장관 등을 비롯하여 미국의 고위 관리들이 줄지어 중국의 체제를 겨냥하여 맹비난하기 시작했다. 미국 관리들의 격앙된 태도로 볼 때, 미국이 아직 중국의 추격을 받아들일 준비가 전혀 되어 있지 않았다는 사실을 알 수 있다. 또한 앞으로 중국의 추격이 진행되는 동안 미중 관계가 엄청난 갈등을 피하기 어렵다는 것을 예측할 수 있다. 미국의 국력을 종합적으로 평가하면 중국보다도 강력하다. 군사력은 말할 것도 없고, 시장 규모 면에서도 중국은 2018년 기준으로 미국의 70퍼센트에 미달하는 수준이다.

하지만 거대한 나라, 중국의 추격은 전혀 흔들림이 없다. 많은 미국 전문가가 나서서 '중진국 함정론'과 '중국 경제 부도론' 등으로 중국 경제의 추락을 끊임없이 예상하며 중국을 몰아세웠으나, 모두 빗나갔다. 수많은 미국 전문가들이 쏟아내는 어두운 중국 전망을 생각하면, 중국 경제는 벌써 바닥으로 치달았어야 한다. 이처럼 미국의 부정적 평가와 끊임없는 견제에도 불구하고 중국은 묵묵히 견디면서, 지난 40년 동안 연평균 9.5퍼센트의 눈부신 성장을 이루어 왔다. 초고속 성장에 이어 최근에는 6퍼센트 대의 중속 성장으로 순조롭게 연착륙하는 데도 성공했다. 이런 미국의 거친 압력에도 불구하고 눈부신 성과를 내고 있는 중국을 바라보며, 세계 금융기관들은 중국 경제의 미래 전망을 밝게 내놓고 있다.

중국 경제의 시장 규모의 확장을 특별히 주목해야 한다. 상당한 시간이 걸리겠지만, 일단 시장 규모에서 압도하면, 그것이 글로벌스탠더드에 영향을 미치게 되고, 나아가 문화 다원화의 길을 여는 디딤돌이 될 수 있다. 변화는 조용히 그러나 거대한 흐름으로 나타나게 될 것이다. 요컨대 미국 중심의 세계 체제가 다국 중심의 체제로 전환되는 것이다. 패권국으로서의 영향력을 놓칠 수 없는 미국으로서는 결코 달가운 일이 아니다.

런던정경대학의 중국 전문가인 마틴 자크 연구위원도 이들 금융기관의 전망을 진지하게 생각하는 전문가다. 마틴 자크는 그의 저서 〈중국이 세계를 지배하면〉에서, 앞으로 세계의 경제 헤게모니가 중국으로 이동할 것이라고 전망한다. 세계의 수도가 뉴욕에서 베이징으로 옮겨와 중국 중심의 세계사가 시작될 것이며, 새로운 문명국가와 새로운 무역제도, 그리고 새로운 소프트 파워로 장식된 중국문화, 거기에 중국식 정치가 서구의 대안이 될 것이라고 점친다. 달러화 가치의 하락은 위안화 가치 상승과 동시에 진행될 것이다. 그리고 서구 사회는 그동안 누려온 패권을 상실하게 될 것이라고 바라본다.

이보다 한 발 더 구체적인 수치로 전망을 발표한 사람은 세계은행, 미 재무부 동아시아국과 카네기국제평화재단을 거쳐 지금은 대학에 재직 중인 앨버트 키델 교수다. 그는 2008년 7월, 카네기재단에서 발표한 그의 보고서 〈중국 경제의 부상〉에서 2050년에 중국의 시장 규모는 미국의 두 배에 달할 것이라고 전망했다. 그 상황이 오면, 미국은 세계 전략은 물론 국내 각 분야에서 제도 개혁이 불가피할 것이라고 예고했다. 그는 중국 경제의 발전 동력을 강력하고 거대한 내수라고 지적했다. 시장 규모 면에서 중국은 2030년대에 미국을 따라잡고, 2050년에는 82조 달러에 달해 미국의 44조 달러에 비해 두 배에 달한다는 것이다. 그의 보고서의 내용은 다음과 같다.

"시장 규모 면에서 중국이 크게 앞서게 될 근거는 중국 경제가 수출보다 내수가 강력한 데 있다. 이로 인하여 세계 경제가 어려워져도 상대적으로 충격을 덜 받을 것이다. 또 일본이나 한국 등 급속한 성장을 경험했던 국가들과는 달리, 중국 경기 사이클은 미국 경기와 별 관련이 없었다는 점도 중국 경제의 '독립성'을 보여준다. 그리고 중국은 군사나 외교 등 국제 관계의 모든 분야에서 중요한 파워로 부상할 것이다. 국제기구의 리더십이 중국 쪽으로 쏠릴 것이며, 이에 따라 세계은행이나 유엔, IMF 등 국제기구들의 본부가 중국 베이징이나 상하이로 옮겨갈지도 모른다. 앞으로 미국은, 현재의 유럽처럼 중요한 2차적 영향력을 행사하게 될 것이다. 그러나 중국인이 누리는 삶의 질은 21세기에도 미국보다 높지는 못할 것이다. 2050년, 중국의 1인당 GDP는 5만 3,000달러로, 미국의 9만 5,000달러에 비하여 3분의 2 수준으로 추정된다. 1인당 GDP에서 중국이 미국을 앞지르는 시기는 2100년쯤으로 예상된다."

앞에서 열거한 이러한 전망들은 중국의 성장률이 어느 날 갑자기 멈출 것으로 예측하는 서방의 분위기와는 사뭇 다르다. 중국 정부는 베이징대학의 린이푸 교수의 예상처럼, 연 6퍼센트대의 성장을 가능한 한 10년 정도 이어간다는 목표를 내세우고 있다. 여기에 향후 미국의 성장 속도를 2~3퍼센트 수준으로 예상하면, 중국이 미국을 추월하는 시기를 만날 수 있다. 그 구체적인 일정 시나리오는 IMF, HSBC 그리고 골드만삭스 같은 금융전문기관들이 이미 카운트다운에 들어가 있다.

전 세계적으로 일어나는 새로운 변화를 받아들이는 것은 쉬운 일이 아니다. 마틴 자크도 중국의 부상에 세계의 반응은 그만큼 뒤늦을 것이라고 전망한다. 변화는 또 다른 변화로 이어진다. 전문가들이 시장 규모의 역전을 주목하는 이유는 그것이 글로벌 스탠더드의 이동을 가져오게 되고, 그것이 다시 글로벌 문화의 다원화로 이어질 수 있기 때문이다. 거기에 소비 시장의 위력이 가세함은 물론이다. 미국 중심의 세계 문화가 동서양 문화로 다원화하는 전환점이 다가오고 있는 것이다.

그러나 미국의 입장에서 생각해 보면 중국이 미국보다 앞선다는 것은 꿈에도 있을 수 없는 일이다. 과거 18~19세기, 유럽의 변화에 무지한 채 오만으로 일관했던 동양의 봉건제국은 나락으로 굴렀다. 하지만 지금은 글로벌 시대다. 지금 미국은 중국의 전 세계적인 부상에 표면적으로는 등을 돌리면서도, 내부적으로는 예민하기 그지없다. 대화도 이어지고 있다. 이미 시장 협력을 통한 상호의존도 깊어지고 있는 상태다. 서로를 필요로 하는 시장 권력이 여론몰이에 빠진 정치 권력에 영향을 미치는 시대인 것이다.

앞으로 중국의 시장 추격이 미국인들에게 미치는 심리적인 영향은 쉽게 가라앉지 않을 것이다. 이런 미국의 분위기를 '투키디데스의 함정' 가설을 내세워 신흥국인 중국과 기존 패권국인 미국의 충돌이 불가피하다고 설명한 학자가 하버드대학의 그레이엄 앨리슨 교수다. 그런 앨리슨도 자신의 저서 〈예정된 전쟁〉에서 이렇게 말한다.

"우리는 중국의 부상을 어찌할 수 없는 조건으로 받아들여야 한다."

앨리슨 교수의 이런 인식은 일찍이 헨리 키신저가 '중국의 발전은 운명이다'라고 예언한 것과 같은 맥락이다.

❸-Ⅱ 중국, 성장전략을 전환하다

중국의 경제적인 부상에 대한 미국의 견제는 결코 트럼프 정부에서 쉽게 끝나지 않을 것이다. 중국 경제가 발전을 지속하며 미국을 추격하는 한, 미국은 패권 상실의 초조감과 두려움에서 벗어나지 못한다. 하지만 중국 정부도 미국의 이런 사정을 훤히 꿰뚫어보고 있다. 미국과의 갈등과 대립이 어제오늘의 일만도 아니다. 시장경제로 시작한 중국의 부상은 이제 새로운 국면으로 들어가고 있다. 21세기에 들어와 중국의 성장 전략은 어떻게 전환의 계기를 활용해 왔는지 정리해보자.

• 2001년 WTO 가입→성장전략 전환 준비

• 2008년 뉴욕발 금융위기→미 국채 다량 매입, 성장전략 전환 본격화

• 2011년 오바마 정부의 이라크 철수 및 중국 포위 착수→중국제조 2025,

일대일로 착수

- 2018년 트럼프 정부 관세폭탄과 화웨이 공격 착수→미국과 협상 및 대결 양면 전략 전개

2000년에 대통령에 당선된 조지 W. 부시는 당초 중국의 WTO 가입을 지지한 인물이다. 그러던 그가 집권하자마자 중국을 거세게 몰아붙이기 시작한 이유는 WTO 가입이 중국 부상의 디딤돌이 되는 것을 저지하기 위해서였다. 바로 이 시기, 장쩌민 정부는 WTO 가입을 국가 발전의 일대 계기로 삼아 성장전략의 전환을 준비하기 시작했다. 그 핵심은 대외무역 위주로 발전해 온 성장전략을 광활한 국내 시장으로 눈을 돌려 내수시장을 육성하고, 거기에 '중국제조 2025'의 싹이 된 산업고도화 전략의 추진도 덧붙였다. 오늘날 일대일로 전략의 받침돌이 된 '서부대개발 계획'도 이때 추진하기 시작한 것이다. 이 계획도 중국제조 2025처럼 2050년까지의 장기계획이다.

성장전략의 전환에 박차를 가하게 된 계기는 2008년 뉴욕발 금융위기 발발이었다. 뉴욕발 금융위기에 후진타오 중국 정부는 재빠르고 정확하게 대처했다. 성장전략 전환은 중국 경제의 급부상과 이어져 있었다. 여기서 그 과정을 좀 더 들여다보자.

미국발 글로벌 금융위기가 심상치 않음을 감지한 중국은 성장 패러다임의 목표와 방향을 바꾸기 위한 가속 페달을 밟았다. 대외의존을 줄이고, 내수시장을 육성하는 일이 시급해진 것이다. 당시 중국 경제는 서방 선진국에 대한 무역 의존도가 매우 높은 상태였다. 이 시기 미국에 대한 중국의 수출 비중은 20퍼센트 수준이었으나, 홍콩 재수

출을 감안하면 그 비중은 훨씬 더 컸다. EU에 대해서도 비슷한 비중이었다. 글로벌 금융위기의 발발은 이런 과도한 수출의존형 발전 방식에 치명적이었다. 당장 미국과 서방에 대한 수출 길이 벽에 부딪혔고, 이를 통해 곧바로 중국 경제가 가진 취약점이 고스란히 나타났다. 투자 과열에 따른 공급 과잉, 투자와 소비의 불균형, 저부가가치 위주의 열악한 산업구조, 급속하게 벌어지는 빈부격차와 지역격차와 같은 구조적 모순들이 벌떼처럼 불거져 나왔다. WTO 가입으로 대외무역이 급증하고, 이로 인해 대외의존도가 높아진 상태에서 미국발 금융위기를 만난 것이다.

중국 정부는 내수시장 육성과 산업고도화의 필요성을 다시 한 번 절감했다. 새로운 성장 방식의 주요 특징은 산업구조조정, 성장보다 분재, 도시화, 서비스화, 친환경 산업에 집중되었다. 이 시기의 정책을 정리해 보자.

- 성장 방식을 수출 위주에서 내수 위주로 전환한다.
- 새로운 성장 동력으로 서비스산업과 전략적 신흥 산업을 육성한다.
- 분배 중시 전략으로 중·저소득층을 위한 사회보장제도를 구축한다.
- 지역 간 불균형 해소를 위해 도시화 추진과 고속철 건설을 추진한다.

그리고 유연한 통화정책과 내수 진작책이 뒤따랐다. 이런 경제 전반에 걸친 구조조정 과정은 중국 경제가 고속성장에서 중속성장으로 연착륙 과정을 밟아가는 데 중요한 역할을 했다. 일부 서방 전문가들이 앞다투며 예측하던 중진국 함정이나 갑작스러운 성장률 하락

현상은 지금까지 나타나지 않았다. 수출로 벌어들인 외환은 미 국채 매입과 적극적인 해외투자로 위기에 직면한 세계경제에서 중국 경제의 위상이 보다 확고해지는 계기가 되었다. 이런 대외적인 위상 강화가 국내 성장전략의 전환에도 힘이 되었음은 물론이다. 결국 미국발 금융위기는 중국 경제의 발전에 전화위복으로 작용한 것이다. 중국의 시장 규모가 60퍼센트를 넘어섰고, 2018년에는 65퍼센트를 넘어서게 되었다.

이처럼 중국 정부가 미국발 금융위기에 기민하게 대처할 수 있었던 것은 WTO 가입 시기부터 준비를 서둘러 왔기 때문이다. 과도한 수출주도형 성장 모델에서 벗어나고 있는 흐름은, 한때 70퍼센트를 상회하던 대외무역의존도가 이제 30퍼센트 초반으로 내려온 것으로 나타나고 있다. 앞으로 미국이 서방 선진국 동맹을 동원하여 중국 압박을 지속한다면, 중국은 이들 국가들과의 교역을 감축할 수밖에 없을 것이다. 그리고 이런 추세는 중국의 대외의존도를 더욱 낮추는 효과로 나타날 것이다.

하지만 오늘날 중국은 대외전략 전반에 대한 재정비가 불가피한 상황을 맞이했다. 미국의 압박과 공세가 단기간에 마무리될 성질의 공격이 아니기 때문이다. 지금부터 10~20년, 또는 그 이상 미중 양국 관계는 매우 험난한 시기를 맞이할 것이다. 미국은 역사상 처음으로 중국보다 시장 규모에서 뒤처지는 패배감을 맛보게 될 것이다. 세계 최대의 통신장비 업체인 화웨이를 사정없이 압박하는 데서 보듯이, 중국의 맹추격에 놀란 미국은 온 정당이 똘똘 뭉쳐 중국의 추격을 저지하는 일이라면 무엇이든 발 벗고 나서려 한다. 그동안 중국인들이 얘기해 오던 '관건적 시기'가 온 것이다. 중국 정부가 또 다시 새로운 성장전략을 모색해야 할 시기가 다가오고 있다.

❸-5
새로운 패러다임을 향하여

시장경제를 선언하면서 덩샤오핑은 중난하이 안에 경제 싱크탱크인 국무원 발전연구중심을 개설했다. 그리고 장쩌민과 가까운 마홍을 주임으로 배치했다. 마홍은 둥베이에서 같이 지낸 후배 주룽지를 덩샤오핑에 천거하기도 했다.

헨리 키신저는 오늘날 중국 부상의 특징이 과거 제국들의 부상과 다른 점은 군사력이 아닌 경제력에 의한 부상이라고 지적한다. '중국의 발전은 운명'이라고 예언한 적이 있는 그는, 근대 이후 국제정치 구조를 '힘의 균형'으로 접근하는 전형적인 인물이다. 그는 모든 국제 문제를 미국의 국익에 최우선을 두고 접근한다. 그는 말한다. "중국을 견제하기보다는 협력하는 것이 미 국익에 유리하다."

세계적인 금융 전문기관들에 따르면, 앞으로 최대 20~30년이 지나면 미국이 중국을 전방위적으로 압박하는 것은 거의 불가능해질 것이다. 당장 제한된 임기 중에 여론을 살펴야 하는 미국 정치인들로서는 별 관심 없는 얘기일지도 모른다. 태생적으로 미국의 정치 구조는 짧은 집권기의 정책이 국가의 장기적인 비전으로 이어지는 가능성을 차단하고 있다. 당 중심의 중국처럼 수십 년 장기 계획을 세우는 것은 불가능하다.

수교 이후, 미중 관계는 눈부신 경제협력을 이어오면서도 정치적 대립을 일삼는 불안정한 관계를 지속해 왔다. 주로 미국은 견제하고 중국은 반발하는 악순환이었다. 압도적인 종합 국력을 믿고 있는 미국은 중국에게 미국처럼 되라고 압박한다. 더구나 최근에는 셰일석유 생산으로 세계 1위의 산유국이 되면서 더욱 어깨가 올라갔다. 그러나 중국의 맹추격은 피하기 어려운 현실이다. 21세기에 들어와 중국 경제의 시장 확장 속도는 눈이 부실 정도로 빠르다. 그리고 그것이 세계 시장을 빨아들이는 동력으로 작용한다. 중국 정부가 주장하는 '신형 대국관계'나 '중국몽'을 배후에서 받치는 힘은 바로 거대하고 빠른 시장 확장의 속도에서 나온다.

오랫동안 중국인들은 오랜 고난을 견디며 미국처럼 발전하고 싶었다. 그리고 그 목표를 향해 매진했다. 반면에 미국인들은 그들이 중국 대륙을 통제해야 한다는 미련을 아직도 버리지 못했음이 분명해졌다. 패권 중독 현상이다. 거기에 중국 주변의 아시아 지역에 대한 통제도 포함되는 것은 물론이다. 이를 위해 미국은 지금 연간 6,000억 달러가 넘는 국방예산의 60퍼센트 이상을 아시아 지역에 쏟아붓고 있다. 이런 방식으로 중국과 아시아를 언제까지 통제할 수 있을까? 한국을 자주 방문하는 하버드대학의 폴 케네디 교수는 일찍이 의문을 제기했다. 아무리 달러를 찍어내기만 하면 되는 나라가 미국이기는 하지만, 과연 지금의 패권국 지위를 계속 유지할 수 있을지는 알 수 없는 일이다. 역사적으로 보면, 그 어떤 패권국도 흥망을 거치다가 그 생명력을 다하는 데 예외가 없다.

중국을 견제하며 제국을 유지하는 데는 거대한 국방비용 이외에도, 미국이 직면한 문제들이 적지 않다. 우선 중국의 국제연대가 미국의 서방연대와 맞서기 시작하고 있다. 미국의 중요한 아시아 맹방인 한국과 일본이 중국과 활발한 역내 협력으로 중국 부상에 큰 힘이 되고 있는 것은 미국의 딜레마이다. 여기에 북한이 비핵화의 길로 들어선다면 한반도는 동아시아 역내권에서 새로운 활력을 얻게 될 것이다. 대만에 대해서 미국은 이를 중국의 아킬레스건으로 활용하려 들지만 이미 대만은 중국 경제권에 들어가 있다. 동남아 지역의 각국도 실리를 내세워 미중 사이에서 중국과 연대하는 조짐이 갈수록 두드러진다. 이것이 미국의 남중해 전략을 복잡하게 만드는 요인이 되었다. 동남아와 중남미, 아프리카 그리고 절친이 된 러시아, 최근에는 G7의 이탈리아까지 중국의 '일대일로'에 참여했다. 현재 일대일로 전략을 통해 90여 개 나라가 이처럼 중국의 깃발 아래 모였다. 미국의 전통적인 G7 서방연대와 맞서는 형국이다. 중국도 이제 혼자가 아닌 것이다.

제국의 근원적 힘인 달러 체제도 변화를 기다리고 있다. 1970년대 초, 베트남전쟁 중에 금본위제를 버리고 사우디아라비아를 중심으로 성공시킨 페트로 달러 체제는 미국의 셰일석유 생산으로 새로운 변화에 직면하고 있다. 세계적 산유국인 이란과 베네수엘라와의 갈등도 해결의 단초가 보이지 않는다. 거기에 중국과 사우디아라비아의 접근도 가시화하고 있다. 기존의 중동정책을 재정비해야 하는 과제를 안고 있는 것이다. 뒤늦게 중국이 셰일석유 생산이 궤도에 오르게 되면 미국은 페트로 달러 체제에 더 이상 기대기 어려워진다. 여기에 중국의 시장 확장이 지속되면서 위안화 결제도 국제적으로 힘을 받으면 달러와의 경쟁은 불가피해진다.

2018년부터 트럼프 정부가 시행하고 있는 무차별적인 중국 압박은 미국 내부의 전폭적인 지지를 받고 있다. 이에 자극받은 중국은, 앞으로 미국 의존도를 가능한 한 줄여나가려 할 것이다. 아직도 미국은 사춘기 소년 같은 힘센 나라임에 틀림없다. 그러나 그런 미국에 대해 추월을 앞둔 나라가 중국이다. 이제 미국 중심의 시대가 저물고 미중 다원화 시대가 기다리고 있다. 여기에 필요한 새로운 패러다임은 미국의 압박과 중국의 반발로 이어지는 현재의 미중 패턴을 벗어나는 것이다. 중국은 이미 '신형대국관계'로 그 대안을 제시해 놓았다. 그렇다면 이번에는 미국이 대응할 차례다. 거기에는 '힘의 균형'에 대한 미국 당국의 인식의 변화가 필요하다. 물론 미국의 입장에서는 받아들이기 어려운 일이다.

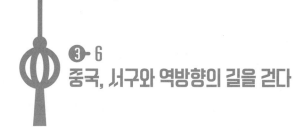

중국, 서구와 역방향의 길을 걷다

잠들었던 중국을 깨운 건 유럽이었으나, 유럽이 행했던 중국에 대한 방식과 과정은 험악했다. 그때부터 중국과 서구는 서로 역방향의 길을 걷기 시작했다. 서구의 기회는 중국에 재앙이었고, 서구의 재앙은 중국이 제기하는 데 기회가 되어 주었다.

중국에 기사회생의 기회가 찾아온 것은 두 차례 세계대전이었다. 유럽 대륙은 승패와 관계없이 순식간에 잿더미로 변했다. 끝없는 탐욕의 종말을 바라보며, 장 폴 사르트르처럼 제국주의를 반성하는 지식인들도 생겨나고, 그 영향이 '사회주의 열풍'으로 나타나기도 했다. 서구 세계는 전쟁의 승자인 미국 중심으로 재편되고, 미국은 뉴딜정책과 냉전 속에 한국전쟁과 베트남전쟁을 거치며 자본주의의 보루로 떠올랐다. 전쟁이라는 과정을 통해 3류 채무국이었던 미국이 세계 패권국으로 올라선 것이다.

세계대전이 미국을 제국으로 만들었다면, 중국에게는 기사회생의 기회로 작용했다. 그러나 수천년 봉건제를 해체하고 공화제로 전환하는 작업은 쉽지 않았다. 서구가 500년 동안 이룬 것을 압축하여 따라잡아야 했다. 중국이 봉건 제국을 해체하고 신중국을 건설한 시기는 거의 세계대전의 시기와 일치한다. 제1차 세계대전 직전, 신해혁명이 불타올랐다(1911). 이어서 신문화운동과 5·4운동이 중국을 혁명의 용광로로 만들었고(1919), 제2차 세계대전 속에서 항일전쟁과 국공내전을 치르며 통일국가로 올라섰다(1949). 이런 움직임은 유럽 열강이 중국 대륙에서 떨어져 나간 사이에 진행된 것이다. 그러자 미국과 소련이 손을 잡고 중국에 침을 흘렸다. 루스벨트와 스탈린은 장제스를 지지하며 중국공산당으로 결집하는 현상을 저지하려 했으나 역부족이었다. 한반도를 38선으로 자른 것처럼, 만리장성이나 양쯔강으로 대륙 분단선을 잡으려던 음험한 계략도 수포로 돌아갔다. 마침내 신중국이 떠올랐다. 중국공산당이 서구를 딛고 깃발을 올린 것이다. 이처럼 강대국의 통제를 뚫고 독립한 신생국은 중국 이외에는 거의 없다. 유럽 제국주의는 남은 힘을 미국에 넘긴 채 쇠퇴하고, 중국은 재기의 기반을 마련했다.

중국 건국 이후에도, 서구와의 역방향 흐름은 이어졌다. 사실상 제2차 세계대전의 최종 승자인 미국이 중국 대륙에서는 씁쓸하게 퇴각한 것이다. 놀라운 일이었다. 중국 대륙에서 어쩔 수 없이 물러난 미국은 냉전이라는 무기를 내세워 다시 중국을 압박했다. 그러나 냉전 체제 속에서도 중국은 변화의 회오리를 이어갔다. 한국전쟁과 베트남전쟁도 치렀다. 그들은 대약진과 문혁 같은 엄청난 시행착오를 범하면서도 수천년 묵은 봉건 체제를 송두리째 뿌리 뽑아 재정비하며 새로운 체제를 수립하는 데 집중했다. 그리고 베트남전쟁에서 미국과 화해의 기회를 포착하여 오늘날 미중 시대의 출발점을 만들었다. 마오쩌둥에 뒤이은 덩샤오핑은 '사회주의 시장경제'와 '일국이체제' 같은 새로운 개념의 중국을 21세기 앞에 내놓았다.

　중국이 부활하는 힘은 거대 시장에서 나온다. 서구의 입장에서 본다면 중국의 대전진은 달갑지 않은 일이지만 중국이라는 거대 시장을 외면하기는 어렵다. 이율배반적인 현상이다. 오늘날 중국의 발전에 박수치는 서방국가는 없다. 그들은 서로 연대하여 견제와 압박에 열을 올린다.

　새로운 중국을 알리는 신호는 21세기와 함께 왔다. 2001년 WTO 가입과 2008년 뉴욕발 글로벌 금융위기였다. 이 시기 미국과 서구 경제는 휘청거렸으나, 중국은 이 기회를 성장 패러다임의 전면적인 정비에 이용하며 '나 홀로 성장'하며 세계경제의 견인차로 떠올랐다. 그러자 이라크 침공에 몰두하던 미국이 이라크에서 철수하며 중국 압박에 팔을 걷었다. 중국의 자신감이 커지면서, 미국의 중국에 대한 견제와 압박은 더욱 날카로워지기 시작했다. 중국은 '신형 대국'의 깃발을 내세워 미국의 포위와 압박에 대응해 나갔다.

　19세기 이래, 서구세력은 줄곧 '중국 위협론'과 '중국 붕괴론'에 집착해 왔다. 중국이라는 나라는 그만큼 서구세력에게는 힘겨운 상대였던 것이다. 그들은 중국의 취약점들을 상상할 수 있는 데까지 들추어내는 데 그침이 없다. 서구의 예상대로라면, 중국은 벌써 이 세상에 없을 것이다. 식량문제와 인구문제가 터지고, 전 세계 석유가 고갈되고, 위안화가 폭락하고, 기업 부채로 나라가 흔들리고, 성장률이 급락하여 중진국 함정에 빠지고, 일자리 부족으로 청년들의 불만이 폭발하고, 권력투쟁으로 공산당이 끝장을 볼 것이고, 기필코 미국과 한판 벌일 것이고, 환경문제가 중국을 덮칠 것이었다. 그런 험악한 악담 속에서 중국은 지난 40년간 연 9.5퍼센트 성장률이라는 놀라운 고속성장의 길을 질주해 왔다.

거대한 나라 중국이 개발도상국으로 올라서고 다시 강대국으로 발길을 옮기는 과정은 숨 가쁜 일이었음에 틀림없다. 중국에 대한 가짜뉴스와 가짜정보는 지금도 전 세계적으로 횡행하고 있다. 중국 부상과 중국 거부감 그리고 중국시장에 대한 선망은 떼어서 보기 어려운 이 시대의 희극이다.

중국을 제대로 이해한다는 것은 장님이 코끼리를 만지는 것처럼 어려운 일이다. 아직도 경제 개발의 길에 전력질주하고 있는 중국이 적지 않은 취약점을 안고 있는 것은 엄연한 현실이다. 지금 중국 리더십의 중요한 특징 중에 하나는, 그들이 자신의 낙후성에 대한 철저한 자기인식을 토대로 현실에 대처하고 있다는 것이다. 서구의 따가운 비판에도 귀를 기울인다. 중국을 비판하는 대표적인 친일본 성향의 프랑스 작가인 기 소르망의 저서 〈중국이라는 거짓말〉에 대한 중국 정부의 진지한 태도는 중국 정부의 유연성을 보여준다.

그동안 중국 경제는 괄목할 만한 변화를 겪었다. 1978년 1인당 국민소득 156달러에서 출발한 중국 경제는 당시 아프리카 1인당 국민소득 490달러의 3분의 1도 안 되는 수준이었다. 40년이 지난 지금은 1인당 국민소득 1만 달러에 근접하고 있다. 상하이를 비롯한 15개

대도시는 소득 2만 달러를 넘어섰다. 40년 전의 중국이 아니다. 지금 세계에서 가장 시장 확장이 빠른 나라는 중국이며, 그 확장 속도는 대략 미국의 두 배 정도다. 앞으로도 오랫동안 서구세력의 중국 거부감과 견제는 지속될 것이다. 아직 중국과 서방 간에 역사적 역류 현상이 남아 있는 것이다.

중국처럼 거대한 문명이 몰락의 위기를 벗어나 다시 일어선다는 것은 누구도 예상하지 못한 소설 같은 얘기다. 거부감을 참아내는 것도 그들 중국의 몫이다. 언젠가 이 모든 장벽을 뚫고 거부감도 새로운 흐름을 만날 날이 오게 될 것이다. 그때가 오면 이미 시작된 상호 원원을 위한 노력이 재평가를 받게 될 것이다. 앞으로도, 중국은 미국 등 서방과의 협력을 이어갈 것이며, 그리고 언젠가 그들을 추월할 것이다. 영국의 마틴 자크가 예상하는 것처럼, 중국이 세상을 지배하면 세계는 한결 평화로워질지도 모른다.

중국의 미래가 이렇게 설계된 것은 200년 전이었다. 이 시기를 지나면 다시 제자리를 찾아가고 싶은 것이 중국이다. 앞으로 중국이 서방과 더불어 어떤 미래를 창조해 나갈 것인지를 예측해 볼 필요가 있다. 중국과 서구가 지나온 역방향의 길을 바라보는 안목으로, 우리가 미국 등 서구와 지나온 길을 비교해 볼 필요도 있다. 그것은 미중 양국과 우리의 미래를 함께 열어가는 작업에 보탬이 될 것이다.

4장_
중국과 미국, 다시 만나다

미국의 최종 수출품

제2차 세계대전이 끝난 이후의 전 세계 경제 판도 속에서 미국은 세계 수출시장에서 수위를 점하고 있었다. 그런데 중국이 경제 강국으로 부상하면서 상황이 달라졌다. 그러나 미국은 2위(엄밀히 따지면 유럽연합에 이어 3위) 자리를 여전히 지키고 있으므로 세계 무역시장의 경쟁 대열에서 완전히 뒤처질 가능성은 그리 크지 않다.

미국이 여전히 '2위'라는 사실은 크게 중요하지 않다. 수출 경쟁 자체보다 더 중요한 것은 수출 대열에 참여할 '기회'를 얻는 것이다. 미국은 세계 수출시장에서 굳이 중국을 이기려 할 필요가 없다. 오히려 중국을 미국의 수출 산업의 부활을 위한 주요 동력으로 활용해야 한다. 미국 소비자가 과잉 소비의 시대를 겪은 이후 경제적 어려움에 빠지면서 미국 경제의 성장 공식에도 공백이 생겨 버렸다. 이 공백을 메워줄 것이 바로 '수출'이다. 성장 부진에 허덕이는 미국으로서는 중국과의 의존 관계를 경제 성장의 새로운 동력으로 삼는 것보다 확실한 해법이 없다.

중국은 미국의 경제 성장 동력으로서의 역할을 해줄 최적의 조건을 갖추고 있다. 현재 중국은 미국의 수출시장 가운데 세 번째로 크다. 2012년 당시 중국 시장은 1110억 달러 규모로 캐나다와 멕시코에는 한참 못 미치는 수준이었다. 그러나 대캐나다 및 대멕시코 수출량이 많은 것은 나프타 자유무역 지대에 속한다는 이점 외에 통합적 북미 공급망과 지리적 근접성 덕분이다. 나프타 가맹이나 북미 공급망의 이점을 누리지 못하는데도 대중 수출은 꾸준히 늘고 있다. 중국은 미국의 네 번째 시장인 일본과의 격차를 점점 벌리는 동시에 멕시코나 캐나다와의 격차는 계속 좁히고 있다.

이는 미국의 주요 수출시장 가운데 큰 비중을 차지하는 중국의 성장 속도가 가장 빠르기에 가능한 일이다. 2005~2012년까지 미국의 대중 수출은 연평균 16.2퍼센트 증가했는데, 이는 같은 기간 멕시코와 캐나다에 대한 연평균 수출 증가율보다 2배 이상 높은 수치다. 같은 기간 미국의 대일 수출 증가율은 4.3퍼센트에 불과했다. 더구나 현재는 유럽 지역의 수요 부진이 계속될 것으로 보이기 때문에 영국, 독일, 네덜란드 등 기타 미국의 주요 수출시장의 상황도 암담하기만 하다. 결국 종국에 미국은 유럽 수출시장의 공백을 중국으로 메우고 싶어할 것이 분명하다.

이러한 점은 현재의 대중 수출 품목을 보면 어느 정도 짐작이 되는 예측이다. 수출품 목록에서 1위를 차지한 제품은 발전 장비이고 농산품에 속하는 각종 유지 油脂와 종자(주로 콩)는 2위, 자본재나 천연자원이 10위 안에 들어 있다. 구체적으로 말하면 전동 기계 및 장비, 자동차, 항공기 등이 수출품 목록 상위에 포진해 있다. 또 대중 수출품 가운데 6위는 광학 및 의료 기기이며, 그다음이 플라스틱, 펄프와 종이, 구리, 유기화학제품 순이다. 2011년 기준으로 10개 품목이 총 수출액은 630억 달러로 대중 수출의 60퍼센트에 해당한다.

수출 규모가 약 50억 달러인 광학 기기와 의료 장비 부문을 제외하면 대중 수출 품목에는 투자 및 수출 주도형의 경제 모형을 추구하는 중국 경제의 기본 특성이 반영되어 있다. 중국인이 구매한 미국산 제품 중에 소비재는 거의 찾아볼 수 없다. 2011년 당시 소비재 수출 규모는 20억 달러 정도였다. 이는 대중 수출 총량의 1.9퍼센트에 해당한다. 수출 목록 10위권에 들어 있는 산업재의 수출 규모가 소비재의 30배 이상이다.

이처럼 수출 비중은 아직 작더라도 현재 미국이 중국에 수출하는 소비재의 종류를 알아둘 필요는 있다. 수출을 통해 성장의 기회를 다시 잡으려면 무엇을 어떻게 해야 하는지를 알려주기 때문이다. 10억 달러 규모의 의약품을 제외하고 미국이 중국에 수출하는 소비재 중 상위 품목을 열거하면 다음과 같다. 장난감, 게임 및 스포츠용품, 저술 및 예술품, TV, VCR, 기타 영상 기기, 욕실용품 및 화장품, 가전제품, 도서 및 인쇄물, 귀금속, 가구 및 가정용품, 공예품, 골동품, 우표. 이상의 저가 소비재는 전체 수출량에서 차지하는 비중이 매우 작아서 그중 가장 큰 규모인 장난감 및 스포츠용품의 수출량이 겨우 6억 달러 정도다. 그런데 중국 경제가 소비 주도 모형으로의 재균형화가 이루어진다면 중국의 '소비자'가 경제성장에서 주도적 역할을 하게 될 것이고 더불어 중국 소비자들이 가치 사슬의 상층부로 이동하면서 좀 더 고가의 외국산 제품에 대한 수요도 증가할 것이다. 이렇게 되면 미국의 수출업자에게는 아주 큰 기회가 생기는 셈이다.

현재 미국 경제에서 소비재의 대중 수출 비중은 매우 낮은 편이다. 소비재가 미국의 총 수출에서 차지하는 비중은 12퍼센트 정도이며 이는 소비재의 대중 수출보다 6배나 높은 것이다. 미국의 대중 수출 구조가 다른 무역 상대국과 비슷했다면 소비재 수출 규모가 지금보다 100억 달러는 더 늘었을 것이다.

대중 수출 품목을 산업재 등의 생산 자원에서 소비재로 전환하는 것은 사실 수출 시장을 나누는 또 다른 '방법'에 불과할 수 있다. 다시 말해 수출 시장의 크기는 그대로 두고 수출 시장이 나뉘는 방법만 달라지는 것일 수도 있는 것이다. 전체 수출 시장이 그대로라는 전제 하에 소비재의 수출 비중이 늘어나면 결국 다른 제품의 비중은 줄어들 것이다. 그런데 현재 미국이 당면한 시급한 과제는 수출 시장을 어떻게 나눌까가 아니라 전체 수출 시장의 크기를 어떻게 키울까 하는 것이다. 미국의 이런 사정을 고려해 본다면, 친소비형 경제 모형으로 전환한 중국의 변화가 미국에 큰 기회가 될 수 있다. 중국의 경제 모형에 대한 변화는 공급이 아닌 수요에 초점을 맞추는 쪽으로 진행된다. 결국 중국 경제의 체질 변화가 세계 무역 규모를 늘릴 수도 있다. 요컨대 앞으로의 미국은 국내 수출 기업을 중심으로 중국의 내수시장 확대라는 환경 변화를 경제 성장의 동력으로 삼아야 한다. 중국과 미국이 상호협력함으로써 이익을 얻는 상황이 전제된다면 이 또한 의존관계에 따르는 여러 가지 장점 가운데 하나일 것이다.

이런 맥락에서 미국의 수출 기업은 경쟁력, 시장 접근, 비전 등 크게 세 가지 문제에 노출된다. 미국은 경쟁력 하락으로 고전하고 있으며, 앞으로 이 문제를 좀 더 적극적으로 해결하기를 바랄 따름이다. 그다음 문제는 시장 접근, 즉 미국 기업의 중국 시장 내 영업 활동에 불공정한 제약이 가해지느냐 하는 부분이다. 이론상으로는 이것이 문제되지는 않는다. 중국은 현재 개방경제 체제를 운영하고 있으므로 논리적으로는 시장 접근성이 문제될 리가 없기 때문이다. 실제로 2002년 이후 중국의 GDP에서 수입이 차지하는 비중은 평균 28퍼센트 정도였다. 이는 일본보다 3배나 높은 수준이고 다른 주요 선진국에 비해서도 높은 편이다.

그런데 최근 중국과 미국 간에 '시장 접근'이 중요한 쟁점으로 떠올랐다. 매년 열리는 양국의 S&ED(전략 경제 대화)의 주요 의제도 바로 시장 접근이다. 2005년 이후 달러화 대비 위안화의 가치 35퍼센트 절상, 중국의 무역수지와 경상수지 흑자 폭 감소, 다자간의 문제를 양자 간의 관점에서 풀려는 방식에 오류가 있다는 인식 등 중국의 통화 조작 문제에 화력을 집중하기에는 현실적으로 그 타당성이 많이 약해진 만큼 이제는 양국 간의 무역 흐름을 왜곡 혹은 방해하는 관세 및 비관세 장벽을 제거하는 데 관심을 돌려야 한다. 이런 것이 '시장 접근'이라는 담론의 핵심을 이룬다.

시장 접근이 미국과 중국에서 주요 쟁점이 된 것은 2008년 이후 경기가 나빠지면서부터였다. 미국이 2009년도 경기부양 법안에 '바이 아메리카' 조항을 집어넣은 이후 특히 이 문제가 부각되었다. 그러자 중국도 이와 비슷한 조치로 맞대응에 나섰다. 다시 말해 중국은 자국의 생산 업체와 토착 기업의 혁신을 보호하는 방향으로 정부 조달 정책을 수정했다. 그 뒤 시장 접근과 관련한 장벽의 철폐와 관련해서 약간의 진전이 있기는 했지만 아직 충분치 않다. 이런 불필요한 기 싸움으로 중국 같은 거대한 시장을 놓친다면 미국 기업들이 심기일전하여 생산과 수출에서 새로운 돌파구를 찾으려 해도 아무 소용이 없을 것이다.

앞에서 설명한 두 가지 요소보다 복잡한 것이 바로 비전이다. 그러나 무시할 수는 없는 부분이다. 앞으로 미국이 기존의 소비 중심 경제 기조를 생산 및 수출 중심 경제 기조로 전환하고 중국의 필요도를 파악하여 대중 수출 품목에 변화를 줌으로써 수출 잠재력을 발휘하겠다는 비전을 갖지 않으면 미국 경제가 회생의 돌파구를 찾기는 어렵다. 물론 미래를 정확히 예측할 수는 없다. 그러나 중국의 현재 상황을 보다 철저히 분석하면 앞으로 미국이 무엇을 어떻게 해야 할지에 대해 어느 정도 예상할 수 있다.

중국의 제12차 5개년 계획이 좋은 예다. 중국은 여기서 향후 10년간 중점적으로 육성할 7대 '신흥 전략 산업 SEI'을 명시했다. 에너지 보존, 차세대 정보 기술, 생명 공학, 첨단 기기 제조, 대체 에너지, 신소재, 대체 에너지를 활용한 차량 등이 여기에 해당한다. 중국 정부는 2010년에 3퍼센트였던 SEI의 GDP 비중을 2020년까지 15퍼센트까지 끌어올릴 계획이다.

중국이 SEI에 주력한다는 사실은 바꿔 생각하면 미국의 수출 기업에는 큰 기회일 수 있다. 특히나 이들 기업이 경쟁력 제고를 위해 노력하는 한편 정부가 협상력을 발휘하여 중국 시장에 대한 접근도를 높여준다면 금상첨화일 것이다. 이상의 SEI 전부가 최신 연구 개발, 상업성 있는 기술과 절차 등에 의존해야만 고속 성장이 담보되는 첨단 산업들이다. 그런데 이러한 첨단 산업 분야 대부분에서 미국이 강세를 나타내고 있다. 그리고 미국 기업 단독으로 혹은 중국 기업과의 합작이나 제휴를 통해 이들 분야에서 실적을 올릴 가능성이 충분하며 실제로 그런 성과가 나타나고 있다.

미국에 기회가 되어줄 분야가 SEI만은 아니다. 중국의 자국 내 소비자층이 두터워지고 부유해지면서 나타난 가장 큰 변화가 고급 제품에 대한 수요가 증가한다는 것이다. 구체적으로 중국 소비자들이 살 만한 물건의 목록을 손에 쥐고 있는 것은 아니다. 그러나 그 목록이 궁금하다면 소비자 사회의 전형인 미국의 생활상을 자세히 살펴보기만 하면 된다. 현재 미국인의 집, 가구, 가전제품, 자동차, 가정용품, 기타 소비재를 떠올려보면 된다. 앞으로 중국 소비자들은 그러한 것들을 모두 소유하고 싶어할 것이다. 그리고 그들 또한 싸구려가 아니라 미국산 제품처럼 우수하고 안전한 제품을 선호할 것이다.

한 가지 확실한 것은 새로워진 중국에서 소비자 수요가 증가하게 되면 예전의 장난감이나 스포츠용품, 의류 같은 저가 제품에서 고급 제품으로 수출 품목을 전환한 미국 기업이 큰 이득을 보게 되리라는 사실이다. 중국 소비자가 선호하는 브랜드가 한정적인 것은 아니다. 중국에서도 외국의 고가 브랜드, 특히 '명품'으로 불리는 외국산 고가품에 대한 선호도가 높다. 2015년에는 이런 고가품에 대한 중국 내 판매량이 전체의 20퍼센트에 달했다. 중국의 소비 수준이 높아지려면 중국 내 중산층의 소비 증가가 뒷받침되어야 한다. 따라서 이처럼 고가품에 대한 선호도가 높아지고 판매가 증가한다고 해도 이는 어디까지나 중국의 부유층에 국한된 현상일 수 있으므로 중산층의 소비 증가로 이어진다고 장담할 수는 없다. 그러나 예전에는 몰랐던 소비자의 기호 혹은 취향을 일깨워 새로운 소비시장을 창출했다는 자체만으로도 충분히 의미가 있다. 전 세계 소비 시장에는 아직 큰 기회가 남아 있다. 그리고 중국은 역사상 가장 거대한 소비 시장임에 틀림없다.

11-2
중국의 최종 수입품

중국 같은 계획 경제 체제라도 단순한 조치 하나로 '잠자는 소비자'를 단숨에 깨울 수는 없다. 소비자 수요를 늘리려면 일자리, 임금, 사회 안전망 등의 수준을 올려야 하고 소비 중심 사회의 소비 습관도 가르쳐야 한다. 이 모든 것의 본보기로서 미국만 한 곳이 있을까. 비록 미국이 소비자 모형에 과도하게 집착한 탓에 위기에 빠지기는 했지만 그렇다고 미국에서 배울 것이 전혀 없는 것은 아니다. 오히려 세계 최대 소비국인 미국에서 제품, 서비스, 소비시장을 떠받치는 유통망과 제도 그리고 시스템에 관한 전문지식을 배워야 한다. 앞에서 열거한 모든 사항들이 중국이 꼭 수입해야 할 '품목'일 수도 있다. 그러므로 이 또한 미국에게는 큰 기회가 된다.

현대 소비자 사회는 상품에 대한 수요 그 이상의 것을 필요로 한다. 즉 현대 소비자들에게는 서비스도 유형적 상품만큼이나 중요하다. 중국이 제12차 5개년 계획의 중점 과제로 삼을 정도로 서비스 부문에 대한 전략은 중국의 경제 재균형화에서 핵심적 역할을 한다. 현재 중국의 서비스 부문이 전체 경제에서 차지하는 비중은 43퍼센트 정도에 불과하다. 적어도 이 비율이 인도 같은 다른 개발도상국의 수준인 50퍼센트 중반은 되어야 한다. 중국 경제에서 차지하는 서비스 부문의 비중이 아직 낮다는 사실 또한 다른 국가에는 기회가 된다. 중국이 이 목표치를 달성하도록 도울 수 있기 때문이다. 그런 도움을 줄 수 있는 국가 가운데 첫손에 꼽히는 곳이 바로 미국이다.

중국의 서비스 산업은 여러 가지 면에서 미국과는 다르다. 서비스 부문은 새로운 일자리 창출원으로서 도농 간의 인구 이동에서 발생한 노동력을 흡수하는 데 매우 중요한 역할을 한다. 노동 집약적 서비스 산업의 성장과 여기서 비롯된 고용 잠재력 없이는 현재와 같은 도시화에 큰 의미가 없다. 또 서비스 부문은 현대 소비자 사회가 요구하는 유통과 거래 기능을 제공함으로써 소비자 수요 인프라를 지탱하는 역할을 한다. 그리고 서비스 부문이 주도하는 성장 모형 덕분에 더 낮은 GDP 성장률로도 원하던 바를 얻을 수 있게 되고 또 자원 수요와 환경 파괴도 완화될 수 있다. 이렇게 된다면 중국은 앞으로 더 환경 친화적이고 더 체계적이며 더 지속 가능한 국가로 발전해 나갈 수 있을 것이다.

한편 서비스 산업 부문은 다른 경제 분야에 비해 중국의 경제 발전 전략에서 세계화의 특성을 가장 많이 내포한 영역이기도 하다. 서비스 상품은 교역은 물론이고 운송도 쉽지 않기 때문에 서비스 제공자들은 해당 서비스를 제공하는 시장과 지리적으로 가까운 곳에서 영업 활동을 벌일 수밖에 없었다. 그런데 두 가지 중요한 요소 덕분에 기존의 파편화된 혹은 국지화된 서비스 공급 모형에 변화가 생겼다. 그 중요한 하나는 첨단 정보 기술이고 다른 하나는 다국적기업의 방대한 서비스 공급 네트워크다. 1990년대부터 시작된 이런 추세와 함께 금융, 이동통신, 유틸리티 등 서비스 부문의 규제 철폐가 이뤄지면서 전 세계 서비스산업에 구조적 변화가 생겼다. 그 결과 전 세계를 아우르는 대규모 서비스 공급 네트워크를 기반으로 각 시장에 맞게 현지화된 서비스를 제공하는 글로벌화한 서비스 기업이 출현하게 되었다.

이처럼 세계화된 서비스 기업들이 요즘 표적으로 삼은 시장 가운데 중국이 있다. 중국의 서비스 부문이 아직 시작하는 단계라서 경쟁력이 떨어진다는 점이 다국적 기업에는 큰 기회가 된다. 주요 선진국의 서비스 부문 지출 가운데 절반을 미국의 서비스 부문이 차지하고 있다. 따라서 성장 잠재력이 큰 중국 서비스 산업의 가장 큰 수혜자는 미국이 될 가능성이 크다.

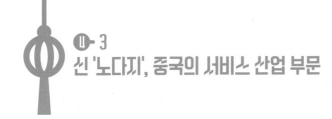

II-3
신 '노다지', 중국의 서비스 산업 부문

　그렇다면 미국이 중국을 통해 얻을 수 있는 기회는 얼마나 클까?
IMF 자료를 토대로 중국의 서비스 부문에 내재한 성장 잠재력을 가
늠해 볼 수 있다. 현재의 달러화 가치를 기준으로 했을 경우 2013년
중국의 GDP는 약 9조 달러로 미국의 GDP인 16조 2,000억 달러의
56퍼센트 정도라고 한다. 달러화를 기준으로 한 중국의 명목 GDP는
2018년까지 5년 동안 연평균 10.6퍼센트의 성장률을 기록했다. 이는
같은 기간 미국의 GDP 성장률인 5.4퍼센트의 거의 2배에 해당하는
수준이다. 2018년 중국의 GDP는 미국의 71퍼센트 수준이 되면서 그
격차가 다소 줄어들었다.

　조금 더 과학적이고 타당한 방식으로 그 이후 양국의 GDP 추이
를 추정해 보자. 명목 GDP를 기준으로 했을 때, 중국은 연평균 GDP
성장률이 조금씩 감소하여 2019년 10.3퍼센트에서 2025년 9퍼센트

로 1.3퍼센트포인트 줄어들 것으로 예상된다. 이 예상 수치는 서비스 부문이 주도하는 경제로 진화하면 더 낮은 GDP 성장률로도 노동력 흡수 목표치를 달성할 수 있다는 이전 결론과 일치한다. 서비스 중심의 경제 기조가 구축되면 자본 집약적이고 노동 절약적인 예전의 생산 모형에서 자본 절약적이고 노동 집약적인 서비스 중심 모형으로 바뀌기 때문이다. 성장률이 다소 감소한다고 해도 2025년 중국의 GDP는 28조 달러의 규모가 될 것이고 이는 미국 GDP 추정치의 약 94퍼센트에 육박할 것이다. 2025년 미국의 GDP 추정치는 2019~2025년 명목 GDP의 연평균 성장률이 5.25퍼센트라는 전제 하에 추정한 수치다. 중국의 GDP 성장률을 조금 낮춰서 연평균 8.5 퍼센트의 성장률을 보인다고 가정했을 경우 2028년이 되면 미국과 중국의 명목 GDP 격차는 거의 사라진다는 계산이 나온다. 이렇게 살펴본 것처럼 서비스 부문이라는 '노다지'의 규모가 어느 정도인지를 짐작할 수 있다.

또 한편으로 이는 중국의 서비스 산업에 외국 기업이 참여할 수 있는 여지가 얼마나 되는지를 짐작하게도 한다. 외국 기업은 역내 혹은 역외에서 중국의 서비스 산업에 참여할 수 있다. 역내에서 참여하는 방식은 소유권을 100퍼센트 보유한 상태로 현지 자회사를 운영하거나 소액 지분을 보유하면서 합작투자에 참여하는 등 다양한 형태로 이뤄질 것이다. 역외에서 참여하는 방식은 범세계적 광역 연결성을 토대로 하며, 오프라인을 통해 직접 서비스를 제공하거나 첨단 정보 기술을 바탕으로 온라인을 통해 서비스를 제공한다.

'규제'라는, 다소 까다로운 항목을 살펴보자. 자국의 서비스 시장을 아무런 대가 없이 외국에 개방하는 국가는 거의 없다. 교역재 交易財 중심의 무역 환경에서 실직을 염려해야 했던 생산직 근로자와는 달리 서비스 부문 종사자들은 이런 위험에서 비껴나 있었다. 중국이 고용 불안정을 우려하여 외국 서비스 기업의 영업 활동을 제한하는 각종 규제를 도입한다면 중국 경제의 재균형화에 따르는 서비스 부문의 세계화는 제한될 수밖에 없다.

각종 통계 자료를 통해서 보면 이 같은 시나리오의 실현 가능성은 더욱 확실하다. 세계은행은 103개국을 대상으로 총 5개 부문(이동통신, 금융, 운송, 소매, 전문 서비스)에 걸쳐 서비스 무역의 제한 수준에 대한 포괄적 데이터베이스를 보유하고 있다. 0은 완전 개방, 100은 완전 폐쇄라고 보고 서비스 시장의 개방 정도를 평가했을 때, 중국의 개방 정도는 그다지 나쁘지 않은 점수를 받았다. 중국은 전반적 서비스 시장 개방에서 36.6점을 받은 것이다. 21세기에 들어선 이후 중국 정부는 합작 투자와 제휴 협정 등에서 외국인 지분 제한을 꾸준히 완화해 왔다. 무역 전쟁만 아니라면 앞으로 이런 추세가 갑자기 반전될 가능성은 거의 없다.

이 모든 것을 종합적으로 분석할 때는 과학보다는 기술적 차원에서 접근하는 것이 바람직하다. 중국이 12조 달러에 달하는 서비스 부문 가운데 외국 서비스 기업에 어느 정도나 할애할지, 다시 말해 외국 기업이 서비스 부문에 접근하는 것을 어느 정도 허용할지는 정확히 알 수 없다. 물론 중국으로서는 중국의 자국 기업에 다 내어주고 싶을 것이다. 그러나 서비스 산업이 규모도 아직은 작고 이와 관련한 전문 지식과 경험도 부족한 상황에서 무조건 국내 기업만 끼고 도는 것은 별로 현실적이지 못하다. 세계은행의 통계 자료만 봐도 중국이 외국 기업의 서비스 부문 참여에 긍정적이라는 사실을 알 수 있다. 문제는 중국이 서비스 시장의 문을 어느 정도 열어젖히는가 하는 것이다.

이와 관련해서는 조지타운 대학교의 브래드퍼드 젠센이 개발한, 미국 서비스업의 국제 '교역성'에 대한 측정 도구가 상당한 도움이 된다. 젠센의 분석에 의하면 미국의 서비스업 종사자들은 대개 교역성 서비스 직업군에 속해 있다고 한다. 즉 전체 서비스업 종사자 가운데 약 70퍼센트가 교역성 서비스업에 종사한다는 것이다. 이를 통해 볼 때, 미국 서비스업의 교역성 수준이 70퍼센트 정도라는 의미다.

물론 중국은 서비스업의 발달 수준이나 서비스 부문의 교역 의지 등 여러 면에서 미국과는 다르다. 세계은행의 자료에 의하면 중국의 서비스 부문에서의 개방 수준은 미국의 절반 정도다. 이 두 가지 기준을 적용해 보면 젠센은 미국 서비스업의 교역성이 70퍼센트라고 했으므로 12조 달러 규모인 중국 서비스시장의 교역성은 35퍼센트라는 계산이 나온다. 그리고 지난 10년간의 추세 그대로 중국이 앞으로도 서비스 부문에 대한 규제 철폐와 개혁을 꾸준히 시행한다면 서비스 무역에 대한 제한 수준도 미국과 비슷한 정도로 낮아질 것이 분명하다. 따라서 중국 서비스업의 교역성 지수는 35퍼센트에서 50퍼센트, 아니 그 이상으로 증가할 수 있다.

앞에서 열거한 사실들을 종합해 보면, 외국 서비스 기업의 중국 서비스시장에 대한 참여 지분은 최소한 4조 달러에 이를 것이다. 더 낙관적으로 보면 중국 정부가 개혁과 규제 완화를 통해 아직은 시작 단계에 불과한 서비스 부문을 좀 더 개방하는 방향으로 나간다면 외국 기업의 참여 지분은 6조 달러 수준으로 높아질 수도 있다.

지금까지 우리가 살펴본 내용들은 매우 중요한 의미가 있다. 특히 선진국이 새로운 경제 성장의 동력을 찾아헤매는 현재 상황에서는 더욱 그러하다. 그리고 현재 세계 서비스 수출의 14퍼센트를 차지하면서 2위 수출국과는 2배의 격차를 보이는 이 부문의 최강자 미국에게는 이보다 더 매력적인 기회는 없을 것이다. 그동안 미국은 미국 전체의 경제 분야 중 상품 무역 부문에서 만성적 적자에 시달리는 것과는 달리 서비스 무역 부문에서는 꾸준히 흑자를 기록해 왔다. 이러한 지표들을 통해서 볼 때 서비스 부문에서는 미국이 비교우위를 점한다는 주장이 일견 타당하게 들린다. 세계 서비스 무역이 고속 성장한다는 사실이 미국에는 또 다른 유리함으로 작용한다. 대위기 이전인 2004~2008년 서비스 무역은 연평균 14퍼센트의 성장률을 기록했고 이는 같은 기간 상품 무역의 연평균 성장률인 15퍼센트에 거의 맞먹는 수준이었다. 성장 잠재력이 큰 중국의 서비스시장에서 가장 큰 혜택을 입을 국가는 바로 미국이다. 이는 아마도 새로운 중국이 새로운 미국에 제공해 줄 가장 큰 기회 가운데 하나일 것이다.

미국만이 이점을 가지는 것뿐만 아니라, 중국 역시 얻을 것이 많다. 아직 시작 단계인 중국의 서비스 기업과 비교하여 미국의 서비스 기업은 경험과 지식, 절차와 규모 등 여러 면에서 월등하다. 만약 중국이 토착 기업만으로 서비스 산업을 자생적으로 발전시키려 한다면 아마 수십 년이 걸릴지도 모를 일이다. 더구나 중국은 그 어떤 나라보다 경제 규모가 거대하다. 이에 걸맞은 규모로 서비스산업을 키워내는 일이 하루아침에 이뤄질 수 없다. 따라서 중국이 재균형화를 추진하기로 했다면 미국과 같은 서비스 선진국과의 협력을 통해 그 시간을 줄이는 것이 바람직하다.

이미 언급했듯이 미국의 서비스 기업은 중국 시장에서 돌파구를 찾는 것이 여러 모로 이득이다. 특히 도소매 무역, 국내 운송, 물류 등의 부문에서, 또 금융이나 의료 부문에서, 기타 데이터 웨어하우징 부문에서 중국 기업과 제휴하거나 중국 시장으로 활동 영역을 확대함으로써 많은 기회를 얻을 수 있다. 중국의 서비스 부문은 아직 시작 단계에 불과하기 때문에 미국 같은 서비스 부문 최강자는 어렵지 않게 그 열매를 수확할 수 있을 것이다. 최근에 열린 S&ED에서는 중국의 금융 서비스 부문에 대한 외국인 투자 개방에 많은 진전이 있었다. 이제는 비금융 서비스 부문의 개방에도 눈을 돌려야 한다.

4-4
중국과 미국의 새로운 만남

　생산자 중심의 경제는 소비자 중심의 경제와는 상당히 다르다. 중국의 생산자 중심 경제 모형이 30년 이상 엄청난 성과를 낸 것은 사실이다. 그러나 이런 성과는 경제 발전이라는 대의 때문에 자꾸 뒷전으로 밀렸던 중국 자국의 소비자의 희생을 통해 얻어진 결과물이다. 그런데 이런 흐름에서 변화의 징후가 처음으로 나타난 것이 바로 제12차 5개년 계획이었다. 그러나 이는 단지 궁극적인 목표를 정한 것일 뿐, 세부적인 실행 계획과는 거리가 있다.

　중국이 어떻게 하면 소비자 중심 국가로 전환할 수 있을지 살펴보자. 의외로 그 방법은 아주 간단하다. 즉 서비스 부문의 일자리 창출과 도시화를 통한 평균 임금 상승에서 답을 찾아야 한다. 포괄적 사회 안전망에 대한 정부의 지출 확대와 신규 소득원 창출을 통해 경제적 안정감을 느낀 중국인들 사이에서 소비심리가 되살아날 수 있다. 그러나 이것만으로는 부족하다. 역사적으로 보건대, 중국은 현대 소비자 사회의 특성과 행동 원칙을 배울 기회가 그리 없었다. 구매력을 증진시키는 것과 증진된 구매력을 소비지출로 이끄는 것은 별개의 일이다. 소득이 증가해도 소비 혹은 지출에 대한 기존 태도에 변화가 없으면 소비자 사회로의 전환은 요원한 일이다. 본질적으로 재균형화는 행동상의 변화작업이 아니므로 여기에 행동상의 변화가 당연히 따르는 것은 아니다.

여론 조사 결과에도 태도 변화를 어렵게 하는 요소들이 드러난다. 매킨지가 실시한 최근 조사에 따르면, 중국의 경제는 30년 동안 고속 성장을 기록했는데도 중국 소비자의 구매 습관은 여전히 매우 보수적인 것으로 나타났다. 이 조사에서 충동구매 경험이 있다고 답한 중국 소비자는 28퍼센트에 불과했다. 이 비율이 49퍼센트였던 영국 소비자보다 훨씬 낮은 수준이다. 문화대혁명이 남긴 상처, 국유 기업 개혁에 따른 고용 불안정, 퇴직자에 대한 정부의 불충분한 재정 지원 등으로 중년층 이상의 중국 소비자는 소비하고 지출하는 일에 매우 신중한 태도를 보인다. 물론 이런 보수적인 태도는 중용과 절제라는 전통적 유교 사회의 가치 규범에서 비롯된 측면도 있다.

더구나 지금의 중국 소비자는 도농 간의 인구이동과 급속한 고령화라는 두 가지 함정에 빠져들어 있다. 매년 1,500~2,000만 명이 농촌에서 도시로 이주한다. 이렇게 해서 새로 등장한 소비자는 도시에서 최저 생계 수준의 생활을 하고 자유 재량적 구매력이 거의 없다시피 하다. 고령화가 급속히 진행되고 있는 중국의 인구통계학적 특성도 중국 가계의 재량소득이 곧바로 소비로 이어지지 못하게 하는 원인이 된다. 사회 안전망이 확고히 구축되지 않은 상황에서 노인 부양률이 계속 상승한다면 생산 활동 연령대에 속한 가계는 재량소득을 노인 부양과 노후 자금으로 사용할 수밖에 없을 것이다. 이처럼 여러 가지 이유가 복합적으로 작용하여 중국 소비자들이 본격적인 소비지출에 나서는 데에는 상당한 어려움이 존재한다.

그렇다면 '생산자' 틀에 갇혀 있는 중국 사람들을 '소비자'로 변화시킬 마법은 과연 존재하지 않는 것일까? 물론 문화대혁명 이후 중국 경제가 파탄 지경에 빠졌던 1970년대 말에도 이와 똑같은 질문을 던질 수 있었다. 그런데 이때는 아주 강력한 불씨가 있었고 이것이 지금의 상황에 시사하는 바가 크다. 당시에는 살아남아야 한다는 '생존본능'이 그 불씨 역할을 했고 이 본능이 지속적 경제 발전 욕구로 진화했다.

요컨대 생존본능이 성장 욕구로 이어진 것이고 여기에 핵심 역할을 한 것이 '개방'이었다. 중국은 외국인 직접투자와 기술 이전을 장려함으로써 생산, 조립, 유통 플랫폼을 구축하고 관리하는 방법을 습득했다. 이것이 중국이란 나라가 세계의 생산자로 우뚝 서게 된 비결이었다.

지금 중국에는 경제 분야 중에서도 서비스 부문에 이와 비슷한 기회가 존재하고 있다. 다만 지금은 변화 혹은 전환이 1970년대 말만큼 시급하지 않다. 그러나 원자바오가 4불 경제의 위험을 경고했던 것처럼 필요한 일을 하지 않고 꾸물거리면 문제가 심각해질 가능성이 있다. 내부적 경제 불균형이 갈수록 심해지고 있고, 또 중국의 가장 큰 시장인 미국과 유럽이 반복적 위기와 여진에 시달리고 있다는 점이 이 같은 가능성을 뒷받침해 준다. 중국이 서구의 기술과 지식을 도입하여 엄청나게 빨리 생산자 문화를 구축했던 것과 똑같은 방식으로 이제는 발 빠르게 소비자 문화를 구축해야 한다.

12조 달러 규모의 서비스 부문을 외국 기업에 개방하는 것이 신호탄이 될 것이다. 서비스 산업에 대한 경험이 부족한 중국은 서구의 서비스 강국과 협력 관계를 구축해야 한다. 벌써 이 같은 작업은 이미 시작되었고 꽤 좋은 성과도 내고 있다.

중국은 세계적인 서비스 기업과 협력하거나 이들에게 시장 참여를 허용함으로써 유통, 시스템 솔루션, 마케팅, 기술 개발 등에 관한 전문지식과 기술을 습득하여, 그를 통해 서비스 산업에 활기를 불어넣을 수 있다. 이는 제조업 부문에서 외국인 투자 기업을 국내 기업으로 전환함으로써 경쟁력을 도약시켰을 때의 접근법과 같다.

제조업 부문에서 제대로 작용했던 접근법이 서비스 부문에서도 능동적으로 작용할 것이다. 게다가 외국의 서비스 기업들은 중국 시장에 발을 들이밀려고 안달하는 상황이다. 전 세계의 내로라하는 서비스 기업 중에 이 엄청난 기회를 놓치고 싶어하는 곳은 없다. 소비자 사회로의 전환이 완성되려면 서비스 산업의 발달만으로는 부족하다. 이외에도 개인의 소비지출을 늘리기 위한 다양한 대책이나 방안이 필요하다. 그런데 소비지출을 활성화시키기 위한 여러 노력이 곧바로 소비로 이어질지는 미지수다. 소비 진작을 위해 어떤 노력을 할지 고민해 볼 필요는 있다.

0-5
중국은 이미 재균형화 전략을 시작했다

의존 관계인 미국과 중국 두 국가 사이의 재균형화는 기회와 함께 위험도 따르는 작업이다. '비대칭적 균형화'가 바로 이런 위험 요소 가운데 하나이다. 비대칭적 재균형화는 한쪽이 구조적 변화를 시작하기 전에 다른 한쪽이 그 작업에 착수하는 경우 벌어지는 현상이다.

중국과 미국 가운데 중국이 먼저 재균형화 작업을 시작한 것으로 보인다. 중국은 본래 전략적으로 사고하고 행동하는 경향이 있고 제12차 5개년 계획으로 재균형화 전략을 명확히 제시했다는 점이 이런 생각을 뒷받침한다. 이외에 중국 지도부의 실행력이 뛰어나다는 것도 이런 주장을 뒷받침한다. 특정 사안에 대한 지루한 공방전 끝에 결론이 내려지고 격렬한 내부 토의를 거쳐서 추진할 정책과 실행 전략이 정해지고 나면 그다음은 불같은 추진력으로 일이 진행되고 그 결과 기대 이상의 성과를 올리는 것이 그동안의 중국의 매커니즘이었다. 지난 30년 동안 기적이라 불릴 정도의 엄청난 경제 성장을 이룩한 것이 이를 뒷받침한다. 중국의 제5세대 지도부는 사회적 안정성과 실용주의에 입각한 정책 추진에 초점을 맞추는 한편 외부 수요에 의존한 경제 모형에서 내부 수요에 의존한 경제 모형으로 옮겨가는 것이 중요하다는 사실을 인식한 듯하다. 실제로 2013년 초에 중국의 신지도부가 경제 성장의 속도 조절이 필요하다고 인정한 사실에서 그런 징조를 확인할 수 있다. 이처럼 중국 정부가 통화와 제정 정책에서 규율과 균형을 강조하는 것은 초고도 성장에 집착하던 과거의 태도와 극명한 대조를 이룬다. 그러나 중국이 과거보다 낮은 경제 성장률로도 전체 경제의 성장 기조를 이어가려면 서비스 중심, 소비자 중심의 성장 모형에 더 치중해야 한다.

중국에는 2008~2012년의 세계 경제 쇼크가 경고 신호로 작용했듯이 미국에는 중국 경제의 재균형화 움직임이 중요한 경고 신호로 작용할 수 있다. 이는 미국이 경제적 패권을 지키기 위해 전략적 투쟁에 임해야 한다거나 중국의 성장 속도에 발맞춰야 한다는 차원의 경고 신호가 아니다. 이러한 조치들을 통해 볼 때 미국은 이런 선택을 할 여유가 없다. 저축 부족국인 미국으로서는 성장에 필요한 자본 조달이 큰 문제이기 때문이다.

소비 중심의 성장 모형으로 전환하려는 중국이 자국의 잉여 저축을 내수 진작에 투입한다면 미국은 가장 큰 외부 자본 공급원을 잃게 되는 셈이다. 미국은 이 같은 불리한 가능성을 좀 더 심각하게 고려해야 한다. 미국 정치권은 한 가지 중요한 사실을 놓치고 있다. 중국의 현재 외환 포트폴리오에서 달러화의 자리를 메울 '다른 곳'이란 유로화나 엔화 표시 자산이 아니다. 그 '다른 곳'이란 바로 중국 국내 수요처를 의미한다. 즉 중국은 외화 표시 자산을 사들이던 잉여 자금을 국내에서 소화할 수도 있다. 사회 안전망 확충이라든가 기타 소비자 사회로 전환하기 위해 필요한 부분에 잉여 저축을 활용할 수 있다. 아마도 앞으로 중국의 달러화 수요는 예전보다 감소할 것이다.

만약 앞에서 설명한 상황이 지속된다면 여전히 불균형적인 미국 경제는 장기 금리의 급상승이나 달러화의 가치 하락을 모면하기 어려울 것이다. 이런 압박에서 벗어나려면 중국을 대체할 새로운 자본 공급원을 찾아야 하는데 이것이 여의치 않다면 국내의 저축률을 상승시켜서 이 부족분을 메우는 수밖에 없다. 연방정부의 적자 규모를 줄이는 것만큼이나 가계 저축을 늘리는 것 또한 매우 중요하다. 지속 불가능한 과소비 성장 모형을 폐기하려면 저축을 늘리고 지출을 줄이는 것밖에 없다.

고통스러운 현실이기는 하지만 미국과 중국의 출발점은 엄연히 다르며, 비대칭적 재균형화가 미국의 운명을 결정할 것이다. 미국은 민간 소비 경제에서 벗어나 좀 더 장래성 있고 좀 더 지속 가능한 성장 동력을 찾는 쪽으로 방향을 전환하는 수밖에 없다. 그러자면 저축을 더 늘려야 하고 또 자본적 지출을 통해 수출 경쟁력을 높여야 한다. 물론 이 모든 것을 성공적으로 해내기가 쉽지는 않다. 그렇다고 해서 미국이 만약 그러한 것들을 실행하지 않는다면 그것은 자멸 행위나 마찬가지다. 또 이는 불균형적 미국 경제에 절대적으로 필요한 기회를 스스로 날려 버리는 일이 될 것이다.

최근 미국의 행보를 보면 적극적으로 뭔가를 하기보다 대충 넘어가는 쪽을 택한 것 같다. 그런데 재균형화 착수도 중국에 선수를 빼앗긴 상황인데도 계속 지지부진한 미국의 행보가 아쉬울 뿐이다. 반면에 중국은 재균형화에 대한 의지가 확고한 듯하다. 의존 관계인 미국으로서는 이런 변화에 어떤 식으로든 반응해야 한다. 문제는 그 반응이라는 것이 어떤 방향으로의 반응이냐는 것이다. 미국이 중국의 재균형화 추세를 보면서도 계속 재균형화의 필요성을 부정한다면 달러화 약세와 금리 상승의 압박이 더욱 심해질 것이다. 의존 관계라는 관점에서 보면 미국이 어떤 선택을 해야 할지가 분명해진다. 미국이 자국의 운명에 대한 통제권을 쥐고 새로운 중국이 제공하는 기회를 움켜쥐든가, 아니면 그런 통제권을 포기하고 경제를 다시 활성화시킬 큰 기회를 날려버리든가 양자 중 택일을 해야 한다.

미국은 이런 상황을 '무역 전쟁'의 실현으로 인식해서는 안 된다. 이런 비대칭적 재균형화는 금리와 달러화 가치에 대한 압박 요소로 작용할 수도 있다. 중국이 재균형화에 몰두하는 데도 미국이 여전히 손 놓고 있다거나 아예 애먼 중국에 반격을 가하는 등의 바람직하지 못한 반응을 보인다면 미국 경제는 정말로 압살당할지도 모를 일이다. 그러나 미국의 이 같은 행동이 불러올 보다 심각한 상황은 미국이 예전의 성장 모형에 대한 미련을 떨쳐버리지 못하고 계속 여기 매달리는 일이다. 이렇게 되면 미국은 새로운 중국이 제공해줄 기회를 결국 놓쳐 버릴 것이다.

모든 길은 결국 하나로 이어지는 법이다. 요컨대 미국과 중국이 가야 할 종착지는 하나다. 문제는 어느 쪽이 먼저 혹은 어느 쪽이 더 빨리 더 고통스럽지 않게 그 종착역에 다다를 것이냐다. 이미 출발에서 중국에 뒤진 미국은 외부(중국의 재균형화)로부터 변화의 압박을 받을 것이다. 양국의 경제 전략적 관점에서 보면 사실 저울은 이미 한쪽으로 기울었다. 중국인들의 머릿속에는 이미 개혁과 개방 '전략'을 통해 엄청난 성과를 올린 기억이 생생하다. 하지만 미국은 무엇을 어떻게 해야 할지 갈팡질팡하고 있는 것이 분명하다. 그러나 여기서 반드시 기억해야 할 중요한 사실이 하나 있다. 먼저 행동에 나선 중국이 재균형화라는 종착역에 성큼성큼 다가가는 그 자체가 미국에 큰 압박 요소로 작용할 것이라는 사실이다.

5장_
잠자고 있던
중국이 깨어나다

5-1
'세계의 공장' 중국의 역전

중국 정부는 30년 넘게 개혁·개방 정책을 추진해 오면서 점차 독립적인 산업체계를 형성하였고 그 결과, 세계의 공장으로 우뚝 섰다. 서구의 통제를 완전히 벗어나 이토록 독자적인 산업체계를 갖춘 개발도상국은 중국이 유일하다.

현재 중국은 아프리카, 남미, 중동, 러시아 등의 국가에서 각종 자원과 원자재를 수입한 뒤, 다양한 상품을 생산하여 이를 다시 세계 각국으로 수출하고 있다. 중국은 여객기를 제외한 거의 모든 공산품과 생필품을 생산하고 있다. 그 덕분에 중국은 세계 시장에서 그 어떤 나라도 대신할 수 없는 중요한 지위를 차지했다. 서구의 금융경제와 개발도상국의 실물 경제를 연결하는 중간자로서 국제적인 영향력을 행사하고 있다.

한 가지 예를 들어 보자면, 나이지리아산 목재는 이제 더 이상 미국으로 수출되지 않는다. 미국은 이제 목재가 필요 없기 때문이다. 인건비가 오르고 실물 제조업의 가치 사슬이 끊어져 미국에서 직접 목재를 수입해 가구를 만들기에는 원가가 너무 높아져 버렸기 때문이다. 미국 입장에서는 직접 가구를 생산하는 것보다는 가구 완제품이나 반제품을 중국에서 수입하는 편이 훨씬 경제적이다. 잠비아의 구리 광산 역시 더 이상 미국과는 거래가 거의 없다. 이곳에서 채굴된 구리는 거의 전량 중국으로 수출되며 중국에서 각종 구리 제품으로 가공돼 다시 미국, 유럽 등지로 팔려 나간다. 다른 개발도상국들은 기술력이 낮고 공업이 발달하지 못했기 때문에 미국과 유럽 시장에서 직접 경쟁할 수 없는 실정이다. 따라서 그들은 중국을 거쳐 간접적으로 선진국 시장에 진출할 수밖에 없다.

이런 현실을 이해하고 나면 아프리카가 중국의 식민지라는 서구 언론의 주장이 얼마나 무지하고 황당한 것인지 대번에 알 수 있다. 아프리카나 남미가 중국과 친밀한 관계를 유지하게 된 것은 미국과 유럽을 대체할 또 다른 동맹국을 찾으려는 등의 정치적 목적이 있어서가 아니다. 현실적이고 경제적인 동기였을 뿐이다.

미국이나 서유럽이 아프리카에서 대량으로 수입할 수 있는 제품은 원유 외에 없다. 또한 아프리카가 미국산 제품을 대량으로 수입할 수는 없는 일이다. 결국 앞의 두 가지 전제 모두 불가능하다. 미국과 서유럽조차 값싸고 질 좋은 중국 공산품을 수입하는데 가난한 아프리카와 남미에서 극소수 부유층을 제외한 일반 대중이 미국과 유럽의 고가 제품을 소비할 수는 없다. 설령 미국과 유럽의 고급 제품을 소비할 수 있다고 해도 그 제품 속에 들어간 부품은 중국산이다. 아프리카인들도 아이폰을 살 수는 있다. 하지만 아이폰을 사용하기 위해 필요한 네트워크 통신 설비는 중국 회사로부터 구매할 수밖에 없다.

미국은 중국이 아프리카, 남미와 외교적으로 가까워지고 경제적으로 협력하는 것을 경계하고 이를 방해하려 하지만 헛수고일 뿐이다. 산업의 가치 사슬에서 선진국과 개발도상국 간의 거리가 점점 멀어진 것에서 근본적인 원인을 찾아야 한다. 중국과 아프리카, 남미의 개발도상국 사이가 점점 더 밀접해지는 것은 그 어떤 나라(강대국)도 막을 수 없는 세계적인 추세다. 사실 이러한 변화는 누구도 예상하지 못했다. 중국이 WTO에 가입한 이후로 10년이 지나는 동안 전 세계는 중국을 중심으로 한 생산 및 무역 체계가 차츰 형성됐고, 그 결과 지금은 중국이 이 체계 안에서 절대적인 중심에 위치한다.

전 세계의 경제 체제 상에서 개발도상국에 대한 경제적 영향력과 역할이라는 측면에서 중국이 차츰 미국을 추월하고 있다. 간단히 두 가지 통계 수치만 봐도 이를 확인할 수 있다.

우선, 무역 관계를 맺고 있는 국가의 수에서 중국이 이미 미국을 크게 앞선다. 〈AP통신〉이 2012년에 발표한 조사 결과에 따르면, 과거 5년간 무역 관계를 맺은 국가의 수에서 중국이 미국을 크게 앞질렀다. 2006년만 해도 미국은 127개국과, 중국은 70개국과 무역했다. 하지만 2011년 중국의 무역 상대국은 124개로 급증한 반면 미국의 무역 상대국은 76개로 감소했다. 무역 교역상대국 수로만 따져본다면 중국은 이미 세계 제1의 무역 대국이라고 해도 과언이 아니다.

또 2012년 중국의 총무역액이 정식으로 미국을 추월해 세계 1위 무역 대국으로 올라섰다. 미 상무부가 2013년 2월 8일 발표한 무역 통계 자료에 따르면, 2012년 미국의 상품 무역 총액은 전년 대비 3.5퍼센트 증가한 3조 8628억 5,900달러를 기록했다. 이에 비해 중국 세관이 2013년 1월 발표한 통계 자료에 따르면, 중국의 2012년 총 무역액은 3조 8,667억 달러로 미국을 소폭 앞질렀다. 미국이 세계 무역 대국 1위 자리를 내준 것은 제2차 세계대전 이후 처음으로 발생한 일이다. 더 중요한 사실은 이것이 10년도 안 되는 짧은 기간에 나타난 변화라는 것이다.

이런 변화가 미국에 어떤 영향을 미칠 것인가? 미국으로서는 금융 제국을 지탱해 준 정상적인 수입원이 사라질 수 있다는 점이 가장 큰 위협일 것이다. 중국이 세계의 공장이 되면서 미국에 산업 공동화가 나타나고 금융 제국으로의 전환이 빠르게 이루어졌다. 2013년 1월 미국이 보유한 금융 자산은 각종 파생상품을 포함해 700조 달러에 달했다. 하지만 문제는 금융업만으로는 부를 창출할 수 없다는 사실이다. 금융업도 결국에는 실물 생산에 의지해 수익을 내야 한다. 현재 세계 최대 실물 생산국은 중국이다. 결국 이 문제는 또 다른 문제로 이어진다. 미국 금융업이 중국이라는 세계의 공장에서 지속적으로 높은 수익을 얻으려면 어떻게 해야 할까?

해답은 분명히 존재한다. 그것은 바로, 미국이 중국 산업의 가치 사슬에 참여하거나, 아예 가치 사슬을 통제하는 것이다. 산업의 가치 사슬을 통제하는 방법은 크게 직접 통제와 간접 통제가 있다. 간접 통제 방식을 예로 들자면, 중국과 비슷한 실물 생산 지역을 통제함으로써 중국의 가격 결정력을 약화시키고 이를 통해 중국으로부터 높은 이익을 벌어들이는 방식이 있다. 미국의 주도로 구축된 TPP가 전형적인 간접 통제 방식이다. 하지만 간접 통제는 효과가 그리 크지 않다. 결국 미국은 가급적 중국의 산업 가치 사슬에 참여하거나, 직접 통제함으로써 중국으로부터 지속적인 수익을 얻으려 애쓰고 있다. 미국이 서브프라임 위기 이후 '차이메리카' G2 개념을 제시했다가 중국으로부터 거절당한 것도 이 같은 맥락에서 이해할 수 있다. 그렇다면 미국은 어떻게 해야 수익원을 지킬 수 있을까?

"12월 31일은 우리집에서 정한 '중국산 없는 한 해'의 마지막 날이다. 중국산 제품을 쓰지 않은 1년간 나는 거의 매일을 가족들과 싸웠다. 어느 날 밤 아들이 말했다. '얼마 있으면 중국산 제품을 살 수 있다고 생각하니 날아갈 듯이 기뻐요.' 그렇게 1년을 보낸 후 내가 내린 결론은 이렇다. '중국산 없이 살 수도 있다.' 단, 생활이 고단해지고 가계 지출이 급증한다. 앞으로 적어도 10년간 나는 중국산 없이 살아볼 용기를 낼 수 없을 것이다."

미국인들은 중국을 자신들의 생활 속에서 밀어내는 것이 사실상 불가능하며 중국 없이는 미국 경제도 지탱할 수 없다는 사실을 일찌감치 깨달았다. 중국은 지금까지 미국이 상대했던 그 어떤 적수보다도 강력한 상대다.

구소련은 핵 강국이었지만 구소련 경제는 미국과 거의 단절돼 있었을 뿐 아니라 인구 규모도 미국과 비슷했다. 소련의 GDP는 최고 전성기에도 미국의 60퍼센트에 불과했다. 반면 서유럽 각국은 경제적으로는 발전했지만 군사적으로 미국에 대항할 수 없다. 나토는 사실상 미국이 유럽을 통제하기 위한 수단일 뿐이다. 한국, 일본, 동남아 각국은 미국 의존도가 워낙 높아 미국이 이들 국가의 정치, 경제 전반에 걸쳐 막강한 영향력을 행사하고 있다.

그러나 앞에서 설명한 경우와 중국은 분명히 다르다. 중국은 경제적으로 미국과 밀접한 관계를 맺고 있으며 유엔안전보장이사회 5대 상임 이사국 중 하나다. 또 세계에서 미국과 대등한 핵 능력을 가진 몇 안 되는 국가이며 도시 인구만 해도 미국 전체 인구의 2배다. 또한 머지않은 미래에 GDP에서 중국이 미국을 추월할 것이라는 사실은 거의 정설로 받아들여지고 있다. 미국이 이런 중국을 계속해서 통제하며 자국의 수익원으로 삼는 것은 결코 쉽지 않은 문제다.

미국이 직면한 위기는 또 있다. 중국이 세계의 공장이라는 지위를 이용해 위안화 중심의 국제통화 및 자본 창출 구도를 형성하고 있다는 점이다. 이러한 경제 구도는 머지않아 미국 금융 자본을 지탱하는 또 다른 축인 달러 패권을 심각하게 위협할 것이다.

아이러니하게도 지금까지 중국은 달러 패권을 지탱하는 가장 큰 기둥이었다. 이 점은 몇 가지 사실만 봐도 확인할 수 있다.

첫째, 중국은 자국 통화 대부분을 달러 매수를 통해 공급한다. 중국 중앙은행이 1달러를 사들일 때마다 약 6.9위안의 본원 통화(중앙은행이 시중에 직접 공급하는 통화)가 공급된다.

둘째, 중국의 해외 투자 및 무역 거래 결제가 대부분 달러를 통해 이뤄지고 있다. 쉽게 설명하자면, 중국이 미국을 대신해 달러의 영향력을 전 세계 곳곳으로 퍼뜨리고 있다. 가령 중국 기업이 나이지리아에 1억 달러를 투자하기로 했다면 그 기업은 1억 달러를 사야만 투자할 수 있다. 이 경우 중국이 미국을 대신해 나이지리아의 달러 의존도를 높여 주는 셈이다. 미국에 이보다 좋은 일이 있을까?

하지만 이런 미국의 호시절은 그리 길지 않을 것으로 보인다. 위안화의 국제화로 인해 종말을 고할 것으로 예상된다. 현재의 구도가 깨진다면 달러의 국제적인 순환과 부의 창출 경로가 단절돼 미국 경제가 치명상을 입을 수밖에 없다.

"남아공 사업가 켈로그는 중국 선전에 인쇄소를 설립하고 가격 라벨을 인쇄해 요하네스버그로 수출한다. 남아공에 있는 의류업체와 생활용품 생산업체들은 라벨을 구매한 후 은행을 통해 남아공 랜드화로 켈로그에게 물건값을 지불한다. 그러면 켈로그는 랜드화를 받아 달러로 환전한 후 역외 위안화 시장을 통해 다시 위안화로 바꾼다. 그는 이것을 '불필요한 일'이라고 말했다. 그의 사업이 달러와는 한 푼도 관계가 없기 때문이다. 그에게 수익을 가져다주는 '무기'는 바로 위안화다."

미국의 대중국 금융 전략에 대한 가장 강력하고 근본적인 반격은 위안화의 국제화다. 이 점은 유로화가 단기간에 무역 결제 통화이자 준비 통화로 부상한 후 유로존에 대한 미국의 경제적 영향력이 크게 감소한 것만 봐도 알 수 있다.

이뿐이 아니다. 위안화의 국제화는 달러 패권에 의지한 달러의 글로벌 순환 시스템에 직접적인 위협이 될 수 있다. 앞의 이야기에서 남아공 사업가는 중국에서 제품을 생산해 남아공에 가져다 판다. 그의 사업은 달러와 아무런 관계가 없다. 하지만 그는 제품을 팔 때마다 그의 의도와는 무관하게 달러 패권을 탄탄하게 하는 데 일조하고 있다. 위안화가 무역 결제 통화이자 준비 통화가 된다면 이 남아공 사업가는 역외 위안화 시장에서 얻은 위안화를 그대로 사업에 쓸 수 있다. 물론 이러한 경우에는 달러는 부를 획득할 수 있는 기회를 잃게 된다. 만약 그가 나이지리아에 제품을 팔 때마저 위안화를 그대로 사용할 수 있다면 미국은 더 큰 위기감을 느낄 것이다. 이러한 경우가 계속해서 일어난다면 달러의 글로벌 순환 시스템은 더 축소되고 미국의 금융 전략은 큰 효과를 거둘 수 없다. 연준은 더 이상 지폐를 무제한으로 찍어내 자국의 거품을 고착화시키는 전략을 구사할 수 없게 된다. 지폐 발행으로 인한 부작용을 다른 나라로 전가할 수 없으므로 통화 무한 발행은 미국 국내에서 심각한 인플레이션이나 자산 거품을 유발할 것이다.

실질적으로 미국인들이 판단하기에 달러 패권에 진정한 위협을 가할 수 있는 통화는 위안화뿐이다. 유로화는 정치적으로 통합되지 못했다는 태생적인 약점이 있는 반면, 위안화는 그렇지 않다. 게다가 위안화를 본국 통화로 사용하는 중국은 인구가 14억으로 미국 인구의 4배가 넘으며 이는 전 세계 선진국의 인구를 모두 합친 것과 맞먹는다. 이 정도 규모와 영향력이라면 국제 자본의 한 축을 떠받치기에 충분하다.

이미 2012년 말, 중국의 무역액은 미국의 그것을 제치고 세계 1위로 올라섰다. 중국의 무역액이 전 세계 총무역액의 약 13퍼센트를 차지한다. 반면 국제 무역 결제에서 위안화의 지위는 무시해도 좋을 만큼 낮다. 통계에 따르면 현재 국제 무역 결제 통화 가운데 위안화가 차지하는 비중이 0.63퍼센트로 전체 통화 중 13위 정도에 머물고 있다. 심지어 태국 밧화와 홍콩 달러보다도 순위가 낮다. 하루에 4조 달러씩 거래되는 전 세계 외환시장에서는 위안화의 비중이 훨씬 더 작다. 위안화가 차지하는 비중이 약 1퍼센트인 데 반해 달러의 비중은 무려 86퍼센트다.

위안화 국제화의 여지가 아주 크다는 사실은 미국과 비교하면 대번에 알 수 있다. 2012년 미국의 무역 규모가 약 3조 8,000억 달러로 중국에 비해 100억달러가량 적어 세계 2위를 차지했다. 반면 무역 결제에서 달러가 차지하는 비중은 33.8퍼센트였다. 그런데 이러한 수치는 현실을 정확하게 반영한다고 볼 수 없다. 유로존을 하나로 계산해 유로존 내부의 무역을 국제 무역으로 간주하지 않는다면 달러가 무역 결제 통화 가운데 차지하는 비중은 약 65퍼센트까지 올라간다.

미국의 무역 상황을 고려하면, 위안화가 무역 결제 통화에서 차지하는 비중이 최대 20퍼센트를 조금 넘는 수준이어야 정상이다. 그렇게 본다면, 현재의 비중은 과도하게 낮은 것이다. 이런 비정상적인 현상이 나타난 가장 근본적인 원인은 바로 중국 자체에 있다.

미국을 위안화 해외 보급의 최대 '사각지대'라고 불러도 조금도 지나치지 않다. 미국 대형 은행 지점의 직원들 중에는 심지어 위안화가 무엇인지 모르는 사람들도 있다.

"지금 달러 대비 위안화 환율이 얼마입니까?"

최근에 한 기자가 뉴욕 맨해튼 6번가 뱅크오브아메리카 지점에서 근무하는 존에게 물었다. 존은 컴퓨터로 각종 통화의 달러 대비 환율을 조회했지만 유감스럽게도 위안화 환율을 찾지 못했다. 존은 설령 위안화 환율을 조회할 수 있다 해도 현장에서 달러를 위안화로 환전할 수 없다고 말했다.

중국 매체 〈궈지셴취다오바오〉 기자가 뉴욕 뱅크오브아메리카와 JP모건체이스, 토론토미니언은행 등 여러 은행 지점을 취재한 결과 위안화 계좌를 개설할 수 있거나 위안화 투자 상품이 있는 곳이 단 한 군데도 없었다. 위안화와 달러 환전은 가능하지만 반드시 사전에 예약을 해야 하고 환율도 매우 불리했다."

위의 기사문에서 위안화 국제화의 가장 큰 걸림돌이 무엇인지를 정확하게 알 수 있다. 바로 자유로운 태환이 불가능하다는 점이다. 자유롭게 환전할 수 없는 통화를 널리 확장시킬 수는 없다. 외국 투자자들이 위안화를 사용해서 자유롭게 투자하여 이익을 얻을 수는 없다는 점 때문에 위안화는 유통하기 힘든 '고인 돈'이 됐다. 더욱 심각한 문제는 위안화 절하가 예상될 때 바로 매도할 수 없다는 점이다. 자본 시장에서 가장 우려하는 것이 이처럼 유동성이 낮은 투자 상품이다. 주식 투자자들이 거래할 수 없는 주식을 가지고 있을 때 과연 어떤 기분일까.

위안화의 자유로운 태환이 이루어진다는 것은 위안화의 자유로운 유통이 가능하다는 것을 의미한다. 그렇다면 중국은 왜 아직 위안화의 자유로운 태환을 실현하지 못하고 있는 것일까?

그것은 중국의 금융시장이 아직 완전하지 못하기 때문이다. 수백 년 동안 시장경제를 시행해 온 서구와 달리 중국에서 진정한 시장경제가 시행된 것은 겨우 30년 남짓밖에 되지 않았고, 나아가 금융 체제의 개혁이 실질적인 단계로 들어선 것은 불과 10년밖에 되지 않았다. 중국 금융 기관과 투자자들은 아주 오랜 기간 중앙은행이 금리와 환율을 통제하는 상황에 익숙해 있기 때문에 외부상황의 극심한 변화에는 쉽게 적응하지 못한다.

"현재 중국은 금리와 환율이 시장의 신호에 신속하게 반응할 수 없는 상황이다. 그래서 자본 시장 개방은 투자자들에게 수익을 얻을 기회를 제공한다. 또 리스크가 전혀 없거나 아주 적은 환경이 오래 지속되면 자연적으로 국가(납세인)가 손실을 입게 된다."

환율을 해당 통화에 대한 대외적인 평가라고 한다면, 금리는 통화에 대한 대내적인 평가에 영향을 미치는 중요한 요인이라고 할 수 있다. 내재 가치가 외재 가치를 결정하는 상황에서 금리의 시장화가 완성되지 못하면 위안화의 내재 가치를 정확하게 반영할 수 없다. 통화의 가치를 결정하는 축인 내재 가치가 확정되지 않으면 그 통화는 외부 환율의 영향을 받게 되고 주객이 전도돼 외국 자본이 중국의 통화와 자본 시장을 손에 쥐고 흔들게 되는 결과를 낳는다.

그런 의미에서 볼 때 위안화는 아직 '국내화'가 이뤄지지 못했다. 이것이 바로 위안화가 자유롭게 태환되지 못하는 근본적인 원인이다. 요컨대 중국은 위안화의 자유로운 태환을 원치 않는 것이 아니라 자국의 금융 안정성을 지키기 위해 위안화의 자유 태환을 허용하지 못하고 있다.

그런데 여기서 간과해선 안 될 것이 있다. 금융의 안정성을 지킨 다는 이유로 높은 장벽을 쌓는 것은 보수적이고 경쟁을 두려워하는 심리 때문이다. 예컨대 중국의 자본 시장은 스스로의 안전을 지키기 위해 높은 장벽을 쌓고 그 안에 머물고 있다. 이 장벽은 만리장성처럼 적극적으로 경쟁에 뛰어들기를 거부하고 낙후된 자신을 가둬 지키기 위한 것이다. 중국의 금융업이 충분한 세계적 경쟁력을 기른 후에는 이 만리장성을 스스로 부숴야 한다.

현재 금리 및 외환의 시장화 개혁이 진행되고 있는데 그 궁극적인 목적이 바로 위안화의 '국내화'와 달러로부터의 독립이다. 만약 금리 및 외환의 시장화가 완성되고 시장이 외부의 영향력을 막아낼 수 있 다면 위안화의 자유로운 태환도 가능해질 수 있다. 그러므로 위안화 국제화의 성공 여부는 중국 금융 당국이 자국의 금융 시스템을 얼마 나 정확하게 평가하고 체제 정비를 하느냐에 달려 있다. 만약 금융 당 국이 중국의 금융 시스템이 성숙했다고 판단한다면 위안화 국제화는 아무도 예상치 못했던 속도로 빠르게 진행될 수도 있을 것이다.

지금은 위안화가 무역 결제 통화 가운데 태국 밧화보다도 비중이 적지만, 반대로 보면 이것이 바로 미국이 가장 우려하는 점이기도 하 다. 중국의 국내 금융 시장이 성숙해지면 미국은 위안환 국제화의 대 세를 가로막지 못할 것이기 때문이다.

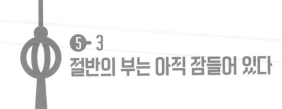

소련이 화폐화를 이루지 못해 실제로 가지고 있는 경제력의 일부
만으로 미국과 경쟁했듯이, 현재 중국도 농촌 토지의 화폐화를 이루
지 못했으므로 절반의 경제력만으로 세계와 경쟁하고 있는 셈이다.
화폐화되지 못한 농촌 토지는 아직 중국의 국제 경쟁에 참여하지 못
하고 있다.

여기서 짚고 넘어가야 할 것이 있다. 비록 러시아가 민영화를 통
해 자산의 화폐화를 실현하기는 했지만 화폐화가 곧 민영화를 의미하
지는 않는다는 사실이다. 이러한 측면은 중국의 도시 국유지 임대 방
식을 통해서도 잘 알 수 있다. 현재 중국은 도시 국유지 사용권을 70
년간 임대하는 방식으로 화폐화를 실시했지만 토지 소유권은 여전히
국가에 있으므로 엄밀히 말해 민영화는 아니다. 경제와 금융이 전 세
계적인 경쟁 무대의 중심이 되고 있는 시대에 국가의 부 가운데 일부

가 국제 경쟁에서 배제된다면 씨름 선수가 몸의 반쪽만을 사용해 경기하는 것과 같다.

지난 10여 년간 중국의 부는 빠르게 증가했다. 미국의 5분의 1도 안 되던 GDP가 10년 사이에 미국의 60퍼센트까지 추격했다.

그런데 이는 중국이 가진 부의 절반만으로 일궈낸 성과이다. 잠들어 있던 이 절반의 부가 기지개를 켠 것은 1999년부터다. 도시 주택의 상품화가 실시되면서 도시 토지의 가치가 제 기능을 발휘하기 시작했다.

주택 화폐화가 본격적으로 시작된 후 10여 년 동안 가장 많은 부를 창출한 것이 토지의 화폐화다. 물론 부작용이 전혀 없었던 것은 아니다. 도시의 토지 화폐화 과정에서 불공평한 분배로 인한 문제가 나타나기도 했다. 토지 가격이 계속 올라 토지 사용권을 일찍 획득했을수록 더 많은 이익을 얻는다는 것이 가장 대표적인 문제다. 그러나 이는 분배 제도를 개선함으로써 해결해야 할 문제이며 이러한 점을 이유로 들어 도시 토지의 화폐화 자체를 부정할 수는 없다. 경제 글로벌화가 나날이 확대되고 있는 현실에서 토지 화폐화를 포함해 중국에서 실시된 모든 화폐화는 중국 경제가 발전하기 위해 반드시 거쳐야 하는 과정이다.

만약 중국이 토지 화폐화를 실시하지 않는다면 토지의 실제 가치가 심각하게 저평가될 것이다. 그렇다면 이러한 경우에는 어떤 부작용이 발생할까? 중국이 완전히 폐쇄적인 국가여서 외부 세계와 아무런 왕래도 없다면 토지 가치가 저평가돼도 크게 문제될 것 없다. 어차피 집안일일 뿐 외국인들이 그로 인해 어부지리를 얻을 수 없기 때문이다. 하지만 실제 현실에서는 중국 경제의 문이 전 세계를 향해 활짝 열려 있으며 외국 자본이 중국 수출입 무역의 절반을 차지하고 있다. 토지가 이미 중국 경제의 일부로서 세계적 경쟁 무대에 참여하고 있는 것이다. 그런데 중국 토지의 가치가 실제에 비해 현저히 저평가돼 있다. 예를 들자면, 외국 자본이 중국에 들어와 공장을 설립할 때 지불하는 토지 임대료가 과도하게 낮게 책정돼 있는 것이 그것이다.

WTO에 가입하면서 당시 중국은 2015년 이후 부동산을 포함한 모든 산업을 완전히 개방하기로 약속했다. 이후에도 중국의 토지 가격이 지금처럼 심하게 저평가돼 있다면 중국의 부를 외국 자본에 공짜로 내주는 것이나 다름없다. 어쩌면 중국의 부에 대한 가장 심각한 약탈을 속수무책으로 지켜봐야만 할 수 있다.

"베이징 베이우환 밖에는 왕징 공원이 있다. 이곳의 원래 명칭은 '다왕징 촌'이었다. 2009년 다왕징 촌이 베이징 도농 일체화 사업의 시범 지구로 지정되면서, 이곳에 있던 1700가구의 주민에게 총 50억 위안이라는 거액의 철거 보상비가 지급됐다. 그 덕분에 농사를 짓고 살던 주민들이 갑자기 100만 위안이 넘는 거액의 보상금을 받아 현재는 모두 자기 집과 자가용을 소유한 부자로 변신했다. 27세의 왕전위는 부모가 수십 채의 집을 가지고 있었기 때문에 1,000만 위안이 넘는 보상금을 받아 아파트를 몇 채나 사고 베엠베와 아우디까지 보유하고 있다. 한 주민은 '우리 동네에서는 청소부들도 전부 고급 자가용을 몰고 다닌다'라며 자랑스러워 했다."

위의 내용은 2010년 10월 중국 국영 방송 CCTV의 한 시사프로그램에서 보도한 내용이다. 이 프로그램은 벼락부자가 된 농민들을 심층취재했는데, 그들은 대부분 베이징, 상하이, 광저우, 선전 등의 대도시 외곽 지역에 살고 있다. 대도시와 가깝기 때문에 그들이 살던 곳이 화폐화되면서 집과 거액의 보상금을 받은 것이다. 그들은 농민이었음에도 대도시 근처에 거주했기 때문에 농촌 택지화 혜택을 좀 더 일찍 누릴 수 있었다. 그런데 비단 이러한 경우는 중국의 도시화 및 화폐화의 시작에 불과하다.

역사상, 제도상의 이유로 인해 현재 중국 농촌은 토지 화폐화 비율이 매우 낮다. 농민들이 소유하고 있는 주택이 화폐화되지 못해 도시 주택들처럼 자유롭게 매매할 수 없다. 물론 가치를 평가할 수 없기 때문에 주택이나 택지를 담보로 대출을 받을 수도 없다. 농민이 소유한 부가 생명력(가치 인정)을 얻지 못한 채 죽어 있는 것이나 다름없다. 이는 농민들에게 불공평한 일이다. 그러나 만약 중국 내 도시화가 차근차근 진행된다면 이런 문제들도 점차 해결될 것으로 보인다. 중국 농촌 지역은 10년 전의 도시 지역처럼 도시화와 화폐화를 통해 거대한 부를 활성화시키는 효과를 거둘 것이다.

7억에 달하는 농촌 인구의 1인당 주택 면적을 도시 주택 평균 가격의 절반으로만 계산해도 무려 65조 위안의 부가 새로 창출되는 효과를 얻을 수 있다. 가치를 평가받지 못하고 유통되지도 못하고 '고여 있던' 65조 위안의 부가 앞으로는 당당히 국제 경쟁에 참여하게 될 것이다. 만약 나아가 농촌의 비주거용 토지까지 화폐화가 이뤄진다면 농촌 토지의 화폐화는 실로 막대한 부를 일으키게 될 것이다.

향후 중국의 도시 인구의 비중이 전체 인구의 3분의 2까지 증가한다면, 다시 말해 도시 인구가 현재의 7억에서 9억 3,000만까지 증가한다면, 연간 소비액이 현재의 10조 위안에서 20조 위안까지 늘어날 것이다. 이는 연평균 20조 이상의 투자가 적어도 20년간 계속해서 이뤄지는 것과 같은 결과를 도출할 것이다. 도시화율이 1퍼센트 포인트 상승할 때마다 투자 수요가 6조 6,000억 위안씩 새로 창출되며 이는 10조 위안의 수출을 대체하는 경제적 효과를 낼 수 있다. 또 농촌 인구가 1퍼센트씩 도시로 이주할 때마다 총소비액이 1,200억 위안씩 증가한다.

도시화가 전 중국으로 확대되면 중국 경제에 또 한 번의 경제적 도약기가 찾아올 것이다. 그 기간은 대략 10년쯤 지속될 것으로 예상된다. 그렇게만 된다면, 이 기간 동안 중국의 내수 및 수출 구도가 완전히 바뀌어 중국 경제는 외부 요인의 영향을 받지 않고 탄탄한 성장세를 유지할 것이다.

서브프라임 위기가 최고조에 달했던 2008년, 중국 정부는 4조 위안 규모의 긴급 경기 부양책을 추진했다. 중국 무역의 대외 의존도가 GDP의 약 60퍼센트에 달하기 때문에 수출길이 갑자기 막혀 버리면 중국 경제가 경착륙할 우려가 있었다. 이로 인해 중국 정부는 부작용이 나타날 수 있다는 것을 알면서도 환자에게 응급조치를 하듯 경제에 긴급 수혈을 할 수밖에 없었다. 반면 미국은 내수가 경제의 원동력이기 때문에 세계에서 타국 경제와 금융에 영향을 가장 적게 받는 나라다.

6장_
시간은 중국 편이다

6-1
조급한 미국

"9·11 테러로 분노가 극에 달한 미국은 '미국을 건드리는 자는 반드시 망한다'라는 진리를 증명하려는 듯 두 가지 전쟁을 동시에 수행했다. 바로 2001년의 아프가니스탄 전쟁과 2003년의 이라크 전쟁이다. 이와 같은 시기인 2003년 중국은 제16기 전국인민대표대회 보고에서 '21세기 초반 20년은 중국에게 절대로 놓칠 수 없는 중요한 전략적 기회'라고 언급하며 처음으로 '전략적 기회'라는 표현을 사용했다."

과거, 미국은 9·11 테러 이전부터 중국을 중요한 전략적 경쟁국으로 규정하고 경계해 왔다. 부시 취임 이후 미국은 줄곧 중국에 대해 강경한 태도로 일관했다. 그들은 중국에서 미국식 신자유주의를 뿌리내리게 해 중국에 대한 금융 수탈을 감행하기로 결정하고 제도적인 준비를 거의 끝마친 상태였다. 당시 중국의 역할은, 미국이라는 금융 제국을 외부에서 지탱하는 데 있어서 일본만큼 중요한 역할을 하지 않았다. 그 당시 중국이 보유한 외환 보유고와 미국 금융 자산이 모두 일본보다 열세였기 때문에 미국의 대중국 전략 수행이 지금보다는 훨씬 미약했다.

그러나 9·11 테러로 인해 부시의 외교 전략은 물거품이 되고 말았다. 이 기습적인 테러가 미국 자본의 핵심적인 이익 기반인 월스트리트는 물론이고 미국 금융 자산의 안정성과 신뢰도를 통째로 흔들어 놨기 때문이다. 미국이 월스트리트의 안정성을 보장할 수 없다면 달러 자본의 무한 발행 특권에도 당장 의구심이 제기될 수밖에 없었다. 그러므로 반테러 전략은 부시에게 있어서는 어쩔 수 없는 필연적인 선택이었다.

그로부터 많은 시간이 지난 오늘날, 역사를 돌이켜 보면 부시의 반테러 전략은 실패했다. 미국의 가장 큰 실수는 중국이 그 후 약 10년간 '전략적 기회'를 충분히 이용하도록 내버려 둔 것이다. 2001년 미국의 29퍼센트에 불과했던 중국 GDP가 2012년에는 60퍼센트에 육박했다. 일본과 구소련도 한때 이 정도 수준까지 추격한 적이 있다. 하지만 중국은 아직까지 그들의 잠재력을 전부 발휘하지 않았으며 절반의 부는 아직까지 잠자고 있다.

반테러 전쟁에 몰두해 어언 10여 년을 보낸 미국이 가까스로 예전의 안정을 되찾은 지금, 중국은 이미 예전의 중국이 아니다. 중국은 이제 미국에게 그리 만만한 상대가 아니다. 최근 미중 관계에서 대만 문제가 예전처럼 중요하게 다뤄지지 않고 있는 것이 이 점을 간접적으로 증명하고 있다. 현재 미국이 중국을 상대로 구사할 수 있는 경계 수단은 금융 전쟁밖에 없다.

2013년 2월 버냉키 연준 의장이 의회 증언에서 중국인들에게는 위선적으로 들리는 발언을 했다. 연준의 통화 확장 정책이 중국 경제에 이득이 된다는 것이다. 사실 이 말에는 미국 고위 정책자들의 초조와 불안이 드러나 있다. 약달러 정책이 이대로 계속된다면 이제 7년 남은 기회를 충분히 이용해 전략적 목표를 달성하는 데 중국이 결정적인 도움이 될 것이기 때문이다.

실제로 미국은 중국에 대한 금융 수탈을 서두르고 있는데, 이 같은 조치를 취하지 않으면 중국에게 GDP를 추월당할 수 있다는 조급함을 안고 있다. 간단한 계산만으로도 충분히 이 같은 결론에 도달할 수 있다. 환율이 현 상태에서 유지된다고 가정하더라도 12년 후에는 중국과 미국의 GDP가 각각 21조 7,000억 달러와 20조 5,000억 달러로 중국이 미국을 추월하게 된다.

미국이 과거처럼 중국의 발전을 인정하지 않을 것임을 짐작할 수 있다. 중국의 전략적 목표가 달성됐는지 확인할 수 있는 중요한 지표가 바로 위안화 국제화다. 따라서 현재 미국은 중국과의 경쟁에서 매우 중요한 시점에 와 있다. 미국의 입장에서는 기필코 중국의 성장을 저지해야만 한다.

국내 경제 회복과 함께 역사상 세 번째 금융 전쟁을 완벽한 승리로 이끌어야 하는 두 가지 막중한 임무가 지금 미국 앞에 놓여 있다. 미국에게는 이번 경주가 결코 쉽지 않은 여정이 될 것이다.

1929년 대공황으로 미국 GDP가 30퍼센트나 급감하자 1933년 루스벨트 대통령은 취임 직후 재정 적자를 통해 공공 지출을 늘리는 뉴딜 정책을 시행했다. 당시 재정 적자의 대부분을 연준이 감당했기 때문에 실질적으로 뉴딜 정책은 한마디로 연준이 달러를 찍어내 경기를 부양시키는 방법이다.

뉴딜 정책 시행 이후 미국 GDP가 빠르게 증가하기 시작했다. 그런데 뜻밖에도 이 GDP 증가기는 제2차 세계대전이 발발하면서 예상보다 오래 지속됐다. 미국 본토가 전쟁터에서 멀리 떨어져 있었기 때문에 미국은 동맹국들에게 전쟁 물가와 무기를 제공하는 역할을 했고 이런 군수품들이 모두 미국에서 생산됐다. 미 GDP가 1932년 6,000억 달러에서 1946년 1조 8,000억 달러까지 급증했다. 14년 만에 두 배로 증가한 것이다. 미국의 연평균 약 9퍼센트의 GDP 증가율은, 마치 중국이 개혁·개방을 실시한 후 약 30년간 보여 준 고속 성장세와 마찬가지로 매우 놀라운 수치다. 1930년대부터 1940년대까지 약 20년은 지난 100년 중에 미국 경제가 가장 빠르게 증가한 시기다.

그런데 여기서 우리는 한 가지에 주목해야 한다. 이번 금융 위기에도 연준은 달러를 대량으로 찍어내 시장에 풍부한 유동성을 공급했다. 그런데 경제 규모가 축소되는 것은 겨우 억제했지만 정작 경제가 급성장하는 효과는 거두지 못했다. 그 이유는 무엇일까?

미국의 상황이 당시와는 아주 다르기 때문이다. 현재 미국에는 산업 공동화 현상이 나타나고 있다. 미국 제조업은 1895년 세계 1위로 올라선 후 계속해서 장기간 고속 성장을 누렸다. 1950년대 전후 미 제조업 생산액이 세계 전체 제조업의 약 50퍼센트를 차지했다. 하지만 1970년대 이후 미국에서 산업 기지 이전이 빠른 속도로 확산됐다. 그 결과 2010년 세계 제조업 총생산액 10조 달러 가운데 중국이 19.8퍼센트를 차지해 19.4퍼센트를 차지한 미국을 추월했다. 미국이 제조업 세계 1위의 자리에서 물러났다는 것은, 다시 말해 미국의 산업 공동화가 더 이상 돌이킬 수 없는 지경에 이르렀음을 의미한다. 이런 상황에서는 통화 확장 정책으로 자산 가격을 밀어 올릴 수는 있지만 실물 경제에는 큰 영향을 미칠 수 없다. 전체 경제에서 실물 경제가 차지하는 비중이 너무 적기 때문에 통화량이 아무리 많아도 큰 역할을 발휘할 수 없다.

미국이 바라는 제조업의 부흥은 결코 실현될 수 없다. 미국 제조업 원가에서 가장 큰 비중을 차지하는 것은 바로 노동자의 임금이다. 좀 더 자세히 살펴보자면, 노동 비용이 제조업 원가의 80퍼센트 이상을 차지한다. 2007년 미 의회에서 통과된 최저 임금법에 따르면, 2013년 미국의 최저 임금 기준이 시간당 7.25달러다. 중국에서 최저 임금 기준이 가장 높은 베이징의 최저 임금도 시간당 13위안으로 2달러에 불과하다. 미국인의 최저 임금은 베이징의 3배 수준이고 중국 전체로 따지면 5배 수준에 육박한다. 미국인들이 자신의 임금과 복지 수준을 낮추지 않으면 노동 비용은 결코 줄어들 수 없고 제조업 원가마저 하락할 수 없으며 제조업이 다시 미국으로 돌아올 수 없다.

높은 임금 외에 미 제조업 부흥을 가로막는 더 중요한 문제가 있다. 제조업 부흥의 전제가 달러 가치의 절하라는 점이다. 달러 가치 절하는 미국 금융 전략의 최종 단계에서 구사해야 하는 강달러 전략에 위배된다. 따라서 미국은 1990년대 IT 혁명과 비슷한 산업혁명이 일어나 주기를 고대하고 있다. 1990년대 IT 산업의 발전은 미국의 노동 생산성을 크게 상승시키는 효과를 가져왔다. 1995~2000년 미국의 노동 생산성이 연평균 2.5퍼센트 상승해 1973~1995년 상승률(1.4퍼센트)의 2배였다. 그렇다면 이러한 지표가 의미하는 바는 무엇일까? 그것은 바로, 미국인들의 생산성이 급상승해 당시 미국, 일본, 유럽 간의 경쟁 균형이 깨졌음을 뜻한다. 똑같은 자금과 인력을 투입해도 미국이 거의 2배의 돈을 벌었기 때문에 연준이 금리를 2배나 인상했음에도 미국 경제가 이로 인해 증가된 비용을 충분히 감당할 수 있었다. 이것은 클린턴이 자신만만하게 강달러 정책을 구사할 수 있었던 원인이기도 하다.

그러나 모든 지표를 분석해 보아도 아직까지는 미국에 이런 혁명의 낌새가 보이지 않는다. 어떤 이들은 미국의 셰일가스와 오일 셰일

기술이 산업혁명을 일으킬 것이라고 말한다. 그렇지만 설령 오일 셰일과 셰일 가스 혁명이 일어난다고 해도, 경제 성장을 견인할 수 있는 미국의 경제 활동 인구가 증가하거나 자원 밀집형 업종이 많아지는 것은 아니다. 얀 하치우스 골드만삭스 수석 이코노미스트는 2013년 3월 보고서를 통해 "천연가스, 알루미늄, 철강, 플라스틱, 기초 화학 제품, 비료, 기타 농산물 가격이 하락할 때 가장 큰 이익을 얻어야 할 제조 기업에서 두드러진 회복세가 나타나지 않았다. 적어도 현재까지는 미국의 자원 생산량 증가가 제품 생산량 및 이익에 직접적인 영향을 미치지 못하고 있다."라고 지적했다. 이러한 지적을 통해 오일 셰일과 셰일 가스가 미국 경제에 미치는 영향이 과대평가돼 있다는 해석이 가능하다.

미국은 클린 에너지 혁명을 감히 일으킬 수 없다. 미국의 클린 에너지 정책은 전략적 방향 자체가 잘못돼 있다. 왜 그럴까? 신재생 에너지 혁명이 결국에는 미국의 패권을 흔들 것이기 때문이다. 이것은 오히려 매우 간단한 원리다. 오일 달러가 달러 패권을 지탱하는 든든한 기둥인데, 신재생 에너지는 석유 및 석탄 자원을 배제한 것이 아닌가. 이 혁명이 성공한다면 달러 패권을 지탱하는 기둥인 오일 달러가 제2차 세계대전에서 프랑스의 마지노선처럼 무용지물이 돼 버린다.

만약에 중국에 신재생 에너지가 널리 보급된다면 외부에서 중국의 안전을 위협할 수 있는 가장 큰 문제인 자원 안보 문제가 해결될 수 있을 것이다. 항공모함전투단 13개로 대표되는 미국의 해상 패권도 중국에 아무런 위협을 가할 수 없게 되는 것이다. 이렇게 본다면 신재생 에너지는 미국 산업의 입장에서는 매우 부적절한 전략이며 미국은 신재생 에너지 보급을 서두르지 않을 것이다. 설령 신재생 에너지 기술을 확보한다 하더라도 미국은 아마 광범위하게 응용되지 못하도록 저지할 것이다. 이는 클린턴의 민주당이 경제적으로 큰 성과를 거두고도 민주당 대선 후보로 나선 고어가 부시에게 패한 결정적인 원인 중 하나이기도 하다. 신재생 에너지 산업을 육성하겠다는 고어의 공약은 달러 패권의 이익에 완전히 위배되는 계획이었던 것이다.

결론적으로 연준의 지폐 발행 정책은 미국의 실물 경제를 고속 성장시키지도 못하고 새로운 산업혁명을 일으키지도 못했다. 결국 700조 달러에 달하는 미국 금융 자산도 단기간에는 수익원을 확보하기가 어렵다. 이 같은 문제는 결국 미국의 금융 전략 운용을 어렵게 하는 치명적인 걸림돌로 작용할 것이다.

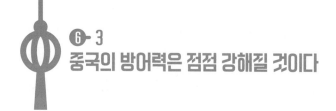

전전긍긍하는 미국에 비해 중국과 유로존 Eurozone은 상대적
으로 느긋한 반응을 보인다. 중국과 유로존은 다른 나라를 공격하지
않고 수비에만 열중하면 된다. 향후 약 10년 동안은 중국의 무역 흑자
가 유지될 것으로 보이기 때문에 중국의 외환 보유고가 고갈될 위험
은 거의 없다. 또 현재 중국의 자산이 70조 위안에 달해 재정 위기가
발생할 가능성도 매우 적다.

현재 중국이 안고 있는 주된 문제는 자산 거품, 즉 도시의 주택 가
격 과열이다. 부동산 가격 거품이 계속될 경우, 은행 시스템의 안정을
해칠 우려가 있다. 하지만 중국 정부가 이미 이 문제의 위험성을 인식
하고 각종 정책을 통해 거품을 줄이려고 노력하고 있다. 이 문제는 1
인당 평균 소득이 상승하고 농촌 자산의 화폐화가 실시되면 차츰 해
소될 것으로 보인다. 농촌 자산의 화폐화가 그동안 중국의 잠들어 있

던 절반의 부를 깨울 수 있다면 중국은 부동산 거품을 걷어 내고 향후 10년간 경제 성장을 위한 새로운 원동력을 얻을 수 있을 것이며 중국 경제의 대외 의존도가 하락해 달러 강세를 방어할 수 있는 능력도 점차 강해질 것이다.

만약에 중국 금융 시장이 성숙해지면 위안화가 외부의 금리와 환율에 휘둘리지 않고 달러에서 완전히 독립할 수 있다.

하지만 일본의 경험을 돌이켜 보건대, 산업이 고속 성장기에 있는 국가들은 달러 강세를 방어하는 데 예상 밖의 강한 능력을 가지고 있다. 1980년대에 강달러 정책이 서유럽 국가의 경제를 5년 동안 침체시켰지만 일본 경제는 지속적인 성장세를 유지하고 자산 가격도 상승했다. 그 중요한 원인 중 하나가 일본 산업이 1970년대 말부터 고속 성장기로 들어서면서 달러가 강세를 보인 5년 동안 일본이 컴퓨터, 고급 정밀 기계, 자동차 등 고부가가치 산업에서 미국과 유럽을 따라잡았기 때문이다.

요컨대 현재의 여러 지표들을 살펴보면, 중국은 향후 몇 년간 강달러를 방어할 수 있는 능력이 점점 더 강해질 것으로 전망된다. 강달러가 중국의 자산 거품을 붕괴시키고 금융을 통해 중국에 치명적인 피해를 입힐 수 없다면 세계의 공장인 중국과 세계적으로 큰 시장을 형성하고 있는 개발도상국에서 대규모 경제 불황이 나타날 가능성도 적다. 결국에는 달러의 글로벌 순환 시스템이 강한 힘을 내지 못하고, 강달러를 앞세워 중국의 부를 수탈하겠다는 미국의 계획도 수포로 돌아갈 것이다.

미국인들이 가장 두려워하는 것은, 달러가 강세로 전환된 후 중국이 다른 브릭스 국가들과 함께 달러를 배제하고 또 다른 강력한 경제 블록을 구축하지 않을까 하는 점이다. 현재 중국과 다른 나라들의 통화 스와프 규모가 이미 2조 위안 규모로 늘어났다. 그러므로 브릭스 국가들의 은행이 달러 강세 속에서 위안화를 중심으로 한 동맹체를 구축할 가능성도 배제할 수 없다.

6-4
키프로스 사태에 대한 유로존의 현명한 대응

　2013년 3월 키프로스의 은행 구조 조정이 또 다시 유로존 자본 시장에 파장을 일으켰다. 사실 키프로스 문제와 관련해 유로존과 미국은 판이한 해법을 내놨다. 미국은 서브프라임 위기 때처럼 사상 최대의 통화 확장 정책으로 위기를 지연시켜 다른 나라로 문제를 미뤄야 한다고 주장한 반면, 유로존은 잘잘못을 확실히 밝혀내 잘못을 저지른 당사자가 책임지도록 해야 한다고 생각했다. 유로존의 이러한 강경한 입장은 그리스 위기 때보다도 훨씬 확고했다. 그리스 위기 당시 채권단들이 어쩔 수 없이 부채 생각을 해 줘야 했듯이 키프로스 예금자들도 부분적인 손실을 받아들일 수밖에 없었다.

　특히나 의아한 것은, 미국이 주도하는 전 세계 여론이 책임을 강조한 유로존의 해법에 냉소적인 반응을 보였다는 사실이다. 많은 사람들이 유로존의 이런 방식이 선례를 남겨 유로존에 대한 국제 자본의 신뢰도를 떨어뜨릴 것이라고 우려했다. 이처럼 흑백이 뒤바뀐 여론이 세계적으로 지지를 얻은 것은 이해할 수 없는 일이다. 중국 언론들까지도 유로화의 전망이 비관적이라는 평론을 쏟아 냈다.

이로 인해 문제의 성질이 완전히 뒤바뀌었다. 키프로스 문제에 대해 유로존은 용감하고 책임감 있는 태도를 고수했다. 키프로스 은행권의 구조 조정으로 인한 손실을 예금주들이 일부 떠안는 것이야말로 시장 경제에 부합하는 방식이다. 경제 시장에서 100퍼센트 안전한 일은 없다. 세금을 면제받기 위해 은행권에 대한 규제가 느슨하고 자금 세탁이 용이한 키프로스를 자금 도피처로 선택했다면 그에 따르는 리스크를 감수할 준비도 해놨어야 마땅하다.

선진국의 은행 파산법에는 예금 보호 한도라는 것이 있다. 키프로스의 예금 보호 한도는 10만 유로다. 미국은 금융 위기를 맞이하게 되자 예금 보호 한도를 25만 달러로 상향 조정했다. 그러므로 키프로스가 10만 유로를 초과하는 부분에 대해 키프로스은행의 주식으로 전환해 주겠다고 한 것은 예금자를 상당히 배려한 조치다. 은행 파산법을 엄격하게 적용한다면 10만 유로를 초과하는 부분에 대해서는 한 푼도 돌려줄 의무가 없다.

이렇게 되자 유로존은 적극 나서며 키프로스에 메스를 들이댔다. 예금 과세 등을 포함한 은행 구제안을 받아들이지 않을 경우 구제 금융을 중단하겠다고 강하게 압박한 것이다. 이것은 유로존에 대한 신뢰도를 높이기 위한 행동이었으며 앞으로 유로존에서 더 큰 금융 위기가 일어나는 것을 방지하기 위한 예방책이기도 했다. 키프로스 사태는 피그스 PIGS 국가들에게 더 이상 다른 나라에 의존하지 않고

성실하게 책임지는 자세로 대대적인 개혁을 통해 스스로 자초한 경제 위기를 해결해야 한다는 경각심을 일깨워줬다. 이는 궁극적으로 유로존의 재정 통합 및 은행 동맹 구축에 유리한 일이다.

유로존 전체로 따져보자면 부채 수준은 그리 높지 않다. 심각한 부채를 안고 있는 것은 피그스 5개국뿐이다. 그러므로 미국이 유로존에 대한 공세를 강화할 경우 유로존의 재정 통합은 더 앞당겨질 수 있다. 유로존의 재정 통합은 유로화의 가장 큰 약점이 해결됨을 의미한다.

S&P가 2012년 말 그리스의 국가 신용 등급을 단숨에 6단계나 상향 조정한 것에서 보듯이, 유로화를 자칫 너무 옥죄게 되면, 의도와는 완전히 다른 방향으로 사태가 진전될 수 있음을 미국도 알았을 것이다. 미국이 생각하는 최악의 시나리오는 이런 것이다. 유로존이 키프로스나 그리스 같은 작은 회원국들을 추방하고 모든 회원국들에게 재정을 불성실하게 운용하는 국가는 엄격히 처벌해 유로화의 신용을 회복할 것이라는 단호한 의지를 표명하는 것이 바로 그것이다.

피그스 국가를 제외한 다른 회원국들은 부채 문제가 그리 심각하지 않기 때문에 유로존의 상황이 아무리 악화된다 해도 유로존이 해체될 가능성은 거의 없다. 마찬가지로 현재 무역 결제 통화 및 준비 통화 가운데 유로화가 차지하는 비중도 현재 수준으로 유지될 것으로 예상된다. 현재 유로화의 비중이 유로화 출범 이전 서유럽 각국의 통화가 가지고 있던 비중을 모두 합친 것과 비슷하기 때문이다. 따라서 향후 몇 년간은 달러와 유로화가 팽팽하게 대치하고 있는 현재의 구도에 큰 변동이 나타날 가능성은 거의 없다.

예상하건대, 앞으로 3~5년 사이 중국이 주택 가격의 거품을 효과적으로 통제하고 유로존이 전략적으로 큰 실수를 저지르지만 않는다면 미국은 달러 가치를 급반등시키기 어려울 것이다.

7장_
달러 패권의 붕괴

7-1
미국 실업률 하락은 착시 효과

2013년 3월 5일, 미국의 주식 투자자들은 오랜 시간 기다려온 날을 비로소 맞이하게 되었다. 이날 세계 최대 자본 시장의 가장 중요한 지수인 다우 지수가 14252.16으로 1896년 탄생한 이래 최고를 기록했다. 투자자들은 오래전부터 이날을 기다렸다. 다우 지수가 사상 최고 기록을 세우는 데 가장 크게 기여한 것은 미국 노동부가 발표한 미국의 고용 지표였다. 2013년 2월 미국의 실업률이 7.7퍼센트로 2008년 이래 가장 낮았다. 금융시장에서는 2015년 실업률을 6.5퍼센트까지 떨어뜨리겠다는 연준의 목표가 비로소 달성될 것이라는 기대감이 충만했다. 그런데 또 다른 통계 지표를 보면 현실이 그리 녹록치만은 않다. 아이러니하게도, 미국의 실업률이 사상 최저 기록을 경신한 그달 미국의 경제 활동 인구도 최소를 기록했기 때문이다. 2013년 2월 미국의 경제 활동 인구가 1월의 63.6퍼센트에서 63.5퍼센트로 전월 대비 0.1퍼센트포인트 감소해 2008년 이래 가장 적었다.

사실상 미국의 실제 실업 상황은 미국 정부가 발표한 통계 자료보다 훨씬 심각하다. 2012년 대선에서 롬니 공화당 후보가 오바마 정부가 발표하는 실업률 통계가 가공된 것이라고 폭로하며 "미국의 실제 실업률은 11퍼센트가 넘는다"라고 주장했다. 안타깝게도 롬니의 말은 사실이다. 미국 노동부는 경제 활동 인구수를 줄여 실업률이 계속 하락하고 있는 것 같은 착시 효과를 내고 있다. 현재 미국의 경제 활동 인구는 미국이 10년간 스태그플레이션을 겪었던 1970~1980년대와 비슷한 수준이다. 이 같은 경제지표만 보더라도 미국에서 경제 위기가 계속되고 있음을 알 수 있다. 국가에서 지급하는 실업 연금을 받으며 더 이상 구직활동을 하지 않으려는 미국인, 즉 경제 활동 인구에 포함되지 않는 사람들의 수가 기하급수적으로 증가했다. 2008년 1월부터 미국에서 경제 활동 인구에 포함되지 않는 사람들이 1,000만 명 증가했다. 이 1,000만 명 중 절대 다수는 실업 연금을 받거나 그동안 모아 놓은 돈으로 생활하는 사람들이다.

이 같은 경제지표로는 다음과 같은 해석이 가능하다. 실제 실업률이 높다는 것은 현재 나타나고 있는 미국의 경제 성장이 순전히 연준이 달러를 찍어내 자산 가격을 끌어올린 덕분이라는 방증이라는 것이다. 2015년 미국의 통화 확장 정책이 목표를 달성한다고 가정해보자. 부동산 가격이 상승해 2007년 고점을 돌파하고 주식 시장도 호황을 누려 GDP 대비 주식 시가 총액이 140퍼센트라는 사상 최대치까지 증가했으며 실업률이 6.5퍼센트까지 하락하고 경제 성장률은 3퍼센트 선을 회복했다고 치자. 그렇게 된다면 연준이 강달러 정책으로 전환하려 하지 않을까?

　당연히 연준은 전환하려 할 것이다. 미국 금융 전략의 핵심이 바로 달러 가치 급등과 급락의 차로 인한 이익을 이용해 타국의 부를 수탈하는 것이기 때문이다. 과거 12년간 달러 가치를 떨어뜨렸으므로 이제는 달러 가치를 급등시켜 또 한 번의 금융전쟁을 성공적으로 완수하고 다른 나라의 부를 수확해야 할 차례다. 그래야만 700조 달러의 미국 금융 자산이 탄탄한 수익원을 얻을 수 있다. 만약 달러를 강세로 전환시키지 않는다면 그토록 오래 이어 온 금융 전략이 실패로 돌아가는 돌아가게 될 것이다.

7-2
두 가지 가능성, 그러나 결과는 하나

2015년을 전후해 미국의 통화 확장 정책이 목표를 달성해 미국 경제가 호조를 보인다면 미국이 내놓을 수 있는 통화 정책은 두 가지가 있다.

첫째, 연준이 연방기금금리를 대폭 인상하고 보유하고 있는 자산의 일부를 매각해 통화를 회수함으로써 달러 가치를 끌어올려 달러의 제3차 전략 주기를 마무리하는 것이다.

그런데 이 같은 정책은 상당한 리스크를 내재하고 있다. 이 정책을 선택할 경우 제일 먼저 미국의 자산 거품이 붕괴될 가능성이 가장 크다. 700조 달러의 금융 자산은 실물 경제 성장이 아니라 순전히 통화 확장 정책, 즉 저금리와 유동성 공급을 통한 자산 가격 상승으로 지탱된 것이다. 따라서 통화 확장 정책이 끝나 유동성이 원상복귀되고 금리가 인상돼 재무 비용이 상승한다면, 금융 자산의 가격이 높을 때 처분해 이익을 실현하려는 사람들이 많아져 자산 가격이 폭락할 수 있다. 금융 자산을 처분하려는 사람들이 대거 등장할 경우, 서브 프라임 위기보다 훨씬 심각한 위기가 미국에 몰아닥칠 수 있다. 이것이 바로 연준이 제5차 스트레스 테스트에서 미국의 자산 가격이 절반으로 급락하고 경제 성장률이 5퍼센트의 마이너스 성장을 기록하며 실업률이 12퍼센트까지 급등하는 최악의 상황을 가정한 진정한 이유다.

만약 우리가 상정한 이러한 경우가 발생한다면, 미국의 유일한 희망은 세계 다른 나라의 경제가 미국보다 더 심각한 위기에 빠져 달러 가치가 절상되자마자 타국의 자산 거품이 순식간에 붕괴되는 것이다. 그렇게 된다면 미국은 자국만의 자본 무한 발행 특권을 이용해 제일 먼저 타국의 자산, 특히 중국의 자산을 대대적으로 사들일 것이다. 이 방법은 아주 비열한 방법으로, 한마디로 자국의 손실을 감수하면서 타국에 더 큰 손실을 초래하는 전략이다.

그러나 지금의 상황으로 볼 때 중국과 유로존이 향후 수년 내에 미국보다 더 거대한 자산 거품이 발생하는 것을 잠자코 받아들일 가능성은 없다. 반대로 중국과 유로존 모두 자산 거품과 부채 문제를 해결하는 데 주력할 것이다. 그러므로 중국과 유로존이 치명적인 실수를 저지르지 않는 한 달러가 강세로 반전되더라도 세계 다른 나라에서 미국보다 더 심각한 위기가 발생하지는 않을 것이며 결국 달러는 잠시 반등했다가 다시 폭락하게 될 것이다.

또 다른 가능성은 연준이 자국의 자산 가격 붕괴를 우려해 자산 매각이나 금리의 대규모 인상을 통해 달러 가치를 절상시키지 못하고 입소문으로 또는 통계의 착각을 동원해 달러 강세를 유도하는 것이다. 그러나 이 전략은 완벽하지 못해서, 달러의 강세가 아닌 약세를 유발할 수밖에 없다. 설령 달러 인덱스가 반등한다 해도 103을 넘길 수 없을 것이므로(달러 인덱스는 100이 기준이며 100 이하는 약세, 100 이상은 강세로 간주한다.) 이것으로는 타국의 자산 가격을 폭락시키는 효과를 거둘 수 없다.

오히려 재무제표상으로 미국 경제의 지표가 회복되면 미국 자본 시장의 거래가 크게 활발해지고 또 한 번의 달러 자본 대확장기가 시작될 것이다. CDS(신용부도스와프) 거래량이 크게 증가하면 금융 기관의 자본금도 크게 늘어나고 이것이 달러 자본의 세계적인 확산을 불러오는 것이 대표적인 예다. 이렇게 되면 2021년을 전후해 달러가 새로운 약세 주기로 들어설 수 있다.

그러므로 앞에서 전제한 두 가지 가능성 중 어떤 쪽이 실현되든 2021년을 전후해 달러가 강세로 반전되기보다는 다시 약세가 지속될 것이다. 그렇게 되면 국제 자본 시장에서 달러의 강세 반전에 관한 갖가지 예측들이 자취를 감추고 그 후 몇 년간 달러 인덱스가 사상 최저를 기록할 것이며 심하게는 60선을 위협할 수도 있다.

대공황 전문가로 유명한 버냉키 전 연준 의장은 아마도 기록적인 역사가 다시 한 번 반복될 것임을 예상하고 있을 것이다. 연준이 1913년 설립된 이래 100년의 세월을 거치며 GDP 대비 연준의 자산 비중에 두 번의 절정기가 있었다. 첫 번째는 1929년 대공황 직후다. 당시 연준의 자산이 급격히 증가해 GDP 대비 약 20퍼센트까지 늘어났다. 루스벨트의 뉴딜 정책으로 인해 발생한 재정 적자의 대부분을 연준이 자산을 매입하는 방식으로 부작용을 감수해 왔기 때문이다. 두 번째 절정기는 바로 지금이다. 서브프라임 위기 이후 연준의 자산이 또다시 GDP 대비 약 20퍼센트까지 증가했다.

첫 번째 절정기는 1929년부터 1950년까지 대략 20년간 지속됐으며 그 후 서서히 감소했다. 그 20년 동안 미국 경제에 무슨 일이 있었던 것일까? 당시 미국 경제는 절정기의 호황을 누리며 연평균 약 8

퍼센트의 GDP 성장률을 기록했다. 미국은 1929년 대공황을 겪은 후 약 20년간 통화 확장 정책을 유지하다가 경제가 절정기에 이르러 고속 성장을 누린 후 통화 확장 정책에서 차츰 빠져나왔다.

그렇다면 서브프라임 위기 이후 미국의 통화 확장 정책이 1930~1940년대만큼 실물 경제를 고속성장시켰을까? 이제 연준이 통화 확장 정책을 천천히 거둬들일 때가 됐을까? 안타깝게도 여러 가지 상황과 경제 지표들을 종합해 보건대 연준은 이 임무를 완수할 수 없다. 미국 정부가 뉴딜 정책을 내놓은 첫해인 1933년, 미국 경제는 6퍼센트가량 성장했고 그후 수년 동안 경제 성장률이 8퍼센트를 웃돌았다. 그런데 서브프라임 위기 이후 미국은 사상 최대 규모의 통화 확장 정책을 실시했지만 미국의 경제 성장률은 2.5퍼센트 선에 머물렀다. 그러므로 지난 두 번의 달러 강세의 전략 주기 때처럼 달러가 강세로 급반전되는 역사는 재연되지 않을 것이다. 아마도(불행하게도) 또 다른 역사가 우리 앞에 재연될 것이다. GDP 대비 연준의 자산 비중이 절정에 달했던 80년 전의 역사 말이다.

연준은 상당히 오랜 기간 동안 통화 확장 정책을 완전히 거둬들일 수 없을 것이다. 통화 확장 정책이 완전히 종료됐다고 판단할 수 있는 기준은 두 가지다. 그것은 바로 연준의 자산 대량 매각과 연방기금 금리의 급격한 인상이다. 물론 연준은 양적 완화의 규모를 단계적으로 줄이다 최종적으로 자산 매입을 중단하겠지만 GDP 대비 연준의 자산 비중이 서브프라임 위기 이전의 약 6퍼센트까지 줄려면 상당히 오랜 시간이 걸릴 것이다. 그 시간이 얼마나 오래 지속될까? 1929년 이후의 역사를 되돌이켜 보건대 그 기간이 약 20년까지 연장될 수 있다. 예측하건대 앞으로 약 15년 동안 GDP 대비 연준의 자산 비중이 15~20퍼센트 선에서 유지될 것이다. 연준에게는 아주 긴 시간이 필요하다. 미국의 GDP가 증가하고 연준이 보유한 금융 자산의 만기가 도래한 후에야 연준의 자산 규모가 절정기에 달했다가 완만한 속도로 감소할 것이다. 아니, 어쩌면 현실적으로는 이것조차도 힘들다. 미국의 GDP가 고속 성장을 실현할 가능성이 거의 제로에 가깝기 때문이다.

통화 확장 정책이 지속되고 경제는 저성장의 늪에서 허우적거리는 상황은, 오래전 일본의 잃어버린 15년과 매우 흡사하다. 하지만 일본의 경우와는 반드시 동일하지 않은 것이, 달러가 국제 통화이고 미국이 군사, 정치, 경제 분야에서 세계 최강국이기 때문에 미국은 자국이 일본처럼 전락하도록 내버려 두지 않을 것이기 때문이다. 미국 정부가 갖가지 대내외 정책을 내놓으며 침체의 늪에서 벗어나려고 안간힘을 쓸 것이다. 그러나 역사의 거대한 물결을 되돌릴 수는 없다. 미국의 국력 약화는 필연적이다.

미국은 현재 자국의 경제 문제에 가로막혀 금융 전략을 마음껏 휘두를 수 없는 상황에 봉착해 있다. 국제 자본 시장이 요동치지 않고 각국의 금융 자산에 거대한 거품이 발생하거나 붕괴하지 않는다면 미국의 금융 핵무기와 자본 무한 발행 특권도 타국의 부를 수확할 방법이 없다. 달러의 위상이 계속 추락해 2022년 경에는 국제 준비 통화 가운데 달러가 차지하는 비중이 사상 최소인 50퍼센트 선까지 뒷걸음질 칠 것이다.

　서브프라임 위기 이후 경제학자 크루그먼은 레이건이 표방한 신자유주의가 미국을 망쳤으며 오늘날 미국에 발생한 금융 위기도 그의 신자유주의 때문이라고 주장했다. 그러나 크루그먼은 미국식 신자유주의의 본질을 제대로 이해하지 못했거나 아니면 알면서도 모른 척하고 있다. 워싱턴 컨센서스라고도 불리는 미국식 신자유주의는 사실상 미국의 장기적인 금융 전략에 이론적 기초로 작용했다. 미국식 신자유주의라는 명칭이 붙은 것은 이 이론이 신자유주의를 계승한 것이 아니라 오히려 신자유주의에 철저히 위배되기 때문이다. 미국식 신자유주의를 신자유주의와 동일시한 주장은 인류 역사상 가장 큰 거짓말이다.

　그런데 이 두 가지 이론은 논리의 출발점부터 완전히 다르다. 신자유주의는 화폐의 무한 발행이 불가능한 금 본위제를 바탕으로 했지만, 이와는 다르게 미국식 신자유주의는 화폐와 자본의 무한 창출이 가능한 달러와 그 달러가 가진 국제 통화의 권력을 바탕으로 하고 있다.

신자유주의 창시자 루트비히 폰 미제스와 신자유주의 집대성자 프리드리히 하이에크가 저서를 발표했을 때는 금 본위제나 금환 본위제 시대였다. 미제스가 논문 〈사회주의 공화국의 경제적 계산〉을 발표한 1920년에는 소련을 제외한 다른 서방 국가들은 모두 금 본위제 또는 금환 본위제를 실시하고 있었다. 사회주의에 반대한 미제스의 이론도 본질적으로 금 본위제 경제를 기반으로 하고 있다. 하이에크의 대표작인 〈노예의 길〉이 출간된 1944년에도 세계는 금 본위제 또는 금환 본위제 시대였다.

금 본위제를 기반으로 하는 시대에는 자본이 유한할 수밖에 없다. 이 점은 신자유주의의 가장 기초가 되는 전제이자 핵심이다. 이 전제에 의문을 제기하는 것은 사람이 살기 위해 왜 공기가 필요한지 묻는 것과 같다. 당시 각국은 금 본위제나 금환 본위제 또는 기타 귀금속 본위제를 실시하고 있었으므로 신자유주의학파 경제학자들도 이에 대해 일체의 언급을 하지 않았다. 그러나 신자유주의학파의 대가인 하이에크의 다른 글을 통해 금 본위제나 귀금속 본위제가 신자유주의 이론의 논리적 출발점임을 확인할 수 있다.

하이에크는 1937년에 발표한 〈화폐 국가주의와 국제 안정성〉(1937)이라는 논문에서 자신을 "금 본위제의 굳건한 신봉자"라고 말했다. 그는 정부의 화폐 발행을 통제할 수 있는 수단이 없다면 정부가 이러한 권리를 남용할 수밖에 없으며 이는 통화 남발로 인한 인플레이션과 사회자본에 대한 정부의 과도한 통제를 낳고 결국에는 개인의 자유를 위협하게 된다고 주장했다. 1971년 8월 미국이 달러의 금 본위제를 정식으로 폐지하자 하이에크는 이것이 자유주의 사회의 실패를 초래할 것이라고 비난했다.

"나는 인플레이션이 발생하면 모든 서방 국가들이 가격 통제를 실시해 계획 경제로 전환될 것이라고 예언한 바 있다. 누구도 용감하게 인플레이션 정책을 중단하지 못한다. 인플레이션을 유발하지 않으면 실업률 상승을 막을 길이 없기 때문이다. 사람들은 인플레이션이 멈추면 실업률은 곧 다시 상승할 것이라고 생각한다. 그들은 물가가 계속 올라 더 이상 생활할 수 없는 지경에 다다른 후에야 비로소 가격 통제를 통해 인플레이션을 억제하려 할 것이다. 물론 이것은 시장 경제 체제의 종말과 자유 정치 질서의 종말을 의미한다. 그러므로 인플레이션을 지속적으로 억제하지 않는다면 시장 경제와 자유 제도는 결국 소멸할 것이다. 그렇게 되기까지 10년 남짓한 시간이 걸리겠지만 나는 아무래도 상관없다. 그 10년 동안 내가 죽어 이 세상을 떠나기를 바라기 때문이다."

〈노예의 길〉에서 하이에크는 사실상 무한 권력에 해당하는 화폐 발행 권력을 통제하지 않으면 시장 경제가 멸망하고 노예가 될 것이라고 주장했다. 하이헤크는 소련의 사회주의를 반대하고 파시즘을 부정했지만 서방의 케인스주의에도 반기를 들었다. 이 세 가지 이론의 공통점이 바로 금 본위제의 근본성에서 벗어난다는 데 있다. 하이에크는 금 본위제가 건재하는 한 무한한 자원을 점유한 국가 또는 무한 권력을 가진 초국가적 주체가 등장할 수 없을 것이라고 주장했다. 〈노예의 길〉에서 하이에크는 이 초국가적 주체를 '국제 계획 경제'라고 불렀다.

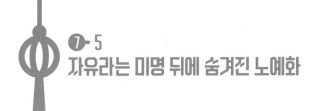

7-5
자유라는 미명 뒤에 숨겨진 노예화

아이러니하게도 '금' 본위 시대에는 자유주의가 유행하지 않았다. 자본의 자유로운 이동을 주장하는 자유주의가 '금' 본위제를 시행하고 있는 국가의 이익에 부합하지 않았기 때문이다. '금' 본위제 시대에는 모든 국가의 자본 창출 능력이 금이나 은 같은 귀금속의 제한을 받았다. 다시 말하면 각국의 자본과 통화 창출 능력이 무한하지 않고 실제적으로는 유한했다는 의미다. 국력이 아무리 강한 나라라도 자본 부족에 대한 부담감에서 자유로울 수 없었다. 신자유주의 정책이 '금' 본위 시대에는 인정받지 못하다가 '금' 본위제가 폐지된 1970년대 이후에야 유행하기 시작한 이유가 여기에 있다.

1920~1930년대 대영제국은 세계 최대 강대국이었지만 영국 파운드화의 패권은 금 본위제 또는 금환 본위제를 기초로 했으므로 태생적으로 영국도 자본이 충분하지 못했다. 자본의 자유로운 이동을

주장하는 신자유주의가 영국에서 환영받지 못했음은 당연한 일이다.

제2차 세계대전 이후 세계 패권국인 미국은 트루먼 정부에서부터 아이젠하워, 케네디, 존슨, 닉슨, 포드, 카터 정부에 이르기까지 모두 신자유주의가 아닌 케인스주의를 표방했다. 금 본위제를 시행하는 미국에서 자본의 자유로운 이동을 주장하는 신자유주의는 사실상 얻을 수 있는 것보다는 잃을 것이 컸기 때문이다. 금 본위제하에서는 국제 통화인 달러도 통화 및 자본 창출 능력이 금 보유량에 의해 통제됐으므로 미국도 대영제국처럼 자본 부족에 대한 부담감 때문에 달러 유출을 제한해야 했다.

그러던 미국이 1980년대 이후 자유주의의 깃발을 펄럭이며 이를 바탕으로 워싱턴 컨센서스를 발전시킨 것은 그들의 통화 발행 메커니즘에 획기적인 변화가 발생했기 때문이다. 국제 통화인 달러가 금 본위제를 포기한 후 미국은 이론상으로 통화와 자본을 무제한(자신들의 실리에 따라) 공급할 수 있게 됐다. 미국의 통화 발행 구조와 제도에 획기적인 변화가 생긴 후에도 다른 나라들은 상당히 오랜 기간 동안 금 본위제의 구시대적 사고방식에서 탈피하지 못했다.

1971년 달러가 금과의 연결 고리를 끊은 후 미국은 굳이 더 이상 자본을 창출하기 위해 물질적인 부를 수출할 필요가 없게 되었다. 미국은 굳이 금 같은 귀금속을 사들이지 않아도 세계의 수용 능력을 기준으로 달러 자본을 창출하고 수출할 수 있었다. 더 이상 자본이나 상품 같은 실물을 수출해야 할 필요가 없어졌고, 설령 수출한다 해도 수지가 맞지 않았다. 이 때문에 그 후 30년 동안 미국 경제는 장기간 무역 적자 상태를 유지했다. 이것은 워싱턴 컨센서스의 필연적인 결과

이자 전략적 목표를 실현하기 위해 거쳐야 할 과정이었다. 미국의 목표는 강력한 무기인 달러를 앞세워 세계 산업의 가치 사슬 속으로 깊숙이 침투함으로써 화수분처럼 영원토록 샘솟는 수익을 얻는 것이었다. 워싱턴 컨센서스는 이런 전략적 목표에 부응해 화려하게 등장한 것이었다.

미국식 신자유주의는 인권, 민주, 자유 등 보편적인 호소력을 가진 가치관과 미국의 자본 무한 발행 능력을 교묘하게 접목시킨 이론이다. 미국인들은 자신들의 금융 전략을 인권, 민주, 자유 등 사상적 가치관으로 화려하게 포장하고, 달러 자본의 무한 발행이라는 실질적인 속셈은 깊숙하게 숨겼다.

미국은 워싱턴 컨센서스를 세계 각국으로 확산시켜 세계에서 유일하게 자본 무한 창출 능력을 가진 나라가 되었다. 워싱턴 컨센서스는 노골적으로 표현하자면 곧 미국의 자유이며 세계 각국을 미국이 가진 절대 자유 안에 구속하는 것이다. 신자유주의학자들의 본래 의도와는 완전히 위배된다. 신자유주의의 허울을 쓰고 탄생한 워싱턴 컨센서스의 본질은 신자유주의에 대한 부정이다.

미국은 현재 마치 자신들이 조물주나 된 것처럼 화폐와 자본을 무한 창출하고 있다. 그런데 미국은 무엇인가? 세계 여느 나라와 다를 바 없는 일개 국가일 뿐이다. 다른 나라들에게 워싱턴 컨센서스는 곧 자유가 아니라 '미국 자본의 노예화'를 의미한다. 워싱턴 컨센서스가 추구하는 금융 자유화가 세계 경제의 글로벌화를 확산시키겠지만 그렇다고 전 세계의 미국 자본에 대한 노예화라는 근본적인 본질이 바뀌지는 않는다.

위안화와 유로화의 부상으로 미국 자본의 노예화가 종말을 고할 것이다

물론 다른 나라들도 이 사실을 잘 알고 있다. 그렇기 때문에 1970년대부터 미국의 전 세계에 대한 달러의 수탈에 저항하기 위한 금융전쟁이 끊이지 않는 것이다. 이런 저항은 국가나 정치적 성향과 무관하게 범세계적을 나타났다. 1970년대부터 1980년대 후반까지 서유럽이 실패했고 1980년대 말에는 소련이 실패했으며, 1980년대 말부터 1990년대 말까지 일본 또한 실패했다. 그 후에도 동남아, 남미, 러시아 등의 저항이 있었지만 번번이 수포로 돌아갔다. 그들의 실패는 단지 그들이 지닌 지혜가 부족했거나 그 나라의 정치가들이 무능했기 때문이 아니다. 달러 패권을 무너뜨릴 수 있는 조건이 성숙하지 않았기 때문이다.

나관중의 〈삼국지연의〉를 보면 제갈공명이 바람을 부르고 비를 만들며 천지조화를 부리는 능력을 가졌고 조조도 누구보다 강한 의지와 능력을 겸비한 영웅이었으며 주유와 육손도 용병의 천재들이었지만 누구도 천하삼분의 대세를 거스르지 못했다. 모두가 염원하던 삼국 통일은 50년이 흐른 뒤 사마씨의 후손들에 의해 실현됐다. 사마씨의 후손들이 통일을 이룰 수 있었던 것은, 제갈공명이나 주유보다 더 능력이 뛰어났기 때문이 아니다. 그들의 능력은 삼국의 영웅들과는 비견될 수 없을 만큼 약했지만, 조조, 유비, 손권이 일생을 바쳐도 이루지 못한 위업을 달성했다. 그 원인은 바로 그들이 처해 있던 시기에 있다. 천하 통일이 사람의 힘만으로 되는 일이 아니라 삼국이 각각 안정기를 거치며 발전하고 옥토를 가장 많이 보유한 위나라가 다른 두 나라를 압도할 만큼의 실력을 기르기까지 "시간(시기)"이 필요했기 때문이다.

마찬가지로 달러 패권을 붕괴시킬 수 있는 진정한 원동력은 정치가들의 열망이나 교묘한 전략이 아니라 거스를 수 없는 대세에 있다. 세계 정치와 경제에 막을 수 없는 거대한 흐름이 나타나는 시기가 도래해야 비로소 달러의 패권을 무너뜨릴 수 있다. 이런 대세가 나타났음을 알려주는 가장 큰 신호가 바로 위안화의 부상이다.

물론 귀금속 본위제는 역사의 무대에서 사라진 지 오래다. 미국 자본의 노예에서 벗어난다 해도 세계가 귀금속 본위제로 회귀하는 것은 결코 아니다. 오히려 또 다른 방식을 통해 화폐 및 자본 창출의 새로운 축이 생겨나 미국이 유일하게 가지고 있는 화폐 및 자본의 무한 발행 특권이 무력해질 것이다. 인류의 역사가 더 공평해지고 부의 분배가 균형을 찾아가는 과정에서 위안화와 유로화가 중요한 역할을 수행하고 있다.

8장_
다시, 대국을 꿈꾸는 중국

8-1
금융업을 개혁할 수 있는 절호의 기회

    과거 중국 정부는 도시 주택 화폐화에 필요한 자금을 제조업 무역 흑자와 외자 직접 투자를 통한 수입으로 충당했다. 이를 그대로 보여주는 것이 외환 보유고 증가다. 2000년 1월 1,561억 달러였던 중국의 외환 보유고가 2013년 1월에는 무려 3조 3,100억 달러까지 증가했다. 13년간 20배나 불어난 것이다. 같은 기간 중국은 20여 조 위안의 자금을 투입해 도시 주민들에게 130조 위안이 넘는 부를 창출시켰다.

    중국 국가 발전 및 개혁 위원회는 중국의 도시화에 10년간 약 40조 위안의 자금이 필요할 것으로 예상하고 있다. 이는 결코 적은 액수가 아니다. 더 나아가 앞으로는 중국의 외환 보유고가 과거처럼 기하급수적으로 증가할 수도 없고 또 그렇게 빠르게 증가해서도 안 될 일이다. 외환 보유고 증가는 위안화 국제화라는 중국의 목표와는 상충

되기 때문이다. 게다가 외환 보유고가 빠르게 증가할 수 없어, 외환 보유고를 통해 본원 통화를 늘리는 방법 또한 계속 사용할 수 없다.

그렇다면 중국은 나머지 절반의 부를 활성화하기 위한 자금을 어디에서 얻을 것인가?

답은 간단하다. 중국 정부는 현재 보유하고 있는 자금을 활용해야 한다. 이 방법을 사용할 경우 일석이조의 효과까지 거둘 수 있다. 첫째는 중국 경제에 낀 자산 거품을 제거할 수 있으며, 둘째로는 금융 강국으로 도약하는 발판까지도 마련할 수 있다.

자산 거품의 제거 효과는 쉽게 확인해 볼 수 있다. 현재 중국 도시의 1인당 소득 대비 주택 가격은 전 세계적으로 비교해 보아도 매우 높은 편이다. 이는 결국, 부동산 가격에 거품이 끼어 있는 것을 뜻한다. 물론 여기에는 통화 과다 발행, 부동산 투자를 선호하는 중국인들의 전통적인 성향 등 여러 가지 원인이 있다. 농촌 택지의 화폐화가 시작되면 도시 부동산에 투자했던 자금들 가운데 일부가 농촌으로 이동하게 된다. 이는 또한 도시의 주택 가격을 끌어내리고 부동산 거품이 줄어드는 효과가 나타날 것이다.

더 중요한 점은 농촌 자산의 화폐화가 금융업 개혁에 두 번 다시 오지 않을 절호의 기회라는 사실이다. 이 기회를 잘만 활용한다면 중국의 금융 시장은 세계적으로 비교해 보아도 뚜렷하게 비약적으로 발전할 수 있다. 이해를 돕기 위해 몇 가지 통계 자료를 살펴보자.

2012년 중국의 GDP와 M2가 각각 51조 9,300억 위안과 97조 4,200억 위안이었다. 같은 해 미국의 GDP와 M2는 각각 15조 6,000억 달러와 11조 달러였다. M2가 GDP에서 차지하는 비중을 고려해 보면 중국의 은행 대출 비율이 너무 높다. 중국의 대출 시장이 은행 대출에 지나치게 의존하고 있는 것이다. 그런데 미국의 경우는 정반대다. 미국은 전체 대출액 가운데 은행 대출이 차지하는 비율이 매우 낮은 편이다.

미국이 처음부터 은행 대출 비율이 낮았던 것은 아니다. 미국도 M2(한 나라의 통화공급량)가 폭발적으로 증가한 시기가 있었다. 1970년대 미 경제 성장률은 연 4퍼센트를 밑돌았지만 M2 증가율은 약 14퍼센트에 달했다. 당시 미국도 현재의 중국처럼 은행 의존도가 매우 높았던 것이다. 그렇다면 미국은 어떻게 과도한 은행 의존에서 탈피했을까? 그 해답은 자산의 유동화에 있다. 자산 유동화를 통해 금융업을 크게 발전시킨 덕분에 미국은 약 10조 달러의 M2만으로 700조 달러에 달하는 금융 자산을 지탱할 수 있게 됐다.

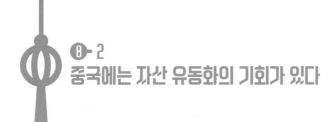

자산의 유동화란 무엇일까? 자산의 유동화는 어떤 역할을 하며, 도시화는 왜 자산 유동화의 기회가 될 수 있을까?

도시화라는 기회를 잘 이용하기만 하면 중국의 금융 시장이 비약적으로 발전할 것이라는 결론을 쉽게 얻을 수 있다. 중국 금융업은 도시화를 계기로 1980년대 미국의 금융 자유화에 버금가는 혁명적인 변화를 맞이하게 될 것이다.

모두에게 익숙한 주택 담보 대출을 예로 들어 보자. 가령 은행에 주택을 담보로 제공하고 20년 만기 연이율 5.51퍼센트의 조건으로 50만 위안을 대출받았다면 대출자가 원금과 이자를 합쳐 은행에 내야 하는 금액은 총 82만 위안이다. 대출자는 1년에 4만 1,000위안씩 은행에 내야 하고 은행은 이 대출을 통해 32만 위안의 수익을 얻을 수 있으며 연간 수익액은 1만 6,000위안이다.

주택 담보 대출은 소위 말하기를, 시간을 돈으로 바꾸는 거래라고 한다. 은행은 32만 위안을 얻기 위해 50만 위안의 자금을 20년 동안 대출로 묶어 놓을 필요가 있다. 그런데 예를 들어, 은행에 앞의 경우보다 더 좋은 대출 기회가 찾아왔고, 마침 신용 공여 한도가 꽉 차 더 이상 대출을 해줄 수 없는 상태라고 해 보자. 은행은 기존 대출을 다른 금융 기관에 매각한다. 이렇게 하면 기존 대출을 팔아 이익을 얻음과 동시에 50만 위안이라는 신용 공여 한도가 회복되므로 다른 사람에게 다시 50만 위안을 빌려줄 수 있다. 이것이 바로 은행의 자산 유동화다.

은행의 자산 유동화에는 주로 세 가지 역할이 있다.

첫째, 은행은 이익을 얻음과 동시에 리스크를 다른 곳으로 돌릴 수 있다. 주택 담보 대출을 계약대로 상환받지 못한다 해도 은행의 자산에는 아무런 영향이 없다. 이미 리스크를 돌려 분산시켰으므로 은행의 안정성을 유지하는 데 오히려 유리하다.

둘째, 은행은 50만 위안의 신용 공여 한도를 확보하게 돼 새로운 대출을 제공할 수 있다.

셋째, 은행 시스템에서 독립된 증권 자산이 늘어나게 된다. 바로 투자자가 은행으로부터 매입한 50만 위안의 주택 담보 대출이 그것이다. 이제부터는 대출 이자가 투자자의 이익이 된다.

그렇다면 중국의 도시화가 은행의 자산 유동화에 보기 드문 기회가 되는 까닭은 무엇일까?

오늘날 선진국들을 살펴보면 매우 기이한 현상을 발견할 수 있다. 유독 미국만이 자산 유동화 시장이 고도로 발달했을 뿐 다른 선진국에서는 자산 유동화가 활발하게 이뤄지지 않았다는 사실이다. 2008년 말 프랑스와 독일의 자산 유동화 채권 미상환액이 각각 269억 달러와 873억 달러였지만 미국은 무려 6조 9,000억 달러에 달했다. 당시 프랑스와 독일의 GDP가 미국이 약 4분의 1이었으므로 프랑스와 독일의 자산 유동화 규모가 미국의 6퍼센트에 불과했다는 계산이 나온다. 유럽에서 자산 유동화가 가장 활발한 영국도 유동화율이 미국의 30퍼센트밖에 되지 않는다.

그런데 아시아의 상황도 이와는 크게 다르지 않다. 일본 미즈호증권이 발표한 통계 자료에 따르면, 2005년 8월 일본의 자산 유동화 규모가 2조 5,000억 엔으로 약 300억 달러였지만 같은 기간 미국의 자산 유동화 규모는 약 5조 달러였다. 일본의 자산 유동화의 규모는 미국의 2퍼센트밖에 되지 않았던 것이다. 그렇다면 다른 나라들의 자산 유동화는 왜 미국에 비해 훨씬 뒤처지게 되었을까?

이에 대한 해답은 여러 가지다. 어떤 이들은 미국에서 자산 유동화가 활발히 이뤄진 것은 영미 법률 체계 덕분이라고 주장한다. 또 어떤 이들은 문화와 전통에서 원인을 찾는다. 일본은 미국에 비해 보수적인 문화를 가지고 있기 때문에 자산 유동화가 부진하다는 것이다. 사실 다른 나라들이 1970년대 이후 미국처럼 자산 유동화를 적극적으로 추진하지 못한 원인은 그들의 법률 체계 때문도, 문화나 전통 때문도 아니다. 완전히 이원화된 두 개의 시장이 출현할 만큼 금융 시장이 원활하게 발전하지 못한 것이 근본적인 이유라고 할 수 있을 것이다. 영국이나 독일의 금융 시장은 중국처럼 도시 자산은 거의 화폐화됐지만 농촌 자산은 화폐화되지 않은 두 개의 상이한 시장이 형성될 수 없었다. 이와는 반대로, 미국은 달러가 국제 통화로 작용했기 때문에 자국 외에 다른 나라에서도 달러 자본의 수요가 꾸준히 발생하여 미국 본토와는 별개인 또 다른 시장이 형성될 수 있었다. 미국의 자산 유동화 과정에서 달러 자본이 대량 수출된 것도 바로 이 때문이다. 요컨대 미국은 해외에서 달러 자본에 대한 막대한 수요가 창출됐기 때문에 미국 자국 내 자산 유동화가 활발히 이뤄진 것이다.

화폐의 자유로운 태환이 가능한 오늘날에는 달러 자본이든 엔화 자본이든 모두 똑같은 역할을 하는 자본이다. 그런데 일본이나 독일, 프랑스는 왜 달러처럼 해외에서 이원화된 시장이 형성되지 못한 것일까? 그것은 바로 그들의 통화가 국제 통화가 아니기 때문이다.

자본을 수입하는 입장에서는 통화의 종류가 그리 중요하지 않지만 자본의 수출국에게는 매우 중요한 사실이다. 타국에 자본을 수출할 때 달러를 이용해야 하기 때문이다. 예를 들어 중국이 아르헨티나에 투자할 때 직접 위안화로 투자하는 것이 아니라 먼저 달러로 바꿔야만 투자할 수 있으므로 환율 리스크를 감당해야 한다. 반면 국제 통화인 달러를 사용할 때는 그런 위험성이 없다. 달러를 빌려주고 달러로 돌려받으면 그만이다.

반면 미국을 제외한 다른 나라들은 해외 금융 자산을 통해 얻을 수 있는 수익이 크지 않다. 따라서 자본을 해외로 수출해서 얻을 수 있는 수익이 자본을 국내에 투자해서 얻을 수 있는 수익보다 훨씬 커서 정치 및 환율 리스크를 모두 상쇄할 수 있을 정도가 아니라면 굳이 자산 유동화를 추진할 필요가 없다.

중국은 현재 농촌 자산은 화폐화되지 않고 도시 자산은 고도로 화폐화된 특이한 상황에 직면해 있다. 그런데 중국의 입장에서는 이런 특이한 상황이 오히려 자산 유동화를 추진하는 데 유리하게 작용할 수 있다.

중국 정부는 향후 10년간 농촌 자산의 화폐화를 통해 막대한 부를 일으켜야 한다. 미국의 프레디맥과 패니메이 같은 회사를 설립하는 것도 나쁘지 않다. 프레디맥과 패니메이도 처음에는 공공 기관의 성격을 띠고 있었다. 프레디맥과 패니메이는 미국 정부의 지원을 받는 특수한 금융 기관으로, 은행 자산의 유동성을 높여 미 부동산 대출 시장에 제2의 시장을 개척하기 위한 목적으로 설립됐다. 프레디맥과 패니메이의 주요한 기능은 은행의 부동산 담보 대출을 매입하고 부동산을 담보로 한 MBS 채권을 발행하는 것이다. 현재 이 두 업체가 발행한 채권 총액이 약 5조 2,000억 달러로, 미 부동산 대출의 증권화 규모의 절반가량을 차지하고 있다. 이들의 자금은 주로 채권 발행을 통해 조달된다. 이 두 업체가 미 은행업의 자산 유동화에 크게 기여했다는 사실은 누구도 부인할 수 없다.

중국도 미국과 마찬가지로 이처럼 부동산 담보 대출의 증권화 기능을 수행할 수 있는 기관이 있어야 한다. 기존 기관이 이 기능을 추가로 수행할 수도 있고 프레디맥, 패니메이와 비슷한 독립된 업체를 설립해도 사실 상관이 없다. 2012년 말 중국 은행업계의 총대출액은 65조 위안이었는데 그중 12조 위안이 부동산 대출이었다. 부동산 대출은 담보물의 소유권이 명확하기 때문에 증권화가 상대적으로 용이하다.

만약에 중국에서 프레디맥과 같은 역할을 하는 기관이 설립된다면 대출의 증권화를 주도해 은행 자산의 화폐화를 촉진하고 은행이 공여 한도의 제약에서 벗어나 농촌 자산의 화폐화에 참여할 수 있는 길이 마련될 것이다. 은행 자산의 화폐화와 농촌 자산의 화폐화가 동시에 실현된다면 중국의 금융업이 비약적으로 발전하고 중국은 잠들어 있던 절반의 부를 깨워 제 역할을 발휘하도록 할 수 있다.

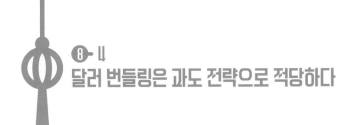

8-4
달러 번들링은 과도 전략으로 적당하다

금융 경쟁력이 미국에 크게 뒤지거나 정치적인 원인으로 미국의 영향을 크게 받는 나라에게는 달러 번들링 전략이 효과적인 방법이 될 수 있다. 여기서 달러 번들링이란 달러의 환율 주기에 기생하는 전략이다. 한마디로 달러가 약세일 때 달러를 사 뒀다가 달러가 강세로 돌아섰을 때 이득을 보는 전략을 말한다.

이 방법은 표면적으로는 환율 안정이 목표이지만 실제로는 자국의 부가 달러 자본의 수탈에 희생되지 않도록 방어하고 달러 가치의 변동 주기에 편승해 이득을 취하기 위한 것이다. 중국처럼 지속적으로 무역 흑자를 내고 있는 국가는 앞에서 말한 달러 번들링 전략을 적절히 사용할 경우 큰 이득을 얻을 수 있다. 특히 지금처럼 달러가 대반전을 앞두고 있는 시기라면 더욱 그렇다. 그렇다면 중국에서는 달러 번들링 전략을 어떻게 구사해야 할까?

현재 위안화는 자본 시장에서 자유로운 태환이 불가능하다. 때문에 중국인들이 국제적인 금융 중심지인 도쿄나 뉴욕, 런던 등에서 위안화를 사용하여 달러를 구입할 수는 없다. 달러를 사려면 우선 위안화를 자유로운 태환이 가능한 통화로 바꿔야 한다.

중국인들이 사들일 수 있는 달러는 모두 중국 기업들이 수출을 통해 벌어들이거나 외국 자본이 자발적으로 중국에 투자한 것들이다. 그런데 이런 외환들은 중앙은행이 모두를 사들이고, 중앙은행의 외화는 중국 외환관리국과 국유 투자 회사인 중국투자공사가 관리하고 있다. 그러므로 외환관리국과 중국투자공사는 2015년까지 달러 자산을 늘릴 필요가 있다.

현재 중국 정부가 공식적으로 보유하고 있는 달러 자산은 미 국채와 프레디맥, 패니메이의 기관채다. 미 재무부가 2013년 3월 15일 발표한 자료에 따르면, 2013년 중국이 보유한 미 국채가 1조 2,645억 달러로 전월의 1조 2,204억 달러에서 441억 달러 증가했다. 2012년 중국의 미 국채 보유량이 685억 달러였으며 외환 보유고는 약 1,300억 달러 증가했다. 다시 말해 2012년 한 해 동안 중국에서 새로 늘어난 외화 자산 가운데 미 국채가 절반가량을 차지한 것이다. 이러한 지표들을 통해 중국 정부가 이미 달러 번들링 전략을 구사하고 있음을 알 수 있다.

그런데 비단 이것은 중국만의 일이 아니다. 일본도 달러 번들링 전략을 구사하고 있다. 일본의 미 국채 보유량은 2013년 3월 1조 1,152억 달러로 10개월 연속 증가했다. 일본의 미 국채 보유량이 중국보다 1,493억 달러가량 적다. 하지만 일본의 전략은 중국과는 다른 점이 있다. 일본 정부와 민간 모두 어느 나라의 외환 시장에서든 자유롭게 엔화로 달러를 살 수 있기 때문에 일본 정부가 가지고 있는 달러 자산은 일본이 가지고 있는 전체 달러 자산의 일부일 뿐이다. 다시 말해, 일본이 실제로 가지고 있는 달러 자산은 중국보다 훨씬 많다.

일본뿐 아니라 세계적으로 미 국채에 투자하는 국가와 개인이 늘고 있다. 2013년 1월 국제 자본의 미 국채 보유액이 5조 6,165억 달러로 사상 최대를 기록했다. 외국 투자자들이 이미 달러가 강세로 반전될 것이라고 판단하고 사태를 전망하며 달러 자산을 매입하고 있는 것이다.

미 국채 외에 중국이 보유하고 있는 기관채는 대부분이 프레디맥과 패니메이의 채권이다. 중국이 현재 보유하고 있는 이 두 기관의 채권이 약 4,000억 달러 규모인 것으로 추산된다. 이 두 기관의 채권은 미국 정부가 보증하고 있고 전체 규모가 2조 5,000억 달러가 넘는다. 이 중 70퍼센트를 미국 국내 투자자들이 보유하고 있으며 미 금융 시장 전체를 지탱하고 있는 기반이기도 하다. 이 두 기관의 채권이 미 국채와 함께 700조 달러 규모의 미국 금융 자산을 지탱하고 있기 때문에 리스크가 발생할 가능성은 거의 없다.

프레디맥과 패니메이의 채권이 안전하지 못하다고 우려하는 사람들도 있지만 실제로는 전혀 그렇지 않다. 프레디맥과 패니메이의 채권에 문제가 생긴다면 이는 미국 금융 자산의 가격이 폭락한다는 것을 의미하며 이는 2008년 서브프라임 위기보다 훨씬 심각한 금융 위기를 초래할 것이다. 연준이 이러한 상황이 발생하도록 내버려 둘 리가 없다.

요컨대 현재 중국의 외환 자산 약 1조 7,000억 위안 가운데 달러 자산이 절반을 차지하고 있다.

일본의 경험을 토대로 본다면, 중국이 달러 자산 보유량을 늘리면 일석이조의 효과를 누릴 수 있다. 달러가 강세로 반전됐을 때 이득을 얻을 수 있는 동시에 위안화 환율을 안정시키는 효과까지 거둘 수 있다. 만약 중국 정부가 위안화 환율을 안정시키면 위안화 가치가 급락할 것이라는 비관적인 전망이 출현하는 것을 막을 수 있다. 이런 비관적인 전망은 해외 자본의 철수와 국내 자본의 이탈이라는 심각한 상황을 일으킬 수 있으므로 중국에게 매우 불리하게 작용할 수 있다.

1989년 자산 거품의 붕괴를 경험한 일본은 이후 20년간 침체기를 경험했고 미국은 1990년대 이후 경제력이 급등해 아무도 범접할 수 없는 세계 최대 경제 강국으로 우뚝 섰다. 이와 같은 사실을 토대로 본다면 이론상으로는 달러 대비 엔화 환율은 급상승했어야 한다. 그런데 실제로 일본 경제가 잃어버린 10년의 늪에서 허우적거리고 닛

케이 지수가 20년 동안 극심한 약세를 지속하는 동안 엔화는 20년간 줄곧 강세를 유지해 왔다. 일본 경제가 불황을 겪는 동안 엔화 가치는 오히려 상승한 이 기이한 현상을 어떻게 설명해야 할까?

그 해답은 바로 일본의 달러 번들링 전략에 있다. 엔화가 강세였을 때는 일본 정부와 민간에서 달러를 대규모로 매입하고 일본 금융 기관의 달러 자산이 급증해 해외에서 수익원이 많아졌다. 일본 경제가 침체기로 접어든 뒤로는 엔화 가치가 떨어질수록 일본의 해외 자산 수익이 증가해 거꾸로 엔화의 가치 하락을 막는 버팀목으로 작용한 것이다.

엔화 가치가 상승할수록 일본 정부와 민간에서 달러 매입량이 늘어나고 여기에 일본의 장기적인 무역 흑자가 더해져 엔화 가치가 20년 넘게 강세를 유지할 수 있었다. 심지어 미국 자본을 비롯한 헤지 펀드들이 엔화를 공매도했다가 소득 없이 돌아간 경우도 여러 차례가 있었다. 아마도 일본 경제나 통화 전략에 중대한 변화가 나타나지 않고 달러 번들링 전략이 유지되는 한 이런 현상은 계속될 것이다.

물론 엔화의 장기적 강세와 자유로운 태환이 가능하다는 이점이 일본 정부와 민간의 달러 자산 매입에 큰 역할을 했음은 분명하다. 안타깝게도 중국은 위안화의 자유로운 태환이 불가능하기 때문에 아직까지는 일본과 똑같은 방식의 달러 번들링 전략을 구사할 수 없다. 중국이 보유할 수 있는 달러 자산에는 한계가 있다. 무역 흑자와 핫머니를 비롯한 외국 자본의 투자로 중국에 유입된 달러를 모두 합치면 약 3조 3,000억 달러다. 그런데 중국은 아직 달러 자산을 늘릴 수 있는 여지가 남아 있다.

2015년까지 중국 정부는 유로화와 엔화, 호주 달러 등을 지속적으로 매각해야 할 필요성이 있다. 그중에서도 특히 엔화 자산을 주로 매각해야 한다. 중국이 엔화 자산을 보유하는 것은 리스크 분산의 의미가 크게 작용한다. 하지만 이제는 일본의 금융 전략이 미국과 완전히 동기화돼 리스크 분산의 효과를 기대할 수 없다.

과거에 달러가 급작스럽게 강세로 반전한 것은 거의 모두 다른 나라들이 달러를 대량으로 매도하고 있을 때 나타났다. 이유는 아주 간단하다. 각국이 달러 자산을 많이 보유하고 있을 때는 달러가 강세로 반전돼도 국제 자본이 일시에 달러로 몰려들도록 유도하기가 힘들기 때문에 미국의 금융 전략이 큰 효과를 거두기 어렵다.

그러므로 중국의 달러 자산 보유량이 많을수록 미국은 강달러 전략으로 전환하는 데 주저할 수밖에 없다. 중국이 달러 자산을 많이 보유하고 있을 경우 미국이 강달러 전략으로 중국에게 큰 타격을 입히기가 쉽지 않을 것이다. 미국의 대중국 금융 전략이 효과를 발휘하기 위해서는 중국이 보유한 외환 자산이 단기간에 급감함으로써 중국의 본원 통화가 순간적으로 위축되고 자산 거품이 한꺼번에 붕괴돼야만 한다.

앞서 설명했듯이, 중국처럼 통화가 자유롭게 태환되지 않는 나라에서는 달러 번들링 전략을 적절한 수준에서 실시할 수밖에 없다. 하지만 중국 정부가 이러한 전략에 과도하게 의존할 경우 중국 금융이 미국에 의해 좌지우지될 위험이 있다. 아이러니하게도 채권 자체가 채무성 자산이기 때문에 아무리 많이 가지고 있어도 그 어떤 권한이나 발언권을 행사할 수 없고 오히려 채무자에게 끌려다니는 상황이 발생할 수 있기 때문이다.

그런데 여기서 잠깐. 중국이 미 국채를 한꺼번에 매각해 미국을 공격할 수 있지 않느냐고 반문하는 사람들도 있다. 하지만 그것은 단지 이론일 뿐이다. 중국이 미 국채를 아무리 팔아도 미국에 피해를 입힐 수는 없으며 오히려 중국만 고스란히 리스크를 입게 된다. 미국인들이 말하는 미중 양국 간 "금융 테러의 균형"은 실제로 일어날 가능성이 제로이다.

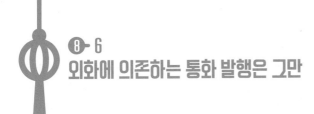

8-6
외화에 의존하는 통화 발행은 그만

현재 중국의 통화 발행 메커니즘을 살펴보면, 중국에서는 중국인민은행이 외화 매입 방식을 통해 본원 통화를 발행하고 있다. 이 방식이 확립된 것은 1993년 환율 개혁 때부터다. 그 전까지 중국은 재대출 등의 방식으로 본원 통화를 발행했다. 중국인민은행이 시중 은행에 자금을 대출해 주면 시중 은행이 그 자금을 다시 국영 기업에 대출해 주는 방식이었다. 그런데 당시 국영 기업의 시장 효율성이 상대적으로 낮아 이런 방식의 본원 통화 공급은 심각한 인플레이션이라는 부작용을 초래했다.

1994년 환율 제도 개혁을 계기로 중앙은행의 본원 통화 발행이 중앙은행의 재대출 방식에서 재대출과 외국환 평형 기금의 두 가지 방식으로 바뀌었다. 또한 중국이 WTO에 가입해 해외 무역이 크게 늘어난 후에는 외화 매입을 통한 통화 발행 방식이 중국의 통화 발행 메커니즘의 대부분을 차지했다. 다시 말해, 무역 흑자나 외국인 직접 투자로 외화가 국내에 들어오면 중국인민은행이 이를 사들이는 방식으로 통화를 공급하는 것이다.

만약, 중국의 통화 발행 메커니즘이 미국에게 중국을 상대로 금융 전쟁을 도발할 수 있는 틈을 제공한다면 그 틈을 최대한 메워 미국이 공격할 수 없도록 방어해야 한다.

외화에 의존한 통화 발행 방식을 통해 중국은 심각한 인플레이션을 일으키지 않으면서 국민 경제의 화폐화에 필요한 자금을 순조롭게 조달할 수 있었다. 수출 지향형 경제 모델이 중국에서 큰 효과를 발휘했다고 평가할 수 있다.

하지만 이러한 방법에는 분명히 단점도 존재한다. 1달러가 중국 내로 들어오면 6.9위안의 화폐를 발행하는 방식은 자산 거품을 발생시키기 쉽다. 핫머니가 대량 유입되면 본국 통화 발행 규모도 커지기 때문이다. 그럴 경우 중앙은행이 지급 준비율을 높여 통화 승수를 낮출 수밖에 없다. 그런데 외국 자본의 유입이 갑자기 증가하면 그나마 대처하기가 수월하지만 외국 자본의 유입이 갑자기 감소하면 대처하기가 쉽지 않다. 외국 자본이 급감하면 본원 통화가 갑자기 위축되기 때문이다. 게다가 대내외 경제 환경이 여의치 않을 경우 본원 통화의 급격한 위축은 자산 가격 급락을 초래할 수 있다.

물론 실제로 위안화 환율이 떨어진 것을 의미하지는 않는다. 이러한 현상의 원인은 중국 외환관리국이 달러 대비 위안화 기준 환율을 재조정한 까닭에 있었다. 하지만 이것만으로도 중국의 금융 시장이 공황 상태에 빠졌다. 외국 자본의 갑작스러운 이탈이 금융 시장 전체를 뒤흔들 수 있음이 증명된 사건이다.

여기서 더 나아가 외화에 의존한 통화 발행 방식은 위안화 국제화에 걸림돌이 된다. 외화가 자국으로 들어온 만큼 위안화를 공급하는 방식은 바꿔 말하면 중국의 통화 발행 능력은 제품을 외국에 수출할 때 비로소 인정받는다는 의미다. 이 논리의 출발점은 당연히, 무역 적자국인 미국에 있다.

그런데 여기서 한 가지 문제가 등장한다. 미국은 무엇으로 자국의 통화 창출 능력을 확인할까? 미국은 어떤 방식으로 자국의 통화 발행 규모가 타당한지의 여부를 판단할까? 미국은 자국의 국채를 담보로 통화를 창출한다. 그렇다면 미국의 국채는 또 무엇인가? 미 국채는 미국이 미래에 창출할 수 있는 부의 창출 능력에 대한 기대를 기반으로 발행된다.

14억 인구를 가진 중국이 미래에 부를 창출할 수 있는 능력은 설령 미국을 따라잡을 수 없다 해도 미국과 현저하게 차이가 나지는 않을 것이다. 그런데 중국은 왜 자국의 미래 생산력에 대한 기대를 기반으로 통화를 발행하지 않는 것일까? 왜 미국은 스스로 자국의 통화를 발행할 수 있는데 중국은 그러지 못할까? 중국이 자신의 통화 창출 능력에 확신을 갖지 못한다면 위안화 국제화는 헛된 꿈이 아닐까?

바야흐로 중국 경제와 금융 시장이 크게 발전했으므로 통화 발행 제도를 개혁할 수 있는 조건이 무르익었다고 볼 수 있다. 중국 정부도 이제는 새로운 통화 발행 메커니즘을 수립해 달러의 영향에서 점차 벗어나야 한다.

현 상황에서 참고로 할 수 있는 것은 달러 방식과 유로화 방식이다. 그런데 유로화의 발행은 전적으로 조약의 규정에 따라 이뤄진다. 유로존의 물가 상승률과 실업률, 경제 성장률이 일정한 지표에 다다르면 유럽중앙은행이 통화를 발행한다. 이러한 유로화의 통화 발행 방식은 통화는 통합됐지만 정치는 분리된 유로존의 특수한 상황과 밀접한 관련이 있다. 유로존의 경우, 정치적인 통합이 이뤄지지 않았기 때문에 모두 따를 수 있는 규정을 세워 놓은 것이다. 하지만 이런 통화 발행 방식은 중국에는 적합하지 않다고 볼 수 있다. 중국에는 유로존보다 미국의 방식이 조금 더 적합하다. 미국의 경우, 정부가 국채를 발행하면 중앙은행이 시장에서 국채를 사고팔아 통화량과 금리를 조절하는 방식을 채택하고 있다.

만약 중국 정부가 미국식 방법을 따른다면, 중국의 통화 발행이 환율에서 완전히 분리되므로 외부에서 환율을 통해 중국 경제에 영향을 미칠 수 있는 경로가 차단된다. 이 점은 유로화에서도 확인할 수 있다. 유로화가 출범한 후 십수 년 동안 달러 대비 환율이 유로당 최저 0.85달러에서 최고 1.6달러까지 큰 폭으로 변동했다. 하지만 이 같은 환율 변동이 유로화 경제에 별다른 영향을 미치지 못했다. 이것이 바로 독립적인 통화 발행의 장점이다.

9장_
팍스 차이나, 세계의 재배열

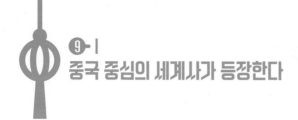

9-I
중국 중심의 세계사가 등장한다

인류 역사상, 지금까지 세계사는 주로 서구의 역사였지만 중국이 새로운 강대국으로 부상하면서 이제는 상황이 바뀌었다. 앞으로 전 세계적으로는 중국 역사가 중국인이나 동아시아인들뿐 아니라 세계 모든 사람에게 익숙한 것이 될 것이다. 요즘의 세상 사람들이 미국 역사의 주요 사건에 익숙한 것처럼, 머잖아 중국 역사에 나타나는 주요 사건에도 익숙해질 것이다. 아니, 이러한 변혁은 이미 진행되고 있다. 이는 2007~2008년 영국 박물관에서 전시한 병마용 兵馬俑에 많은 사람이 관심을 보인 것에서도 충분히 알 수 있다. 이미 만리장성과 같은 예에서 짐작할 수 있듯이, 중국 역사의 웅대함과 위대함은 전 세계에 널리 알려져 있다. 그런데 이러한 것은, 앞으로 나타날 현상에 비하면 아무것도 아니다. 예컨대 지난 2005년 만리장성을 방문한 관광객의 수가 유럽 르네상스의 본고장 피렌체를 방문한 관광객의 수보다 많은 것만 보아도 중국과 관련한 변혁의 역사가 시작되고 있다는 사실을 알 수 있다.

유난히 오랜 역사적 내력과 다양한 발명품을 제외하고서라도, 중국 역사를 통한 가장 두드러진 특징이 있다면 다양한 역사적 변곡점에서 드러나는 '통합'의 흐름을 꼽을 수 있다. 유럽이 로마 제국의 멸망 이후 여러 국가로 분열되던 시기에 오히려 중국은 정반대 방향인 통일을 향해 이미 움직이고(역사가 흐르고) 있었다. 중국 문명의 연속성을 보장하고, 중국의 특징과 영향력의 근본 요소라 할 수 있는 거대한 '규모'를 만들어낸 것도 이렇게 단일성을 추구한 덕분이었다. 단일성은 중국의 역사에 있어 가장 기본적인 명제에 속한다.

지난 2세기 동안 세계 역사가 유럽이 제공한 설명과 개념으로 서술되었다면 다음 세기에는 중국이 유럽이 했던 것과 비슷한 역할을 할 것이다. 즉 앞으로의 세계사는 중국이 제공하는 완전히 다른 설명과 개념에 의해 서술될 것이다. 분열이 아닌 통합, 국민국가가 아닌 문명국가, 베스트팔렌 체제가 아닌 조공 제도, 중국인들의 독특한 인종관, 진보와 보수 간이 아니라 중앙집권과 지방 분권 간의 정치적 역학 관계 등의 개념이 앞으로의 세계사 핵심 항목에 담길 것이다. 진이 전국시대를 종식시키며 중국 최초로 통일을 이룩한 기원전 221년은 미국이 독립을 선언한 1776년이나 프랑스혁명이 일어난 1789년처럼 많은 사람들에게 익숙한 연도가 될 것이다. 중국의 첫 황제로 병마용을 남기고 중국의 왕조 제도를 확립한 시황제는 토머스 제퍼슨이나 나폴레옹처럼 세계적으로 유명해질 것이다.

중국 역사에는 지금까지의 세상 사람들의 생각을 뒤바꿀 만한 요소들이 많다. 예를 들어, 과거 중국인들이 만든 발명품들은 다른 지역에서 널리 사용되었다. 이러한 사실은 역사적으로 가장 창의적인 문화를 형성한 이들은 유럽 사람들이라는 여태까지의 세계적인 믿음을 한꺼번에 일소시킬 것이다. 또 유럽의 영웅, 콜럼버스 훨씬 이전에 중국의 정화가 대원정에 나섰다는 역사적 사실도 세상 사람들의 생각을 바꾸는 역할을 할 것이다. 정화는 15세기 초반 당대 유럽인들의 배보다 훨씬 큰 규모의 배를 타고 인도네시아, 인도양, 아프리카의 동쪽 해안 지역을 일곱 차례에 걸쳐 항해했다. 바스쿠 다 가마와 콜럼버스 같은 유럽 탐험가들의 항해는 오랜 식민지 시대를 여는 데 기여했지만, 중국의 정화의 원정은 식민 역사와 같은 결과를 낳지 않았으며, 명대에는 해군부 같은 기관이 없었다. 이와 관련해서 미국 역사학자 에드워드 드라이어는 다음과 같이 말했다.

"중국의 기득권층은 해상 지배력을 장악하거나 대양 해군을 두어야 한다고 주장하지 않았다. 중국은 해군 전략가들이 강조하는 '해상 지배력'을 강화하기 위한 훈련에는 관심이 없었다. 정화가 활동하던 시대도 마찬가지였다."

정화는 그 이래로 더 이상의 원정을 가지 않았다. 이후 중국이 서서히 고립 정책을 고수하면서 명대에 있어서의 바다 원정은 이것으로 막을 내렸다. 당시 정화의 임무는 식민지를 개척하는 것도 아니었으며 이를 위한 예비적인 탐사도 아니었다. 당시 중국이 식민지 개척에 관심이 있었더라면 원정을 계속 추진했을 것이다. 정화의 주요 임무는 당시까지 알려져 있는 세계를 대상으로 중국의 권위와 위신을 보여 주는 전통적인 목표를 수행하여 중국의 영향력을 최대한 멀리까지 극대화하는 것이었다. 그때까지의 중국은 미지의 세계를 탐험하는데는 아무런 관심이 없었으며, 그 대신 중국 황실의 존재감과 위대함을 세상 사람들에게 널리 알리는 데 관심을 가졌다. 정화의 원정은 비록 이전보다는 훨씬 멀리 떨어진 곳을 항해했다고 하더라도 기본적으로는 중국 황실에 대한 조공 제도와 밀접한 관계가 있었던 것이다.

인류의 역사는 항상 해석과 재해석의 대상이 되며, 동시대의 맥락에서 꾸준히 재서술이 이루어진다. 당시 정화의 원정이 가지는 독특한 성격과 이후 유럽 국가들의 식민지 개척 역사를 돌이켜 보면, 정화의 원정 목적과 범위에 대해 많은 추측이 나오고 있는 것은 놀라운 일이 아니다. 최근에 중국은 동남아시아 국가들과 가깝게 지내기 위해 정책과 지원을 아끼지 않는다. 따라서 중국이 최근 아세안 국가들에서 열리는 정화 대원정 기념 전시회를 지원하고 있는 것은 충분히 예상할 수 있는 일이다. 중국이 다시 전 세계로 뻗어 나가려 하는 최근, 과거 위대했던 역사를 기억해 내고 세상에 상기시키고 싶은 것이다. 중국의 최근 행보에서 더 나아가, 영국 역사학자 개빈 멘지스는 1421년 중국이 처음으로 미 대륙과 호주를 발견했다고 주장하기도 했다. 후진타오 국가주석은 개빈의 주장이 관심을 끌던 무렵인 2003년 호주를 방문했을 당시, 중국이 호주를 발견한 것은 사실이라고 암묵적으로 인정한 적이 있었다. 그는 호주 의회에서 행한 연설에서 "1420년대에는 명의 원정대가 호주 해안에 도착한 적이 있었다."라고 말했다. 과거 인류의 역사를 서구의 관점에서 기록했던 것이 중국의 역사 기록에 의해 반박되고 중국이 동시대의 맥락에서 과거를 부각시킬 뿐 아니라 과장하고 윤색하는 방식으로 재해석하면서 이런 류의 주장은 점점 늘어날 것이다. 2007년 주남 아프리카 공화국 중국 대사는 이런 주장을 하기도 했다.

"정화는 아프리카 대륙에 차와 도자기, 비단, 중국의 기술을 가지고 왔다. 그는 한 줌의 땅도 침략하지 않았으며, 한 명의 노예도 거느리지 않았다. 정화가 외부 세계에 가져다준 것은 평화와 문명이었다. 이로써 다른 나라와의 무역 증진에 기여한 과거 중국인들의 진실성은 충분히 입증된다. 이렇게 평화를 사랑하는 문화는 세대를 망라하고 중국인들의 마음속에 깊숙이 자리 잡고 있다."

이것만이 아니다. 골프 경기가 중국에서 유래되었다는 증거도 나오고 있다. 명대인 1368년에 그려진 것으로 보이는 〈주첨기행악도〉에는 명의 황제 선종이 궁정 마당에서 신하들과 작은 공을 막대기로 쳐서 둥근 구멍에 빠뜨리는 경기를 하는 모습이 담겨 있다. 중국에서는 이 경기를 '공을 친다'는 의미의 '추이완'이라고 부른다. 지금까지 유럽(특히 영국)에서 기원했다고 생각하는 많은 스포츠 경기가 실제로는 다른 지역이 기원이라고 추측하는 것을 틀렸다고만 볼 수 없다는 주장이 힘을 받고 있다. 그러한 입장에 의하면, 영국이 여러 지역의 경기들을 들여와 자신들의 입장에서 흡수한 다음 새로운 경기 규칙을 만드는 기회가 많았던 것이라고 볼 수도 있다. 서구 중심의 세계관에서 벗어나고자 하는 새로운 발견과 주장을 많이 접하게 되는데, 그중 일부 혹은 상당수는 폭넓은 인정을 받게 될 것이다.

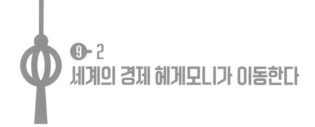

9-2
세계의 경제 헤게모니가 이동한다

중국은 지금까지의 강대국들의 등장과는 달리, 경제력을 기반으로 세계의 헤게모니를 장악할 것이다. 앞으로 수십 년이 지나 중국 경제가 풍요롭고 고도로 발전된 모습을 보인다면, 중국의 위력은 더 이상 인구 규모의 수적인 우위에서만 나온다고 볼 수는 없을 것이다. 경제적인 영역에서 이러한 의미를 정확하게 예측하는 것은 불가능하지만, 중국 인구가 미국 인구의 4배라는 사실에서 중국 경제의 규모가 거의 미국 경제의 4배에 달할 것이라는 추론은 해 볼 수 있다. 신용경색이 일어나기 전인 2007년 중반 상하이와 홍콩에서는 경이로운 일이 일어나고 있었다. 증권 거래소에서 주가가 급등하기 시작한 것이다. 시장 가치로 보면 세계 10대 기업 중 중국 기업이 3개나 포진하고 있었으며 그해 10월 말 그 수는 5개로 늘었다. 중국의 대표적 증권 회사인 중신증권의 시장 가치는 동종 기업 중 골드만삭스, 모건스탠리,

메릴린치 다음으로 높아지게 되었다. 이뿐만이 아니다. 중국국제항공은 싱가포르 항공과 루프트한자 항공을 뛰어넘어 시장 가치가 가장 높은 항공사로 자리매김 되었다. 물론 여기에는 우려 섞인 전망도 존재한다. 어쩌면 1980년대 자산 거품을 겪던 일본 기업들처럼 부풀려진 시장 가치가 순식간에 떨어질 수도 있다. 하지만 중국의 경우는 좀 다르다. 중국 기업의 이러한 약진은 장기적인 추세로 이어질 조짐이다.

중국에서는 이미 자본 시장이 점진적으로 개방되면서 자본의 이동도 자유로워지고 있다. 따라서 전반적인 중국의 저축 수준을 감안했을 때 중국의 해외 투자도 크게 늘 전망이다. 2007년 중국의 저축액은 개인과 기업을 포함해 4조 8,000억 달러를 기록해 GDP의 160퍼센트에 달했다. 이렇게 중국 내 저축액이 해마다 10퍼센트 늘어난다고 가정하면 2020년 중국의 저축액은 17조 7,000억 달러에 달할 것이며, 이때가 되면 중국 정부는 자본 시장을 확실히 개방할 것이 분명하다. 2020년 전체 저축액의 5퍼센트만 중국을 떠난다고 하더라도 중국의 해외 투자액은 8,850억 달러가 될 것이다. 그리고 10퍼센트가 중국을 떠난다고 하면 해외 투자액은 1조 7,000억 달러가 될 것이다.

비교를 위해 2001년 미국의 무역 외 수출액을 살펴보면, 총 4,515억 달러에 달하는 것으로 나타났다. 중국의 해외 투자는 아직은 초기 단계에 불과하지만, 아주 빠른 속도로 증가하고 있다. 2001~2006년에 해마다 60퍼센트씩 증가했으며, 2008년에는 500억 달러에 달했던 것으로 나타났다. 서구 금융 기관들이 2007년 8월부터 시작된 신용 경색으로 자금 부족에 허덕이고 있을 때 그해 말 중국 은행들이 금융 지원을 해준 사실만 보더라도 앞으로 전 세계에 어떠한 미래가 펼쳐질지 예상할 수 있다. 2007년 말 중국 금융 기관들은 스탠더드 뱅크 지분의 20퍼센트, 모건스탠리 지분의 9퍼센트, 블랙스톤 지분의 10퍼센트, 바클레이스 지분의 2.6퍼센트를 소유하고 있었다. 물론 이 이상으로 파이를 키우지는 못했다. 중국 정부가 직접 나서, 미국발 경제 위기의 심각함을 깨달은 뒤로 사면초가에 빠진 미국과 유럽의 은행을 지원하지 말 것을 자국의 은행들에 권고했기 때문이다.

이뿐이 아니다. 중국의 기술과 과학이 빠르게 발전하고 있다는 증거는 상당히 많다. 아직은 중국 경제가 자기 혁신보다는 타국에 대한 모방을 토대로 발전하고 있지만, 연구 개발 투자가 확대되면서 중요한 과학적 연구 성과도 크게 늘었다. 전 세계의 과학 부문에서의 주요 연구 실적을 보면 중국은 이미 세계 5위권에 들어와 있다. 특히 중국의 나노 기술 부문은 최고 수준이다. 2006년 경제협력개발기구 OECD 자료에 의하면, 중국은 연구 개발과 관련한 투자 부문에서 일본을 제치고 미국에 이은 세계 2위를 차지했다. 학부생 650만 명과 대학원생 50만 명이 과학과 공학, 의학을 전공하고 있는데, 이로써 이미 세계에서 가장 많은 과학 연구 인력을 확보하고 있는 셈이 되었다.

2003년과 2005년에는 유인 우주선을 쏘아 올리는 데 성공했으며 2007년에는 탄도 미사일을 이용해 수명이 다한 중국 인공위성 하나를 파괴하기도 했다. 이것은 바야흐로 우주시대를 맞이함에 있어 미국과 군사적 부문에서 당당하게 경쟁하겠다는 의도를 보여준 것이다. 머지않아 중국이 과학과 기술 부문을 선도하는 때가 올 것이다.

중국이 강대국으로 부상함으로써 국제 금융 체계 또한 새롭게 개편될 전망이다. 달러화는 1918년 이후 파운드화를 제치고 세계 제일의 기축 통화 지위를 유지하고 있었다. 그러나 2007년에 접어들어 처음으로 유로화의 강력한 도전을 받았다. 실질적으로 2002년 이후 미국의 국제 수지 적자와 재정 적자, 장기적인 경기 침체의 영향으로 달러화의 기축 통화로서의 위상은 서서히 떨어졌다. 특히 유로화에 대한 달러화의 가치는 2002년에 절정에 오른 뒤 2007년 말까지 40퍼센트나 떨어졌다. 2008년 말이 되면서 다행히 달러화의 위상이 회복되기는 했지만 이것은 일시적인 유예 현상으로 보인다. 2008년 미국발 금융 위기는 미국에 더 이상 국제 경제 체계를 좌우할 능력이 없으며, 달러화 역시도 더 이상 세계 제일의 기축 통화로서의 위상을 유지할 수 없게 되었음을 보여주었다.

비단 달러화의 가치 하락은 금융 부문에서의 위상 하락만을 의미하는 것이 아니라 국제 사회에서 미국의 위상이 떨어지는 것을 의미했다. 부시 행정부 시절 국가안전보장회의 중동 지역 국장을 역임한 플린트 레버렛은 다음과 같이 말했다. "달러화의 가치 하락에 관한 이야기는 대부분 경제적인 의미로 국한되어 있다. 그러나 통화 정치는 영향력이 매우 강하다. 미국이 과거의 영국처럼 오랫동안 헤게모니를 쥘 수 있었던 것도 통화 정치의 덕을 일부 봤다." 마찬가지로 IMF 수석 경제 전문가였던 케네스 로고프도 "달러화 가치가 떨어지면서 미국이 세계적 헤게모니를 유지하기 위해 더 많은 비용을 지불하게 된다."라고 말했다.

달러화의 위상이 하락하고 가치가 떨어지면 다양한 결과들이 나타난다. 중국처럼 자국 통화 가치를 달러화 가치에 연계시켜 놓은 국가는 자국 경제에 미칠 위험성을 이유로 더 이상 이러한 제도를 유지하지 않을 것이다. 미국이 이란, 북한과 같은 위험(미국의 입장에서) 국가를 대상으로 취했던 경제 제재 조치도 더 이상 옛날과 같은 강력한 위력을 발휘할 수 없다. 달러화 조달의 중요성과 필요성이 이미 퇴색되었기 때문이다. 비록 무역 수지에서 흑자를 기록하더라도 예전과는 달리 미국 재무부 발행 채권을 사들이지 않는 나라들이 생겨나고 있는 것이 그 증거이다. 미국은 해외 미군 기지를 유지하기 위해 예전보다 더 많은 비용을 지출해야 하는 상황에 봉착했다. 따라서 다른 나라에 군사 개입을 하는 데 드는 비용이 높아져 국민의 극심한 반대 여론에 부딪히게 되었다. 즉 이러한 비용 상승으로 인해 미국은 더 이상 세계적 헤게모니를 유지하기 어려워졌다. 미국 이전에 패권국으로 군림했던 영국도 1918~1967년에 파운드화의 위상이 떨어지면서 절대 권력도 서서히 약화되는 현상을 겪은 일이 있었다.

아이러니하게도 이러한 달러화의 가치 하락은 위안화의 가치 상승과 동시에 진행되고 있다. 아직까지 위안화는 그 역할에 있어 태환성이 부족해 많은 제약을 받고 있지만, 향후 5~10년 정도가 지나면 상황은 크게 변할 것이다. 2020년까지 위안화는 완전한 태환성을 확보해 지금의 달러화처럼 쉽게 매매가 가능하게 될 것이다. 그렇게만 된다면 일본을 포함한 동아시아 국가들은 대부분 위안화 체제를 채택할 것이 분명하다. 중국이 대부분의 동아시아 국가의 주요 무역 상대국이 되는 상황이 도래하여 위안화가 결제 통화가 되는 것은 지극히 당연하다. 따라서 앞으로 동아시아 국가들은 자국의 통화 가치를 달러화가 아닌 위안화의 가치에 연계시킬 것이다. 그리하여 위안화는 주요 기축 통화로 통용될 것이다. 미국 경제가 침체에 빠지면서 달러화의 가치가 계속 하락해 왔으며 중국, 인도와 같은 개발도상국이 부상으로 달러화는 국제 주도권을 서서히 상실할 것이 거의 확실시된다. 혹은 달러화, 유로화, 엔화 등으로 구성된 통화 바스켓 체제가 달러화 체제를 대체하게 될지도 모를 일이다. 만약 위안화가 완전한 태환성을 확보한다면 달러화, 유로화와 함께 3개 기축 통화로 자리 잡을 것이다. 그러고는 이후 서서히 달러화를 대체하면서 주요 기축 통화가 될 것이다. 이것은 향후 50년 내에 발생할 수 있는 여지를 바탕에 둔 시나리오지만, 그 시기가 단축되어 20~30년 내에 일어날 가능성도 높다. 어쩌면 우리가 예상한 것보다 더 빨리 일어날지도 모른다.

이와 궤를 같이하여, 지금의 국제 경제 기구들도 새로운 경제 기구로 대체될 것이다. 더 나아가, IMF와 세계은행이 지금과는 다른 모습으로 거듭날 수도 있을 것이다. 아니, 어쩌면 중국과 인도가 지금 미국이 강대국으로서 맡은 역할을 대신할 수도 있다. 하지만 이런 시나리오보다는 새로운 경제 기구가 등장해 미국에 의해 움직이는 IMF와 세계은행을 세계의 금융 시장 주변부로 서서히 몰아내는 상황이 벌어질 가능성이 높다. IMF와 세계은행은 이미 지난 10년 전에 비해 권력과 영향력이 많이 축소되었다. 이러한 과정은 앞으로도 지속될 것이다.

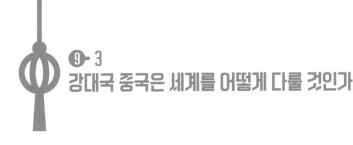

9-3
강대국 중국은 세계를 어떻게 다룰 것인가

강대국으로서의 전성기 시절, 유럽 주요 국가들은 세계를 그들의 계획대로 움직였다. 식민지를 끊임없이 개척함으로써 자국의 세력의 확장 정책을 추진하는 것이 이러한 프로젝트의 핵심이었다. 뿐만아니라 여기에는 유럽 국가들이 오랜 전쟁을 통해 습득한 공격적 성향도 함께 보태졌다. 미국은 온전히 대륙 하나에 위치하고 있는 까닭에 지정학적 상황은 크게 다르긴 하다. 그렇다 하더라도 유럽의 유산을 상당 부분 물려받고 편협한 근성을 키워 왔다는 사실이 그리 놀랍지는 않다. 미국은 필그림 파더스 및 그들과 같은 시대를 살던 사람들이 종교적인 열정으로 건국한 나라다. 이러한 종교적 열정은 복음을 전파하는 동시에 보편주의적 신앙을 구현하고자 하는 미국 헌법에도 잘 나타나 있다. 미국인들은 자신들에게 '명백한 운명'이 있다고 믿으며 다른 세계를 교화시키는 것이 미국의 정신적 목표라고 믿는다. 최초 정착민들로부터 시작된 식민주의에 기반한 팽창주의 이데올로기인 이 '명백한 운명'과 아메리칸 인디언 살육, 서부를 향한 끝없는 욕망 등은 세계 초강대국이 된 이후에 취해 온 미국의 행동들을 이해하는 단서들이다. 그러면 그 기원과 역사가 미국과는 너무나도 다른 중국의 경우는 어떨까?

우리는 여기서 두 가지 핵심 사항을 고려해야 한다. 그 첫째는 국제 관계 분야의 현실주의 학파와 의견을 같이하는데, 이는 이해관계의 중요성을 중심 잣대로 두고 강대국들은 비슷한 상황에서 비슷한 행동을 보이는 경향이 있음을 강조하는 것이다. 미국 역사학자 로버트 케이건은 "새로 부상하는 권력자는 공통적으로 이해관계와 권리를 확장하려는 경향이 있다."라고 말했다. 로버트 케이건의 견해를 그대로 생각해 본다면, 중국은 미국을 포함한 다른 세계 초강대국들과 마찬가지로 행동할 것이라고 볼 수 있다.

둘째는 첫 번째 요소와는 대조적으로, 권력은 과거의 역사와 여건에 의해 형성되는 것이기 때문에 권력자는 각자 독특한 방식으로 행동한다는 것이다. 미국의 경우에서와 마찬가지로, 이러한 두 가지 요소가 결합해 중국이 초강대국으로 부상한 뒤 취하는 행동들을 규정 지을 것이다. 여기서 수렴하는 힘은 익숙한 것이지만 발산하는 힘은 덜 알려졌으며 규정하기도 힘들다.

캘러핸은 이러한 맥락에서 지금의 중국 문명에는 상이한 입장이 4가지 나타난다고 보았다. 첫 번째 입장은 일정 영토를 가지는 국가로서의 '중국'이다. 외부 세력인 오랑캐가 중국 영토로 들어오지 못하도록 방어하기 위해 쌓은 만리장성은 이를 분명하게 상징한다. 이는 중국 역사에서 반복적으로 나타난 민족주의적 감정과도 연관된다. 의화단 운동이라든지 미국과 일본을 비롯한 외세에 대한 지속적인 분개는 이러한 감정이 명백히 표출된 사례다. 이러한 견해를 토대로 본다면, 고유의 '중국성'을 내적으로 지켜 나가야 한다고 호소하는 것이다. 하지만 이러한 면을 부정적으로 해석한다면, 중국의 이러한 특성은 미국이 가진 편협한 근성의 중국판으로 표현할 수도 있다.

두 번째 입장은 '대중국 大中國'의 사상으로, 이는 다시 말해 중국 안에 자리한 '정복성'을 상징한다. 중국 황실은 팽창주의 동력을 내재하고 있다. 중국은 정복의 역사를 통해 끊임없이 영토를 확장하면서 국경 지역 이민족을 복속하고 교화시켰다. 과거 역사적 자취들을 현대적으로 해석해 본다면, '잃어버린 영토'를 회복하고 '굴욕의 역사'를 되돌리고자 하는 목표가 바로 '대중국'의 사상을 대변한다고 볼 수 있다. 이와 관련해 옌쉐퉁은 비교적 온건한 단어로 다음과 같이 설명했다. "중국인은 중국의 부상을 새로운 것을 얻는 것이 아니라 잃어버렸던 국제적 지위를 되찾는 것으로 생각한다. 또 다른 나라에 대해 우위를 확보한다기보다는 공정한 관계를 회복하는 것으로 생각한다." 그러나 정복을 목적으로 하는 담론은 이보다 훨씬 덜 온건하고, 보다 더 팽창주의적이며 제국주의적인 견지에서 분명한 해석이 이루어져야 한다.

세 번째 입장은 '대중화 大中華'로 '교화'를 의미한다. 이러한 사상적 측면은 앞서 살펴본 정복만큼이나 본질적인 것이다. 즉 이는 중국 문화에 저변에 깊이 내재된 민족의 우월성에 대한 믿음과 이민족을 교화시키려는 욕구를 말한다. 공자의 가르침을 이어받은 맹자는 이렇게 말했다. "나는 중화로써 오랑캐를 변화시킨다는 말은 들었어도, 아직까지 오랑캐가 중화를 변화시켰다는 말은 듣지 못했다." 여기서 중요한 부분은 정복과 회복이 아니라 중국 문화를 정의하고 전파하려 하는 데 있다. 이러한 사안은 암묵적으로, 때로는 명시적으로 인종 문제와 관련이 있다. 캘러핸이 언급했듯이 문화 중국은 개방적이고 확장적인 개념으로, 개념상으로는 소프트 파워와 비슷하지만 범위는 이보다 넓다.

마지막으로 네 번째 입장은 해외에 체류하는 화교와 관련된 것이다. 화교는 비록 타국에 체류하지만 중국인의 정체성을 유지하고 있으며, 이것은 대중화 지구라는 표현에도 반영되어 있다.

지금까지 설명했던 4가지 입장은 모두 현재에도 유효한 것으로, 4가지 모두 중국인의 태도에 끊임없이 영향을 주고 있다. 서로 연관된 앞의 입장 중 어느 것이 미래의 어느 순간에 두드러지게 등장할지에 대해서는 지금으로서는 추측만 할 뿐이다.

서구와 중국의 행동 양식에는 역사적으로 문화적으로 차이가 있을 수밖에 없다는 사실을 기억해야 한다. 서구인들은 멀리 떨어진 지역을 대상으로 그들의 권력을 휘두르고자 했으며, 처음에는 포르투갈과 네덜란드, 스페인이 이러한 분위기를 주도했다. 중국의 경우 서구와는 차이를 보이는데, 중국은 유라시아 대륙을 상대로 영토를 점진적으로 확대하는 것 말고는 확장 정책을 추진하지 않았다. 유럽은 15세기부터 지중해를 중심으로 벌인 해상 활동을 토대로 대양 진출의 욕심을 키운 것으로 보인다. 이에 반해 중국은 대륙 내에서의 지배권을 확보하는 데에는 관심이 있었지만 대양으로 진출해 제해권을 확보하는 데는 별 관심이 없었다. 과거 정화의 대원정과 유럽 탐험가들의 대항해는 겉으로는 비슷해 보일지 몰라도 목적이 서로 달랐다는 사실이 바로 이러한 점을 뒷받침한다. 오늘날까지 중국은 대륙을 떠나 다른 지역을 지배하려는 생각을 가져본 적이 없었다. 지금도 중국은 대양 해군을 양성할 계획이 없다. 하지만 그렇다고 중국이 앞으로도 대양과 다른 대륙에 대한 지배에 관심이 없다는 의미는 아니다. 물론 지금까지는 이러한 경향성이 나타나지 않았지만 초강대국으로 발전하면서 적당한 시점이 되면 이러한 능력을 갖출 것이라는 예상도 어느 정도는 가능하다. 다만 서구 세력과는 달리 그러한 능력은 적어도 지금까지는 중국식 사고방식이나 행동과는 맞지 않는 부분이라는 것이다.

한편, 중국에게는 이러한 역사적 성향을 강화시켜야 하는 또 다른 요인이 있다. '굴욕의 세기'라는 말은 중국이 역사적인 보복을 하려는 이유처럼 보이기는 하지만 한편으로는 제약 요인으로도 작용할 수 있다. 과거, 역사의 한 부분에서 서구 열강과 일본에게 오랫동안 침략과 부분적인 식민 지배를 받은 탓에 중국은 신중한 태도를 취할 가능성이 있다. 아마도 중국은 식민지화 과정을 겪었던 국가로서는 최초로 강대국으로 등장하는 국가로 기록될 것이다. 결과적으로 중국은 이러한 제약 요인을 무시해도 좋을 만큼의 힘이 있음에도 오랫동안 이러한 제약을 끌어안고 있을 수도 있다.

이와 관련된 지표들은 비단 여러 곳에서 찾아볼 수 있다. 과거 오랫동안 중국은 신중하게 행동하기 위해 그리고 다른 나라를 먼저 공격할 의사가 없음을 보여주기 위해 많은 노력을 기울였다. 물론 중국이 대만을 대하는 태도는 이러한 논의에서 제외된다. 또 지난 50년 동안 중국과 구소련 및 인도, 베트남 사이에는 무력 충돌이 있었던 것은 사실이지만, 이 중 구소련 및 인도와의 분쟁은 국경 문제의 연장선이었다. 이러한 제약 요인은 중국인의 사고방식에도 영향을 끼친 듯이 보인다. 즉 중국인들은 기꺼이 오랜 시간을 인내할 줄 알며 서구인의 전략적 사고방식과는 거리가 먼 시간관념에 따라 행동한다. 이것은 1972년 저우언라이 총리가 프랑스혁명의 결과를 묻는 헨리 키신저의 질문에 "지금 대답하기에는 너무 이르다."라고 했던 것에도 나타난다. 저우언라이의 대답은 국민국가의 국민이라면 답할 수 없는, 문명국가 국민으로서의 사고방식을 보여주고 있다.

손자孫子를 비롯한 춘추전국 시대 군사 전략가들에게서 유래한 중국의 병법서는 전쟁을 수행하는 것보다 적을 약화시키고 고립시키는 방법을 더 선호하고 우선시하는 것처럼 보인다. 특히 무력의 사용에서는 아주 신중한 태도를 보이는데, 그것은 최후의 수단이 되어야 하며 무력을 사용하는 것은 강자의 모습이 아니라 약자의 모습을 보여주는 것이라고 했다. 손자가 말했듯이, 모든 전쟁의 승패는 미처 싸우기 전에 이미 결정이 나는 법이다. 이러한 병법은 중국식 전략 수립에서 아주 중요한 요소다. 그러나 국제 관계 전문가 앨러스테어 이언 존스턴은 이것을 중국 역사의 주요 특징으로 간주하는 것은 잘못된 판단일 수 있음을 지적했다. 그는 오히려 갈등은 인간사에 지속적으로 나타나는 것이라고 주장하면서 이렇게 말했다. "나는 중국 병서의 고전인 무경칠서武經七書를 분석한 적이 있다. 두 가지 패러다임은 전통 중국의 전략적 사고에서 개별적인 위치를 갖는 것이 아니라 결국 대등한 위치를 갖는다는 것을 보여준다. 오히려 파라벨룸 패러다임이 대체로 우세해 보였다." 하지만 중국의 많은 학자들은 존스턴의 주장에 수긍하지 않고 크게 반발했다.

어느 쪽 견해가 옳은가 하는 것은 어쩌면 중요하지 않다. 중국은 적절한 때가 오면 막강한 군사력을 확보할 것이기 때문이다. 2003년 중국 명문 대학에 다니는 5,000명에 달하는 학생들을 상대로 설문 조사를 한 결과 49.6퍼센트가 중국이 앞으로 세계에서 강력한 군사력을 보유해야 한다고 생각하고 있으며 83퍼센트는 지금까지 중국의 군사력은 충분하지 않았다고 대답했다.

그렇다면 우리는 과연 어떤 결론을 도출할 수 있을까? 아마 향후 50년 동안 중국은 특별히 공격적이라고 할 만한 모습은 보이지 않을 것이다. 즉 막강해진 군사력을 더욱 신중한 자세로 자제하며 다루라는 강력한 역사적 요구를 받을 것이다. 또 다른 면에서는 자국의 성장에서 자신감을 얻는 중국인의 태도에서 수천 년 동안 이어져 내려오는 우월 의식이 분명하게 표출될 것이다. 그러나 전통적인 서구적 의미에서 제국주의 국가가 되기보다는 중국이 다른 곳보다 더 고도의 문명이라는 믿음을 통해, 세계를 중국만의 위계질서의 관점에서 바라보려고 할 것이다. 이것은 과거 조공 제도는 위계질서의 원칙에 기반했지만 지금 "더욱 중요한 것은 우월 의식에서 비롯되는 원칙"이라는 역사학자 왕경우의 주장과 같은 맥락이다.

중국 특유의 위계질서와 우월 의식의 결합은 중국인들이 동아시아국가들을 대하는 태도에서 분명하게 나타날 것이다. 또한 다른 대륙과 국가, 특히 아프리카를 대하는 태도에서도 다양한 방식으로 표출될 것이다. 왕경우는 중국에게 강제로 조공 제도를 버리게 하고 모든 국가가 공식적으로 평등한 지위를 갖는 베스트팔렌 체제의 원칙을 따르게 했을 때조차도, 중국인들은 마음속으로 그러한 평등 관계는 자신들이 받아들일 수 있는 법칙이 아니라고 생각했다고 한다. 그는 이렇게 덧붙였다. "중국인들의 이러한 심리로 보건대, 현재 중국이 기회만 된다면 과거 다른 나라들을 동등하게 다루면서도 중국보다는 열등한 것으로 취급했던 오랜 전통으로 되돌아갈지도 모른다는 우려가 나올 만하다."

중국인들은 중국의 대규모인 인구 규모와 자신들만의 문명의 생명력을 자각하고 있기 때문에 항상 자국의 위상을 유럽이나 미국과는 다르게 바라볼 것이다. 중국인들은 자신들이 세계의 일원으로서 항상 보편적인 것을 만들어낸다고 믿는다. 이러한 믿음이 바로 중화사상이다. 중국은 자신이 이미 세계의 중심이라고 생각하기 때문에 세계를 지배하려는 야망이 없다. 중국이 세계 강대국으로 온전히 부상하게 되면 스스로를 세계의 중심이라고 생각하는 태도도 더욱 강화될 것이다. 결과적으로 서구 국가들에 비해서는 덜 공격적이지만, 그렇다고 중국이 자신의 의지를 관철시키거나 자신의 발자취를 남기는 데 미온적인 태도를 보일 것이라는 의미는 아니다. 중국은 내재된 우월의식과 그로부터 자연스럽게 흘러나오는 위계질서에 대한 신념을 토대로 서구 국가들과는 다른 방식으로 강대국을 향한 목표를 달성할 것이다.

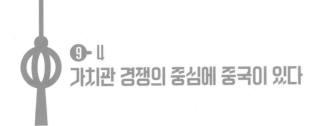

9-4
가치관 경쟁의 중심에 중국이 있다

　지난 2세기 동안 서구 세력이 지배한 세계에서는 주로 서구적인 가치를 문명화된 것으로 보고 다른 지역, 특히 이슬람 세계의 가치는 발전이 늦거나 반동적인 것으로 보는 가치관이 만연했다. 그러나 사실, 각 세계권이 가지는 가치관이나 문화는 생각하는 것보다 훨씬 더 복잡하고 미묘하다. 냉전시대에는 자본주의와 사회주의 간의 가치관 갈등이 이데올로기적 형태로 나타났지만, 이번 세기와 앞으로의 세기에 해당하는 '다양한 근대가 경쟁하는 시대'에는 가치관에 관한 논쟁이 이데올로기가 아니라 문화를 대상으로 이루어질 것이다. 사회의 기본적인 가치는 주로 역사와 문화의 특징에서 비롯되기 때문이다. 이러한 가치들은 표면상으로는 서로 크게 다르게 보일 수도 있지만 의외로 상호간에 비슷한 점이 두드러지게 나타나는 경우도 많다. 영국 정치철학자 존 그레이가 다음과 같이 지적했듯이 관용이라는 가치를 서구 사회의 고유 특성으로 볼 수 있는 요소는 하나도 없다. "오스만튀르크는 서구와는 달리 종교적 관용을 베풀었다. 과거 중세 시대 무어인들이 스페인을 지배할 때도 그랬고 아소카 왕의 불교 왕국이 인도를 지배할 때도 그랬다. 따라서 관용이란 보편적인 가치로 볼 수 있다. 관용은 특별히 진보적인 것도, 근대의 것도 아니다." 그럼에도 사람들이 소중하게 여기는 다양한 가치관끼리는 갈등과 긴장이 있는 경우가 종종 있다. 따라서 이렇게 다양한 가치관이 서로 부대끼며 경쟁하는 세계에서는 상충하는 가치관들이 서로 공존할 수 있는 방법을 찾는 것이 매우 중요하다. 사실 이것은 근대성이 경쟁하는 세계화 시대에 평화롭고 조화로운 삶을 살기 위한 전제 조건이 될 것이다. 그런데 아이러니하게도 이러한 전제 조건은 무엇보다도 서구 세계의 가치관에 커다란 도전으로 작용할 가능성이 농후하다. 서구 세계는 자신의 가치관을 유일한 규범으로 여겨, 전 세계에 이것을 받아들이라고 요구하는 것을 정당하게 생각하기 때문이다.

이러한 가치관 논쟁의 주역은 중국일 것이다. 여기에는 두 가지 이유가 있다.

첫째, 중국은 자국 내 인권 상황을 비판하고 (서구식의) 민주주의와 언론의 자유가 없다고 주장하는 서구 세력에 거세게 반발하고 있다. 중국은 1990년대에 이러한 관점에서 중국을 비난하려는 미국의 노력을 성공적으로 무력화시킨 바 있다. 이는 개발도상국의 지지를 이끌어낼 수 있었기 때문이었다. 중국과 중국에 동조하는 국가들은 대내적 맥락의 정치 권리가 아니라 국제적 맥락의 경제적, 사회적 권리에 우선순위를 두어야 한다고 주장했다. 이러한 주장을 둘러싼 논쟁은 본질적으로 선진국과 개발도상국이 우선순위나 이해관계, 경험이 서로 다르기 때문에 발생한다. 이러한 논쟁은 1990년대가 끝날 무렵 중국의 영향력이 커지면서 힘의 균형과 논쟁의 본질이 바뀌자 사람들의 이목을 끌지 못하게 되었다. 이러한 추세가 계속되어 21세기에 들어서는 오히려 미국이 가치관에 관한 논쟁에서 중국보다 수세에 몰렸다. 현재 미국은 이라크전쟁과 관타나모 문제로 대외적으로 많은 어려움을 겪고 있는 상황이다.

둘째, 중국의 정치 질서에는 서구의 그것에서는 찾아볼 수 없는, 유교 전통에 뿌리내리고 있는 강력한 윤리적 요소가 있다. 이 두 번째 이유는 정치적으로 즉각적인 영향을 미치지는 않을 테지만 장기적으로 매우 중요하다. 중국 문화에는 옳고 그름의 구분이 명확하다. 어린아이들이 어릴 때부터 가정과 학교에서 도덕적으로 올바른 행동에 대해 배운다. 이러한 의미에서 유교는 올바른 행동을 규정짓는 필수적인 지침이기에 영적이라기보다는 보다 더 세속적이라 볼 수 있으며, 성경이나 쿠란의 가르침과 크게 다르지 않다. 왕조 시대에 국가의 행위와 중국식 통치술의 특징을 규정지었던 유교적 가르침은 지금 새롭게 부활하고 있다. 현 중국 정부의 태도와 행위에서 도덕적 어조와 분위기가 느껴지는 것은 유교 문화의 지속적 영향 때문이다. 중국의 영향력이 커지면서 중국과 서구 사회 간의 가치관 차이는 앞으로 더욱 두드러질 것이며 이는 앞으로 미래지향적인 의미에서 더욱 중요한 의미를 지닐 것이다.

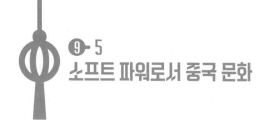

9-5
소프트 파워로서 중국 문화

어떤 국가가 성장하면 선순환 구조가 강화되면서 영향력도 증대
된다. 중국이 더욱 강해질수록 중국에 대해 알고, 중국에 관한 자료
를 읽으려는 사람도 많아질 것이다. 또 중국과 관련된 TV 프로그램을
보거나 중국으로 여행을 가려고도 할 것이다. 중국이 부유해짐에 따
라 덩달아 중국인들 역시 자신들의 소비의 범위를 확대할 것이다. 따
라서 문화 상품 생산량이 급속히 늘 것이다. 가난한 나라는 예술과 문
화를 향유하거나 유지할 만한 자원이 빈약하다. 기껏해야 영화 몇 편
에 따분한 TV 프로그램, 낡은 체육시설 뿐이며, 신문의 경우는 해외
통신원을 지원할 여건이 안 돼 외신은 주로 해외 언론사나 통신사가
제공하는 기사에 의존하게 된다.

몇 년 전에 발표한 보고서에 따르면, 15~35세의 남성 중 스포츠
활동에 적극적으로 참여하는 사람의 비율이 미국은 50퍼센트인 반

면, 중국은 겨우 15퍼센트이며, 스포츠 시설 면적도 중국은 1인당 1 평방미터에도 미치지 못했다. 하지만 중국이 부유해지면서 이제는 눈높이를 높여 과거에는 할 수 없었던 것들을 많이 추진할 수 있게 되었다. 예를 들어 중국은 올림픽을 유치하고 다국적 블록버스터 영화를 제작하며 소림사 승려들의 쿵푸 쇼 월드 투어 지원, 베이징에 최첨단 지하철 체계 건설, 세계적 건축가에게 초대형 건물 디자인 의뢰 등을 할 수 있게 되었다. 즉 국가의 부와 경제력은 소프트 파워와 문화적 영향력의 전제 조건이다.

할리우드는 다른 나라의 영화를 서서히 밀어내며 50년 넘게 전부를 잠식하다시피 세계 영화 산업을 지배했다. 그러나 할리우드는 두 라이벌의 위협에 직면해 있다. 이러한 움직임과 관련해서 미국 미디어·문화 연구가 마이클 커틴은 다음과 같이 말했다.

"최근의 무역과 산업, 정치, 미디어 기술의 변화로 아시아 미디어 산업은 급격한 확장과 변모를 거쳤다. 인도와 중국의 영화와 TV 프로그램 제작 산업은 아직 흥행 수입 측면에서는 할리우드에 뒤지지만 규모나 대중을 열광시키는 측면에서는 만만찮은 경쟁자로 등장하고 있다. 이제 미디어 제작자들은 중국의 미디어 수요자가 미국과 유럽의 미디어 수요자를 합친 것을 처음으로 앞설 것이라는 사실에 주목하기 시작했다."

지난 10년 동안 중국 출신 영화배우 궁리와 리롄제, 장쯔이, 홍콩 출신의 청룽이 유명해지면서, 중국 출신 영화감독 장이머우와 천카이거, 대만 출신 영화감독 리안도 함께 서구 사회에 널리 알려졌다. 최근에는 엄청난 예산을 투입한 블록버스터 중국 영화들이 중국과 서구 사회에서 관객 몰이를 하고 있다. 이러한 영화로는 〈영웅〉 〈와호장룡〉 〈연인〉 〈포비든 킹덤〉 〈황후화〉 등을 들 수 있다. 이러한 현상은 중국 영화 산업의 변화를 단적으로 보여주는데, 중국의 영화가 예산이 적게 드는 이전의 실험 영화에서 벗어나고 있음을 알 수 있다. 블록버스터 중국 영화는 주로 중국 왕조 시대의 찬란한 역사를 소재로 하며, 무술 장면이 많이 등장하는 사극 형태인 경우가 많다. 따라서 할리우드 영화와 중국 영화는 문화적 특징을 반영하기 때문에 구성이나 접근 방식이 크게 다를 수밖에 없다. 할리우드에서는 해피 엔드를 중시하지만 중국 영화에서는 이것이 주된 관심사가 아니다. 할리우드에서는 액션 장면이 중요하지만 중국 영화에서는 무술 장면이 중요하다. 미국 관객에게는 영화의 리얼리티가 중요하지만 중국 관객에게는 사회적 리얼리즘이 중요하다. 아마도 머지않은 미래에 중국의 영화 산업은 할리우드의 세계 헤게모니를 위협할 것이며 중국 영화만의 독자적 가치를 세계 속에서 구현할 것이다. 또 소니가 컬럼비아를 인수하듯이, 조만간 중국 기업도 할리우드 스튜디오를 인수할 것이다. 하지만 이러한 인수가 할리우드 스타일 영화에 큰 영향을 미치지는 않을 것이다.

한편 동아시아의 무술이 지금 서구 사회에서 크게 유행하고 있다는 사실에 관심을 가질 필요가 있다. 50년 전 서구 아이들은 싸움을 잘 하려면 권투나 레슬링을 잘 해야 한다고 생각했다. 그런데 1970년 이후부터는 상황이 바뀌어, 권투보다는 중국의 쿵푸, 일본의 유도, 한국의 태권도가 그 자리를 대신했다. 또 나이 많은 사람들 사이에는 태극권이 유행했다. 동아시아 무술이 널리 유행하고 있다는 사실은 또 다른 진실을 보여주고 있는데, 체육관들이 동아시아의 전통과 관행에 따라 외양을 꾸미면서 이미 서구식 모습에서 탈피하고 있는 현상에서도 나타난다.

중국의 경제 성장과 세계 도처에 분포하는 중국 공동체의 성장은 중국 예술품 시장마저 바꿔 놓았다. 중국 예술품은 불과 몇 년 전까지도 국제 예술품 시장에서 별 관심을 끌지 못했다. 하지만 지금은 뉴욕과 런던에서 중국 예술품을 취급하는 경매장이 늘고 있으며, 여기에는 중국인 구매자가 서구 구매자만큼 많이 몰려들고 있다. 2006년 세계에서 가장 큰 경매장인 소더비와 크리스티에서는 총 1억 9,000만 달러에 달하는 당대의 아시아 예술가들의 작품이 팔렸으며, 이 중 대부분이 중국 예술가 작품이었다. 뉴욕과 런던, 홍콩의 경매 시장에서도 계속 기록이 경신되고 있다. 2006년 말 베이징의 한 경매장에서는 중국 현대 미술의 거장 류사오둥이 그린 유화가 어떤 애호가에 의해 270만 달러에 팔려, 중국 예술가의 작품 중 가장 높은 가격을 기록했다. 2006년에는 장샤오강의 작품들이 총 2,360만 달러에 팔리면서 작품 판매 기준 세계 100대 예술가 순위 가운데 2위를 기록하기도 했다. 100대 예술가 중 중국인 예술가는 24명이 포함되어 있었다. 5년 전에는 거의 없었던 것에 비하면 대단한 약진이다. 이러한 변화는 중국 예술의 국제적 영향력이 크게 증대되고 있음을 입증한다.

그러나 중국은 언론 매체의 기술이나 자율성 부문에서는 아직도 서구에 크게 뒤떨어져 있다. 최근 중국 정부는 국영 통신사인 신화통신의 규모를 확대하여 세계를 상대로 활동 영역을 확장하려는 계획을 추진하고 있다. 또 중국은 〈런민르바오〉의 해외판을 만들고 영자 신문 〈글로벌 타임스〉를 창간했으며, 국영 방송국 CCTV의 해외 송출 프로그램을 더욱 전문화하고 아시아 위성 방송 시청자들에게 다양한 중국 채널을 시청할 수 있도록 했다. 서구 방송사인 CNN과 BBC가 확보하고 있는 해외 시청자 규모에 비하면 중국 방송사들은 아직은 시작 단계를 거치고 있다. 그러나 알자지라 방송의 성공에서 보듯이, 서구 방송사를 상대로 도전장을 던지는 일이 생각만큼 어렵지는 않다. 앞으로 10년 정도의 세월이 흐르면 해외 시청자 대상 채널 신설, 〈런민르바오〉의 해외판 확대, 새로운 웹 사이트 신설 등을 통해 국제 미디어 영역을 확대하려는 중국 정부의 노력이 상당한 결실을 거둘 것으로 보인다. 예를 들어, CCTV의 잠재력을 과소평가해서는 안 된다. CCTV는 이미 3,000만 명에 달하는 해외 시청자를 확보하고 있다. 특히 베이징 올림픽 개회식을 중계할 때는 평균 5억 명의 중국인이 CCTV를 시청했으며 시청률이 가장 높을 때는 약 8억 4,200만 명이 시청했다. 2008년 CCTV의 수입은 2002년 10억 달러에 비해 상당히 증가한 25억 달러에 이를 것으로 예상된다. 이러한 중국 내 입지를 감안하면 중국이 해외로 뻗어 나감에 따라 CCTV의 국제 잠재력은 어마어마할 것이다.

아마도 중국의 패권 장악을 가장 충격적으로 받아들이는 쪽은 미국과 유럽을 비롯한 서구 사회가 될 것이다. 오랫동안 누려 온 역사적 입지를 중국에 빼앗겨야 하기 때문이다. 이로 인한 변화는 실로 엄청날 것이다. 서구 사회에서는 그동안 2세기는 족히 넘게 유럽과 미국이 나서서 세계의 패권을 장악해 왔다. 1945년 이후 유럽 사회는 더 이상 세계 정치를 주도하는 입장이 아니라는 사실을 받아들여야 했다. 유럽, 특히 영국과 프랑스는 과거에는 세계 패권국으로 크게 위력을 떨쳤지만 지금은 세계의 중심에서 멀어지고 있다는 허탈감에 사로잡혔고 정신적으로 큰 상처를 입게 되었다. 그나마 유럽의 패권이 넘어간 곳이 미국이라는 사실은 어느 정도 위안이 되었다. 냉전 시대에는 구소련에 대한 적대감으로 서구라는 개념이 변화되고 강화되었고, 서유럽 국가들은 여기에 편승해 1989년까지는 미국과 함께 세계를 주도하는 위치에 남아 있을 수 있었다. 물론 여기서 서유럽과 미국의 관계는 일반적으로 나타나지 않는다. 미국은 유럽인들이 이주해서 건국한 나라였기에 자신의 출신지인 구세계 유럽과 일심동체라고 생각했던 것이다. 즉 지정학적 요구뿐 아니라 역사와 문명, 문화, 민족, 인종적 요인이 작용해 미국과 서유럽 간의 동맹을 강화시켰다.

하지만 중국이 세계의 패권국으로 등장하는 데는 이러한 보상이 따르지 않는다. 쇠퇴해 가는 유럽뿐 아니라 헤게모니를 잃는 미국도 마찬가지다. 최소한 유럽은 지난 50년 동안 쇠퇴와 폐위를 경험했기 때문에 이러한 운명에 대해 어느 정도는 준비가 되어 있다. 그럼에도 아직까지 국제 사회에서 점점 약화되어 가는 입지를 인식하고 여기에 적응하는 데 커다란 어려움을 겪고 있다. 이러한 맥락에서 가장 두드러진 곳은 영국이다. 높은 자리를 확보하고 세계적인 영향력을 유지하기 위해 결사적으로 미국의 바짓가랑이를 물고 늘어지고, 항상 미국의 그림자만 따라다니며 주인이 하라는 것은 무엇이든 하겠다는 자세를 취하고 있다. 영국의 대외 정책은 오랫동안 미국의 대외 정책을 복제하기만 했으며, 국방정책과 첩보 정책도 미국의 정책에 의존하거나 통합되고 있다.

유럽이 이러한 쇠퇴의 길을 걷고 있는 반면, 미국은 서서히 존재감을 잃어 갈지도 모를 상황에 처했다. 하지만 세계의 패권국으로서의 위력을 상실했을 때 나타날 변화에 미국은 전혀 준비가 되어 있지 않다. 금융 위기가 발생하기 전인 2007~2008년 대통령 선거 운동 당시 오바마 진영에서는 미국이 퇴보를 겪으리라는 생각을 하지 않았다. 미국은 미래가 어떻게 전개될지 잘 모르는 채 과거와 현재의 영광에 만족하고 이러한 영광이 미래에도 지속될 것으로 믿고 있다.

미국의 쇠퇴는 이제 겨우 시작일 뿐이다. 앞으로 수십 년에 걸쳐 다양한 사건들이 일어날 것이다. 중국이 서구 국가들과는 다른 문명과 역사를 가지고 있으며 지리적으로도 다른 좌표 축에 놓여 있다는 사실에서 서구 국가들은 상실감과 혼란, 불안감을 점점 더 크게 느낄 것이다. 서구로서는 상당히 거슬리고 심기가 불편하겠지만, 전 세계는 더 이상 예전처럼 서구적인 것을 추구하지 않는다는 사실을 알게 될 것이다. 또 자신들이 오래도록 우월적인 지위를 누리는 동안 자신들에게 문물을 배우고 서구화를 추진하려고 했던 국가들이 이제 자신들과 동등한 위치에 있다는 사실도 깨닫게 될 것이다. 서구 국가들은 난생처음 다른 문화, 다른 국가와 관계를 맺고 그들의 달라진 위력을 깨닫게 될 것이다. 미국은 장기간에 걸쳐 경제, 정치, 군사 면에서 정신적 외상을 입게 될 것이며, 심리적, 감정적, 존재적 위기가 눈앞에 다가왔음을 깨닫게 될 것이다. 시간이 지나면서 미국은 지저분한 반응을 보일 가능성이 크다. 세계는 미국이 너무 추한 모습을 보이지 않기를 바라야 한다.

10장_
중국과 더불어 살기

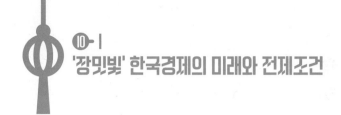

'장밋빛' 한국경제의 미래와 전제조건

　　21세기에 들어와 서방의 경제전문가들은 한국경제의 미래를 '장
밋빛'으로 전망한다. 그들의 그러한 전망에 대한 이유는 무엇일까? 그
들은 그 근거로 거대한 중국시장의 활용 여부를 이유로 든다. 중국에
지리적으로 환경적으로 가까우면서 한국처럼 중국 시장 접근이 용이
하고 유리한 나라는 없다는 것이다. 그런데 여기에는 전제 조건이 있
다. 바로 한반도 통일이다. 그것은 어쩌면 가장 어려운 조건에 속할지
도 모른다. 분단 상태에서는 모든 것이 불완전하다. 중국시장 접근도
'불안한 곡예' 수준을 벗어나기 힘들다. 통일은 민족 최고난도의 숙제
로서 통일로 가는 길이 멀고 험한 것을 모르는 한국인은 없다. 통일을
향한 첫 발걸음은 북한의 고립이 풀려야 시작된다. 그러나 북핵 문제
를 놓고 지난 25년 동안 북미 양국이 머리를 맞대고 협상을 반복했지
만 결과는 아직도 빈탕이다. 최근 그들은 비핵화를 걸고, 마치 처음처

럼 긴 여정을 시작했다.

최근 미국에서도 북한에 대한 인식의 변화가 일어나고 있다. 흡수통일이나 선제 공격 같은 험악한 방향과는 전혀 다른 흐름이 나타나기 시작한 것이다. 그런 전망을 발표한 기관은 골드만삭스다. 그들은 10여 년 전부터 남북의 홍콩식 점진적 통일 가능성을 점치기 시작했다. 그것이 미국의 치밀한 전략의 일부인지 한반도에 대한 깊은 성찰의 산물인지는 아직까지 알 수 없다.

미중 양국이 합리적이고 공감적인 공존의 길을 찾기까지는 앞으로도 많은 시간이 걸릴 것이다. 서방은 끈질기게 '중국비관론'이나 '중국위협론'을 각종 매체를 통해 퍼트리고 있지만, 중국의 발전에 대한 희망적인 전망을 뒤집을 만한 근거는 찾기 어렵다. 앞으로도 중국시장은 계속해서 확장해 나갈 것이 분명하다. 미국과 중국의 경제 시장 규모의 격차는 계속 좁혀지고 있다. 중국은 머지않아 미국을 추월한 다음, 그 확장 추세를 이어갈 것이다. 그러한 과정은 조용하고도 거대한 흐름을 형성할 것이다. 이런 전망은 세계적인 수많은 금융기관들의 예상과도 같은 맥락이다.

미중 양국이 대립과 타협을 반복하는 동안에도 우리는 어느 한쪽에 치우침 없이 양국 시장을 최대한 동시에 활용해 가야 한다. 미중 간에 어느 시장도 소홀히 해서는 안 된다. 그런데 무엇보다 남북이 먼저 손을 마주 잡아야 한다. 그렇게만 된다면 일본과 독일을 누르고 한국이 경제 강국으로 우뚝 서는 길도 열릴 것이다.

신뢰할 만한 과거에 있었던 전망이 존재한다면, 그런 전망은 미래에도 참고가 될 것이다. 그동안 서구는 우리 한국 경제를 어떻게 전망했던가? 영국의 국제전략문제연구소는 덩샤오핑이 개혁개방을 선언하자 곧바로 '중국 개방으로 가장 큰 혜택을 볼 나라'로 한국을 꼽았다. 실제 한국은 미국보다 13년, 일본보다는 20년 늦게 중국과 수교했으나 매우 빠른 속도로 그들을 따라잡으며 중국시장에 접근할 수 있었다. 거기에는 한국의 대륙 시장에 대한 열망과 함께, 중국의 실력자 덩샤오핑의 관심이 크게 작용하였다. 개혁개방을 선언하기 전부터 그가 한국경제를 주목했다는 사실은, 1978년 일본 방문 중에 포항제철 박태준에 대한 그의 관심에서 드러나 있다. 후에 시장경제 착수를 앞두고 극비리에 한국과 수교 준비를 직접 지휘한 사람도 덩샤오핑이었다.

그 후 중국이 WTO에 가입하자, 서방은 다시 한국경제를 '장밋빛'으로 바라보기 시작했다. 미국의 투자은행 골드만삭스, 영국 언론 〈이코노미스트〉, 일본이 주도하는 아시아개발은행 등 세계적인 금융 및 언론 기관들이 바로 그들이다. 지금까지 한중 경제협력 추세를 보면, 그들의 전망은 구조적인 측면에서 틀리지 않았다. 하지만 거기에는 치열한 미중 경쟁이 한국경제에 미치는 충격적인 영향은 송두리째 빠져 있다.

첫째, 중요한 것은 갈수록 밀접한 관계를 맺어 가는 한중을 바라보는 미국의 눈길이다. 미국 입장에서 보면, 한국은 그들의 도움으로 경제발전도 하고 민주화도 이룬 나라다. 자신들이 베푼 은혜를 결코 잊어서는 안 되는 나라이다. 중국의 맹추격에 전전긍긍하는 미국 정부와 언론은 한중 경제협력의 지나치게 '빠른' 속도에 대해 일찍부터 줄곧 우려를 표명해 왔다.

이 같은 세계의 상황에서도 중국의 발전은 계속 이어질 것이다. 미국의 집요한 견제가 있겠지만, 그렇다고 중국경제가 발전하는 데 결정적인 지장을 주지는 못할 것이다. 오히려 미국은 자신들의 중국 견제가 미국의 이익에 부합하며 당연하다고 생각한다. 만일 중국이 힘이 있다면 그 견제를 뚫을 것이고 힘이 없다면 이는 할 수 없는 일이다. 그런데 미국도 중국에 대한 견제에만 집중할 수는 없는 입장이다. 2018년 트럼프가 중국에게 관세폭탄으로 한바탕 창을 휘둘렀지만, 그 이후 다시 5개월 만에 미중 양국은 협상 테이블에 마주 앉았다. 안타깝게도 트럼프가 앉아 있는 자리는 월스트리트보다 결코 높은 위치가 아니었다. 월스트리트의 금융 재벌들을 대결만 하는 바보로 보면 곤란하다. 미국은 언제나 먼저 창을 휘두르지만 반드시 다시 타협을 찾고, 중국은 비록 방패를 들고 있지만 항상 우회로를 찾아 새로운 협력의 길을 모색해 왔다. 미중 간의 이런 대결과 타협의 반복은 그 층위를 변화시켜 가며 21세기 내내 계속될 것이다. 양국이 다시 협상 테이블에 앉아 타협할 때마다 그들의 경제협력은 다시 한 단계씩 나아지곤 한다. 우리는(한국의 입장에서) 미중 간에 벌어지는 일련의 사건들을 단순한 견제나 대립 시각으로만 보다가 위험에 빠진 적이 한두 번이 아니었다. 그들이 다시 협상을 통해 선택하는 타협은 중국경제를 다시 새로운 국제화 국면으로 이끈다. 다시 또 다른 대결로 이어지는 건 시간문제다.

둘째, 한중 경제협력은 지난 40년 동안 세계적 정치 상황이나 문화적 상황에 따라 몇 차례 큰 고비를 넘기면서 상호 협력의 큰 흐름을 이어왔다. 중국의 시장 발전으로 한국이 기회를 누릴 근거는 풍부하다. 우선 한국과 중국은 거리상으로 가깝다. 한국에서 비행기로 두세 시간이면 중국의 웬만한 대도시들에 도착한다. 경제지리학 연구로 노벨 경제학상을 받은 폴 크루그먼 교수는, 무역이나 경제에 가장 큰 영향을 미치는 요인으로 환경적·지리적 조건을 꼽는다. 이뿐만이 아니다. 한국과 중국은 산업구조의 보완성도 절묘하다. 반도체, 석유화학 그리고 가공수출로 통하는 중간재와 소재 등이 양국 무역을 받쳐 주고 있다. 문화적으로도 동아시아 전통문화를 공유해 온 공동문화권이다. 요컨대 한중 양국은 가장 전형적인 자연적 무역파트너 관계에 있다. 앞으로도 한중경제의 협력과 발전은 함께 개척해 나가야 하는 운명적 일이다. 다만, 중국과 경쟁하는 미국을 설득하는 일이 우리에게 주어진 과제이다.

　세 번째, 통일 문제다. 이 문제는 앞의 두 가지 전제에 비해 많은 기다림이 필요한 사안이다. 통일은 우리의 염원이지만 열강의 이해가 깊이 엮여 있다. 19세기 후반부터 서구 열강은 이 땅, 한반도를 세계적인 분쟁 지역으로 몰아넣었다. 그동안 한반도에 영향력을 행사한 핵심 세력은 미국이었다. 그러한 미국이 지난 100여 년 동안 한반도를 놓고 가장 잘 활용한 파트너는 일본이었다. 그 덕에 일본은 지난 한 세기 남짓 한반도의 역경을 이용하며 발전의 길을 질주할 수 있었다. 20세기 초, 미국의 시어도어 루스벨트 대통령은 일본의 한국 점령 과정에서 러일전쟁을 차관으로 지원하고, 포츠머스 회담과 가쓰라-태프트 밀약으로 일본의 한국 점령을 전폭적으로 지원하며 노벨 평화상까지 받았다. 제2차 세계대전이 끝난 이후, 미국은 핵폭탄으로 굴복시킨 일본을 다시 미국의 아시아에 대한 전진기지로 만들었다. 1947

년 냉전 기획자 조지 케넌은 한국을 다시 일본 아래에 두는 전략을 수립하고, 냉전 전략인 '케넌 프로젝트'에 포함시켰다. 그것은 대중국 전략에 중요한 조치였다.

요컨대 지난 100여 년 동안, 한반도 문제는 있어서는 미국이 앞 장서는 한편 일본, 소련, 중국이 차례로 공동 참여하는 형태로 이어져 왔다. 한국전쟁은 분단 고착의 토대가 되었다. 우리 민족은 전쟁과 학살로 350만 동포를 잃었다. 그러나 한국전쟁을 계기로 일본경제가 부흥하고, 중국의 국제적 위상이 재인식되었으며, 핵실험을 감행한 스탈린은 교활한 술수로 날카로워진 미국의 예봉을 피할 수 있었다. 또한 제2차 세계대전의 후유증을 앓던 미국경제도 새롭게 기운을 차리고 재정비하는 여유를 얻었다.

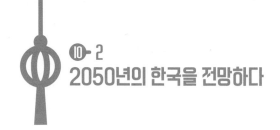

2050년의 한국을 전망하다

그리고 70여 년의 시간이 흘렀다. 오랜 분단은 한국 사회를 병리 현상이 가득한 곳으로 바꾸어 놓았다. 분단 기득권층은 외세에 의존하면서 온갖 특권을 당연시했다. '피식민 근대화'에 이은 '반공 근대화'가 거의 한 세기 가까이 동안 한국 사회를 지배해 온 것이다.

이제 적대적 분단을 협력 공동체로 전환하는 것은 이 시대 우리가 당면한 지상 과제가 되었다. 물론 이러한 문제에 있어 핵심 열쇠를 쥔 것은 미국이다. 트럼프 미 정부가 북한과 정상회담을 통해 북한 문제에 기민하게 반응하는 것은 70년 분단사에 처음 있는 일이다. 무엇보다도 북한의 ICBM이 핵탄두를 싣고 미국 본토까지 날아갈 능력을 갖춘 것이 계기가 된 것이다.

북미 양국 사이에는 이미 제네바 합의, 페리 프로세스, 9·19 공동선언 등 지난 20여 년 동안 실패한 협상이 축적되어 있다. 남북 양측도 2018년 4월 판문점 선언을 시작으로 적대적 긴장을 풀기 위한 노력을 다시 시작하고 있다.

이렇게 남북문제가 어려운 것을 시작으로 중국시장에 대한 접근도 그다지 순조롭지 못하다. 우리 사회는 한중 무역의 발전에도 불구하고, 여전히 중국의 급부상에 초조해하거나 '아니면 말고' 식의 부정적인 시각이 여전하다. 지속적인 사드 압박에서 보는 것처럼, 중국시장 접근에 대한 미국의 견제도 변함없이 굳건하다.

이런 한국 분위기에 대하여, 미국의 저명한 전문가들은 도무지 이해할 수 없다는 반응을 보인다. 중국 최고위층과도 절친한 존 나이스비트 교수와 손턴 브루킹스연구소 이사장 같은 미국 인사들은 이런 한국 사회를 향해 '도저히 이해할 수 없다. 주저 없이 활용하라'고 조언한다. 그들이 한국에 보내는 신호를 이해하기 위해서는 서방이 쏟아내는 한국경제에 대한 장기적인 전망을 참고할 필요가 있다. 특히나 그들이 주목하고 관심을 두는 문제는 특히 남북관계다. 중국시장과 직결되어 있는 남북문제 안에 그들이 전하고 싶은 시사점이 들어 있음은 물론이다.

골드만삭스는 한국경제의 미래를 밝게 보는 은행이지만, 그렇다고 무조건적으로 낙관론을 펼치는 것은 아니다. 그들의 한반도 인식이 오늘날 북미관계 진전과 맥락을 같이 한다는 점을 주목할 필요가 있다. 특히 남북의 통일 방식에 대해서, 미국에서는 처음으로 독일식 흡수가 아닌 중국-홍콩식의 점진적 방식을 전망했다.

그렇다면 여기서 한번 짚고 넘어가 보자. 월스트리트의 황제 은행인 골드만삭스는 어떤 곳인가? 그들은 역대 미국 정부와 밀착하여 협

력해 왔다. 그들이 정부와 전략적 마인드를 공유하는 방식은 정부 요
직을 점령하는 것이다. 여태까지 미국 대통령들은 모두 골드만삭스
에 포위되어 '거버넌스 삭스'라는 조롱을 받았을 정도다. 백악관 비서
실장을 비롯하여 재무부 장관과 세계은행총재, 유럽에서도 유럽중앙
은행 총재와 이탈리아 총리 등 주요 요직을 배출하기도 했다. 미국이
세계 전략을 펼치는 데 가장 중요한 경제 사령탑인 것이다. 트럼프 정
부에서도 재무장관 스티븐 므누신을 비롯하여 6명이 경제 요직을 전
부 차지하고 앉았다. 우리 한국에도 권력과 맞닿는 여러 조직과 연결
되어 있다. 근래 골드만삭스가 한국경제 전망의 큰 틀을 내놓은 것은
2005년부터였다.

"한국경제는 2050년이 되면 미국에 이어 1인당 국민소득 기준으
로 세계 2위 국가가 될 것이다."

이 전망의 대전제는 중국시장 활용이다. 이후에도 골드만삭스는
줄곧 '한국의 1인당 GDP가 장차 세계 2위에 오를 것'이라고 발표해
왔다. 2007년의 보고서에서는 '한국의 1인당 GDP가 2050년에 9만
달러를 넘어설 것'이라고 전망했다. 2008년의 전망을 보자.

"해외투자자들은 한국 투자에 북한을 핵심 리스크로 보는데, 이
는 주로 전쟁과 막대한 통일 비용에 집중되어 있다. 그러나 최근 북한
의 권력 변화 가능성과 동북아시아의 경제구도 역학에 비춰 볼 때 이
는 재평가할 필요가 있다."

이 분석은 아직 김정은 체제가 등장하기 전, 1차 핵실험 이후에
나왔다. 이 보고서에서 골드만삭스는 한국 경제의 아킬레스건이 분단
이라는 점을 지적하고, 북한 경제의 발전 잠재력에 대해서도 매우 높

게 평가했다. 특히나 이 보고서에서 주의 깊게 봐야 할 대목은 남북한 통합 방식에 대한 전망이다. 미국에서 북한 체제의 취약성을 붕괴 가능성으로 해석하지 않았다는 점도 주목된다.

"독일 스타일의 통일보다는 중국과 홍콩처럼 점진적 통합으로 이뤄질 것이다. 이 과정에서 적절한 정책들이 마련된다면 남북 통합비용은 적절한 수준으로 감소될 수 있을 것이다."

2009년 보고서 〈통합 한국은? 북한의 리스크에 대한 재평가〉에서 '한국에게 있어 북한은 리스크이자 동시에 기회'이며 '통일이 위험요인보다는 기회요인으로 작용할 것'이라고 했다. 2008년에 이어 남북한 문제를 긍정적으로 전망했다.

"중국과 홍콩이 50년을 두고 경제협력으로 시작하여 서서히 통합해 나가듯이 점진적인 통일 방식으로 접근하면, 한국도 통일 비용을 충분히 관리할 수 있으며, 7,000조 원 정도로 추정되는 북한의 자원과 세계적으로 우수, 근면, 저렴한 북한 노동력이 거대한 잠재력이 될 것이다."

점진적인 방식으로 남북한의 통일이 진행되면, 한국경제는 GDP 규모 면에서 30~40년 내에 독일과 프랑스, 일본 등 주요 G7 국가들을 모두 앞지를 것으로 보았다. 우리 사회 내에서도 2018년 판문점 선언 이후, 남북한 통일에 점진적이고 평화적인 접근 방식을 취하는 것이 현실에 부합한다는 분위기가 형성되기 시작했다.

이러한 움직임은 미중 시대가 전개되면서, 한국의 전략적 가치가 변화하고 있다는 신호로 해석된다. 오랫동안 남북이 대립하는 군사적 완충지대로 지목되었던 한반도가 이제는 경제발전 지역으로 전환되고 있는 것이다. 미중 양국이 한국과 비슷한 시기에 자유무역협정을 체결하고, 북한과 비핵화와 경제발전을 논하는 협상으로 태도를 전환한 것은 모두 이런 변화에 속한다. 이미 미중 양국은 한반도 남북이 양국 중에 어느 쪽과 더 친밀한 관계를 유지하게 될 것인지에 관심을 두기 시작하는 분위기도 감지된다.

그러나 한반도 상황의 진전은 누구도 사전에 가늠하기 힘들다. 한반도 문제는 미국의 동북아 전략과 직결된 것이다. 따라서 미국은 세계 경제의 중심지역으로 떠오르는 동북아 지역을 놓고 신중할 수밖에 없다. 사업가 출신 트럼프와 워싱턴 정가가 북한을 바라보는 시선이 사뭇 다른 점도 미국 내 여론 분포의 다양성을 말해 준다.

트럼프는 북핵 제재를 미중 무역 협상과 연계하여 중국 정부에 협력을 요구했고, 중국은 미국의 요구를 받아들였다. 중국은 미국과의 관계에 임하면서 한편으로 북한에 대한 제재 완화를 요구하며, 다른 한편으로는 미국의 요구를 받아들이는 양면 전략을 사용한다.

한국경제, 미중 시대에 당면한 과제들

미국은 중국이 얼마나 놀랍고도 빠르게 발전을 하고 있는지 잘 알고 있다. 중국을 다녀온 미국의 정치인들이나 고위 관료들은 중국의 발전이 너무 빠르다고 혀를 찬다. 세계 경제에서 중국이 차지하는 경제 규모도 빠르게 확장되고 있다. 1978년에 1.8퍼센트에 불과하던 세계경제에서의 비중이 2017년에는 15.2퍼센트로 커졌다. 구매력 기준으로는 이미 2014년에 미국을 추월했고, 2018년 시장 규모는 20조 달러를 넘어섰으며, 사회기반시설 역시도 대부분 서구보다 더 최신식으로 건설되고 있다. 이런 놀라운 발전에 힘입어 중국 정부가 얻은 것은 무엇보다도 국민의 높은 지지율이다. 퓨리서치 센터가 조사한 각국의 중국 호감도에서도 호감을 가진 나라가 49퍼센트로, 비호감 32퍼센트를 앞질렀다. 중국경제가 자국에 미치는 영향에 대해서도 긍정적이라는 반응이 53퍼센트, 부정적 반응이 27퍼센트로 나타났다.

중국의 경이로운 발전에 직면하여, 그동안 미국은 압박과 타협을 반복하는 불안정한 대중국 전략을 되풀이해 왔다. 이러한 표면적 상황 앞에서 우리가 유념할 것은 이런 대립에도 불구하고 양국은 놀라울 정도로 상호 경제협력을 발전시켜 왔다는 사실이다. 그렇다면 이런 현상은 무엇을 의미하는가? 미국으로서는 중국과의 패권 경쟁을 피할 수 없고, 절묘한 경제적 보완구조를 통한 협력도 외면할 수 없는 입장에 놓여 있다. 그런 가운데 미중 양국은 상호 수출 1위, 수입 1위 국가로 자리 잡았다.

우리에게 중요한 것은 미중 양국의 대결과 타협을 중립적인 관점에서 편협하지 않은 시각으로 관찰하고, 판단하고, 전략을 수립하는 일이다. 그렇다면 우리가 유의해야 할 과제에는 어떠한 것들이 있을까?

중국에 대한 사람들의 평가는 제각각이다. 어떤 이들은 중국에 대한 지나친 무역의존도를 낮춰야 한다고 주장하고, 어떤 이들은 중국경제가 내리막길이라고 주장한다. 그러나 현재 중국의 경제발전과 그 지속가능성을 뒤집을 만한 근거가 없다. 시장 규모의 확장 속도가 그런 사실을 말해 준다.

지금 한국경제의 발전 동력은 세계 최대의 시장인 미중 양국을 동시에 활용하는 데서 나온다. 이 추세는 앞으로도 계속될 것이다. 세계 시장의 40퍼센트를 차지하는 미중 시장은, 치열하게 경쟁하는 것처럼 보여도 시간이 흐를수록 상호 연결고리가 굵어지고 있다. 양국은 대결만 하는 바보들이 아니다.

미중 양대 시장 사이에서 균형을 잡으며 활용하는 것은 우리 한국경제만의 독특한 현상은 아니다. 수많은 나라가 미중 양국과 글로벌 밸류체인으로 연결되어 있다. 하지만 한국의 위상이 여느 국가들과 다른 점은 미중 양국의 이해가 가장 민감하게 대립하는 지리적, 정치적, 경제적 위치에 놓여 있다는 점이다. 요컨대 한국은 동아시아에 몇 안 되는 비화교 국가이면서도 중국시장과 가장 긴밀하게 연결되어 있는 국가이다. 그리고 미중 양국과 동시에 FTA를 체결한 특이한 나라다. 이를 계기로 미중 양국은 한국경제에 대한 주도적 영향력을 놓고 더욱 치열하게 경쟁한다.

한국과 중국, 양국이 협력을 진행하는 것을 지켜보는 미국의 시선은 너무도 매섭다. 미국 입장에서 본다면, 한중 경제 협력은 결국 중국의 부상을 돕는 결과로 이어지기 때문이다. 오늘날 한국이 달성한 정치 민주화와 경제성공에 대해 미국은 그들이 지원하여 성공한 대표적인 국가라고 자부한다. 그런 한국이 중국과 경제적으로 '지나치게' 빨리 가까워진다는 것은 미국의 입장에서는 우려스러운 일이라는 것이다.

중요한 것은 이런 격변의 회오리 속에서도 한국이 취할 수 있는 최선책은 미중 양국 시장을 모두 활용하는 것이다. 무엇보다도 미중 양국은 서로 단절된 시장이 아니고 연결된 시장이라는 점이다. 그리고 한국은 양국 시장을 잘 활용해 온 경험과 역량을 보유하고 있다. 불안한 곡예는 남북관계가 안정될 때까지 불가피하겠지만, 양국 시장의 동시 활용이 최선책임을 잊어서는 안 된다. 정권에 따라 미중 사이에서 오락가락하는 것은 금지된 장난이다.

중국이 추격하고 미국이 견제하는 대립과 전략적 협력의 험악한 흐름은 앞으로도 더욱 거세어질 것이다. 양국의 대립은 그침 없이 수시로 터질 것이다. 이런 그들의 대립에 우리가 촉각을 세우고 유의해야 함은 물론이다. 그러나 그들은 지난 40년 동안 서로 할퀴면서도 동시에 껴안는 이해할 수 없는 방식으로 협력을 진전시켜 왔다. 1990년대 WTO 가입을 둘러싸고 벌어진 3년 반 동안의 양국의 협상 과정은 전쟁을 방불케 했다. 2018~2019년 무역협상과는 비교도 안 될 만큼 분위기가 살벌했다. 앞으로도 미국이 이런 패턴을 되풀이하면서 미치광이 전략을 구사할 가능성은 언제든지 열려 있다. 그들의 협력은 그런 방식으로 굴러왔다.

지난 200년의 암흑 기간 동안, 중국이 가장 주목한 나라는 미국이었다. 이는 미국도 마찬가지였다. 미국도 중국을 주목했다. 미국이 본격적으로 중국 대륙에 발을 디딘 계기는 아편전쟁이었다. 이때부터 중국시장에의 진출은 미국의 꿈으로 자리 잡았다. 중국에서도 혁명가 쑨원을 비롯하여 미국에 집중하지 않은 지도자는 없었다. 몰락의 위기를 넘어 신해혁명과 신문화운동을 계기로 다시 일어나는 과정에서 중국 지식인들은 사회주의 혁명으로 타오르는 러시아와 함께, 떠오르는 신예국인 풍요의 나라 미국을 주목했으며, 그들 중에는 조지 워싱턴을 존경한 마오쩌둥도 포함되어 있었다. 건국 이전부터 현재까지 중국공산당이 추구해 온 미국에 대한 전략을 이해하는 일은 과거에서 미래로 향하는 미중 관계의 커다란 흐름을 파악하는 일이다. 이러한 작업은 오늘날 미중 양국의 치열한 경쟁을 이해하는 데도 필요한 과정이다. 혼란과 혁명을 거치면서 100여 년간 중국이 꾸준히 추구해 온 목표는 '통일과 독립'이었다. 건국 이후에도 미국처럼 중국의 이런 목표에 심대한 영향을 미친 나라는 없다.

건국 이전부터 중국은 미국과 협력하기 위해 전략을 집중했으나, 실제로 협력에 이르기까지는 길고 험난한 과정을 거쳐야 했다. 미국이 지닌 '중국을 관리하겠다는 미련'과 체제 갈등은 앞으로도 상당 기간 이어질 가능성이 매우 높다. 그럼에도 불구하고 현재를 살고 있는 우리는 양국의 경제 협력이 거대한 규모로 계속해서 발전하고 있음을 보고 있다. 이것이 현실이다. 미중 양국은 얼핏 반목하고 있는 듯하지만 궁극적으로는 협력을 전제로 대립하고 있음을 잊으면 곤란하다. 미중전략경제대화에 그들이 협력하는 진면목이 들어 있다. 우리 한국이 찾는 기회도 그들의 협력 안에 들어 있음은 물론이다.

지금의 현재를 살며 앞으로의 미래를 정확하게 예측하는 것은 쉽지 않다. 중국의 개혁개방 선언을 바라보면서, 서방에서는 앞으로 중국이 서방과 같은 자본주의 민주체제가 될 것이라고 믿으며, 두 손 들고 환영했다. 그러나 서방의 예상은 보기 좋게 빗나갔다. 우리가 할 수 있는 것이라고는 그저 다가오는 미래에 가장 가까운 징표들을 찾아내는 것뿐이다. 앞으로 중국 경제가 지속적으로, 그리고 독특하게 발전하게 될 근거는 적지 않다. 중국의 발전 추세를 살펴 세 가지로 정리하면 다음과 같다.

첫째, 중국의 '대일통 大一統' 현상에 관심을 기울여 보자. '대일통'은 중국 대륙이 하나로 통일된 국가를 지향하는 현상을 말한다. 대일통은 진시황이 첫 통일국가를 이룬 이래 내려온 중국의 역사적 정체성이다. 중국인들은 '거대함'이라는 규모와 중국을 결코 떼어서 생각하는 법이 없다. 중국인들이 생각하기에 통일이 안 된 중국은 중국이 아니다. 19세기와 20세기 전반, 대일통은 서구에 의해 크게 위협받았지만 이제 위협은 거의 사라져 간다. 오늘날 우리가 중국의 대일통에 새삼 주목하는 이유는, 중국이 세계 최대의 거대한 규모의 시장으로 부상하는 데 가장 중요한 토대가 바로 이 '대일통'으로부터 시작되기 때문이다. 중국공산당 정부가 내세우는 첫 번째 원칙도 '하나의 중국', 곧 '대일통'이다. 아직도 미국과 일부 서구세력들은 홍콩과 대만, 티베트 그리고 몇몇 변방 지역들을 거론하며 여러 가지 방식으로 갖가지 매체를 동원하여 수시로 언급하며 자극하는 움직임이 남아 있기는 하다. 그러나 그 위협 수준은 낮고, 중국 정부도 적절히 대응하고 있다.

최근에는 이와 같은 대일통 현상이 '해외 화교 네트워크'로 확장되고 있다. 세계화상대회 등이 중국의 거대한 경제적 토대 위에서 더욱 활력을 더하고 있는 것이 바로 오늘날 대일통 현상이다.

둘째, 중국인들 사이에서 더 없이 고조되고 있는 자신감과 열망을 주목하자. 지난 40년 동안 빠르게 경제적 성과들을 쌓아 올린 중국인들은 그 어느 때보다 자신감과 열망으로 고조되어 있다. 무거웠던 과거와는 결별한 지 이미 오래다. 중국의 변화와 성공에 대해 일부 국가들 사이에 반감과 거부감이 뿌리 깊이 박혀 있기는 하다. 그러나 중국은 그런 국가들에 대해 '친구도 아니고, 적도 아니다'라는 태도로 아무런 거리낌 없이 상호 경제협력을 이어간다. 결국 오늘날 중국이 집중해서 전략을 추진하는 것은 오로지 하나, 경제발전인 것이다. '친구도 적도 아닌' 나라가 적지 않지만, 그중 가장 대표적인 나라는 바로 미국이다. 그들은 "친미, 반미는 전략이 아니다"라고 말한다.

경제적 성공을 향한 중국인들의 기대와 열망은, 정부에 대한 신뢰와 더불어 어려움을 극복해 나가는 인내심으로도 작용한다. 중국경제는 쉽지 않은 경제 연착륙에 성공하며 현재 6퍼센트 대의 경제성장률을 이어가고 있다. 이런 성공을 이끄는 힘은 정부의 정교한 정책뿐 아니라, 성공적인 미래에 대한 중국 사회의 믿음에서 나온다. 이러한 경제 연착륙은 앞으로 중국경제가 안정된 성장을 이어가는 데 중요한 토대가 될 것이다.

셋째, 중국 리더십의 유연성에 대해 살펴보자. 미국이 창을 내밀면 중국은 방패로 막으며 직접 맞대결하기보다는 우회 전략을 구사한다. 대결보다 경제 목표를 달성하는 게 더 중요한 것이다. 미국은 점점 초조해한다. 미국의 이러한 견제 심리가 어떤 변화를 일으킬지 예상하기 어렵다. 그러나 미국이 일정한 선을 넘지 않는 한, 중국이 앞서서 정면으로 맞서는 태도를 보일 가능성은 매우 낮다.

이제 거대 중국의 앞날은 그동안의 경제적 성공으로 얻은 자신감을 얼마나 유연하게 발휘해 나가느냐에 달렸다. 중국은 어떠한 방법으로 미국의 집요한 견제와 압박을 이겨낼 수 있을까? 그렇다면 미국이 휘두르는 막강한 힘은 어디서 나오는 것인가?

미국의 위력은 기축통화인 달러와 막강한 군사력에서 나온다. 1971년 금본위제를 벗어난 달러는 지금까지 그 가치를 지키는 데 성공하고 있다. 그러나 달러의 위력은 이전만 못해, 점차 그 세력을 잃어가고 있는 게 요즘의 현실이다. 역대 미국 정부들이 세계를 상대로 경제와 안보 양면에서 과도하게 에너지를 소모해 피로감이 쌓이고 있음이 역력하다. 오바마 정부 이후 미국의 위축된 위상은 더욱 분명해지고 있으며, 세계 유일의 초강대국이면서도 세계를 상대로 자국을 보호하기 위해 강력한 보호주의를 강화하는 희한한 일을 벌이고 있다. 지금의 미국은 이전의 미국이 아니다. 성장 동력의 미진함과 취약점을 자신들의 내부에서 찾으려는 노력은 찾기 어렵고 모든 문제를 해외로 떠넘긴다. '미국은 제일'인데, 다른 나라들이 문제라는 것이다.

이와 대조적으로, 중국은 다자주의와 개방주의에 더욱 주력한다. 동남아를 비롯하여, 아프리카, 중남미의 90여 개 국가들과 경제협력의 수준을 점차 높여 나가며 연대감을 끌어올리고 있다. 거기에 고대 실크로드를 연상시키는 '일대일로' 전략이 유럽으로까지 뻗어가고 있다.

10-4
중국의 DNA

개인의 자유를 중시하는 서구에서는 '중국이 발전을 한다고 해도 일당 체제하에서 자유를 구속받는다면 무슨 의미가 있는가'라고 묻곤 한다. 실제, 오늘날 중국인들이 그들의 생활에서 가장 중요하게 생각하는 것은 무엇일까? 그들이 중시하는 것은 중국 정부가 지난 40년간 이어온 경제발전과 경제활동의 자유를 계속해서 유지하고 보장하는 것이다. 이 점이 중국공산당에 대한 높은 지지율로 이어져 있다. 많은 중국인들은 '마오쩌둥이 조국과 민족의 자존심을 돌려주었고, 덩샤오핑이 삶의 경제적 여유를 갖게 해주었다'며 자랑스럽게 생각한다. 중국인들은 마오쩌둥이 공과 과가 뒤얽힌 인물이지만, 그가 아니었으면 오늘날 중국의 '통일과 독립'은 어려웠을 것이라고 생각한다. 결국 중국공산당의 절대적 권위는 마오쩌둥으로부터 출발한다. 중국공산당은 14억 인구 중 1억에 가까운 인구가 당원인 세계 최대의, 여느 조직과도 비교하기 어려운 특별한 조직체다. 이러한 중국공산당은 우리가 생각하는 일반적인 서방 사회의 정당 개념과 비교하는 것은 무리다. 서양 체제와는 그 역사적, 문화적 DNA가 다르다. 중국문화는 집단과 전체 사회를 중시하는 역사적, 문화적 특성이 있다. 서구가 개인 문화라면, 중국은 집단 문화다. 이 집단 문화는 그들의 정체성인 '대일통'으로 맥락이 이어진다. 그리고 이 대일통은 거대한 통일 시장으로 나타난다.

아이러니하게도 대부분의 서구인들은 중국도 언젠가 서구식 민주주의를 원할 것이라고 생각한다. 중국인들 역시 자유의 소중함에 대하여 서구인들의 의견에 반대하지 않을 것이다. 다만, 자유의 개념은 사람에 따라, 속한 사회에 따라 각기 다른 의미로 다가온다. 서구와는 다른 독특하고 유구한 역사와 문화적 전통, 그리고 지난 200년 동안 쓰라린 고난과 격동을 겪어온 중국인들에게 자유의 개념이 서구와는 차이가 날 수도 있다. 지금 중국인들은 모처럼 비교적 안정된 사회에서 경제 발전의 길을 질주하고 있다. 대부분의 중국인들은 자국의 사회안정과 경제발전이 계속해서 이어지기를 바란다. 이 점이 자유보다 특별히 강조된다면 통치 방식도 서구와 같을 수는 없을 것이다. 중국에서 생각하는 자유와 서구 사회에서 받아들이는 자유는 기본개념으로는 다르지 않다. 그러나 사회적으로 표출되는 양식은 서로 다른 특성을 지닐 수 있음을 인정하고 받아들일 수 있어야 한다. 중국과 미국, 중국과 서구의 대결과 타협에도 이런 전제가 필요할 것이다.

"지금 중국은 군사력이 아닌 경제력으로 부상하고 있다." 헨리 키신저의 말이다. 이 점은 미중 대결의 한계로 작용한다. 경제력으로 부상하는 중국을 겨냥하여 '투키디데스의 함정'이라는 수천 년 전 그리스 전쟁사를 내세우며 전쟁이라도 불사하려는 속내를 숨기지 않는 미국으로서는 다소 초점이 엇갈리는 상대를 만난 것이다. 미국이 해외 군사 기지로 글로벌 네트워크를 만들었다면, 중국은 화교라는 국제적인 상인조직으로 연결되어 있다. 미국은 중국 주변에서 항공모함과 신무기를 내세우며 군사적 위용을 과시하며 긴장을 고조시켜 나갈 것이다. 과거 소련은 군사력으로 미국과 맞서다 허술한 경제력이 바닥나며 스스로 붕괴되었다. 그러나 중국은 그런 소련과는 다른 시장경제로 사회주의의 길을 걷고 있다. 미국 군사전문가들은 중국의 군사력이 미국의 8분의 1 수준이라고 말한다. 중국의 국방예산도 미국의 그것에는 많이 모자란다. 다만 핵과 우주, 해양 등 다양한 전쟁에 대비하여 방어 수준은 충분히 갖추고 있다는 것이 정설이다.

고대 이래 중국은 전통적인 상인국가다. 실크로드가 군인의 길이 아니라 상인의 길이었듯이 오늘날 시진핑 국가주석이 주창하는 일대일로도 세계로 나가는 무역의 통로다. 중국 부상에 기폭제 역할을 한 것도, 전쟁이 아니고, 2001년 실현된 WTO 가입이었다. 이 시기는 9·11 테러 발발시기와 일치하는데, 그 후 2008년 미국발 글로벌 금융위기가 겹쳐 미국은 안보와 경제 양 측면에서 혼란을 겪게 되었다. WTO 가입을 계기로 중국의 대외무역은 하늘 높이 비상하며 중국경제에 예상하지 못한 활력을 불어넣었다. 게다가 거기에 서방 경제의 위축이 겹치자, 중국은 '나 홀로' 성장으로 세계 경제를 견인하는 새로운 위상을 확립했다. 미국과는 정반대 방향의 길을 걸어 온 것이다.

9·11 테러나 미국발 금융위기가 발발했을 때, 미국 정부가 가장

먼저 찾은 것은 중국이었다. 2001년에는 부시 대통령이, 2009년에는 오바마 정부의 힐러리 국무장관이 중국을 찾았다. 그리고 부시는 중국 정부에 반테러 협력을, 힐러리는 금융 협력을 요청했다. 중국 정부는 미국의 요청에 기꺼이 협력을 약속하고 그 약속을 이행했다. 중국은 911 테러가 발발한 지 석 달 후 WTO 정식 회원국이 되었다.

중국이 부상하고 미국과 시장 규모가 역전된다고 해서 중국이 미국처럼 되는 것은 결코 아니다. 다만 미국 일방주의는 서서히 막을 내리고, 이미 시작되고 있는 다원화 시대가 점차 확산될 것이다. 그리고 중국은 상인 국가의 길을 계속 걸어갈 것이다.

뒤늦게 제조업 대국으로 부상한 중국은 이제 앞으로의 국가 비전으로 서비스와 첨단 중심 국가로의 전환을 계획하고 있다. 서비스업의 육성과 경쟁력 강화에 나선 중국은, 2013년부터 미국에 이어 세계 2위의 서비스 수입국이 되었다. 전체 GDP에서 서비스업이 차지하는 비중도 미국의 76퍼센트에는 크게 뒤지지만 58퍼센트까지 올라섰으며, 서비스 분야 고용도 전체 고용의 절반을 넘어섰다.

그러나 중국 서비스산업의 질적 수준은 아직 시작 단계에 불과하다. 2016년 7월에 발표된 HSBC 보고서에서는 "중국의 서비스업은 저부가가치 산업 비중이 높아 그 생산성이 제조업의 80퍼센트 수준 정도다. 서비스업의 비중을 지나치게 빠른 속도로 확대하는 것이 중장기적으로는 생산성을 떨어뜨릴 수도 있다"고 지적했다. 그 대안으로 중국 정부는 스타트업 기업의 창업을 지원하는 한편, 산업구조 고도화 전략의 일환으로 4차 산업혁명과 연계하여 제조업과 정보통신기술 ICT의 융합에 초점을 맞추고 있다. 중국 정부가 야심차게 추진하

는 '중국제조 2025' 전략도 서비스산업 육성과 연계되어 있음은 물론
이다.

중국 내 서비스 시장의 이런 움직임은 그동안 제조업 위주로 진출
해 온 한국기업에게도 새로운 기회요소가 될 것이다. 한국의 제조업
가동률은 2010년 이후 그동안의 장밋빛 과거를 뒤로 한 채 내리막길
로 접어들었다. 중국과 동남아의 영향이 반영된 것이다. 한국이 할 일
은 한편으로 제조업의 비교우위를 계속해서 활용하면서도, 서비스 분
야의 중국시장 진출에 보다 전략을 집중할 필요가 있다. 우리 업계에
서 가장 기대하는 분야는 콘텐츠와 레저 등이지만, 현재 중국시장에
서 가장 발전 속도가 빠른 서비스 분야는 금융업과 부동산을 비롯하
여 공공관리, 교육, 정보·소프트웨어, 상업서비스, 위생, 사회보장, 문
화 등이 꼽힌다.

지금이라도, 아니 앞으로 남북이 손을 잡으면 한반도에 장밋빛 미
래가 펼쳐진다는 것을 모르는 사람은 없다. 그러나 그리로 가는 길은
잘 포장된 페이브먼트가 아니다. 우리 사회에서는 1990년대 초부터
동서독 통일 방식을 닮은 '흡수통일' 방식이 유행하기 시작했다.

그러다 다행히 황당한 '흡수통일론'은 물 건너가고, 홍콩의 '일국
양제'와 유사한 '연방제'가 등장했다. 지금 상황에 있어 무엇보다 우선,
적대 관계를 협력 관계로 전환해야 한다. 그러나 쉽지 않다. 미국은 남
북한이 통일 이후 친중국화할 가능성을 우려하는 반면, 중국은 통일
한반도가 친미국화할 것을 염려한다는 일각에서의 소문도 떠돌고 있
다. 한반도에 대한 영향력을 두고 이들 양국이 벌이는 주도권 다툼은
앞으로도 그침이 없을 것이다. 25년이 넘도록 북미 양국은 비핵화 협

상을 했지만 아직 이렇다 할 아무런 성과도 없다. 북미 협상 관계에서 주도권을 쥔 쪽은 미국이다. 미국이 지금껏 '적대적 분단의 현상유지'를 뛰어넘는 결단을 내리지 못하는 모습을 주목할 필요가 있다.

현재 동북아는 세계의 경제 중심으로 떠오르고 있으며, 북한은 비핵화를 담보로 타협을 원한다. 이제 북미 간 결단이 남았다. 많은 핵 전문가는 합리적인 접근을 원한다. 트럼프 정부가 강경파에 귀를 기울인다면, 그것은 또 다른 '현상 유지' 전략이다.

"그럼 통일이 그렇게 쉽게 될 거라 생각했나?" 북한의 삼지연 관현악단 현송월 단장의 말이다. 그렇다. 통일은 과도한 욕심으로 밀어붙이기보다는 경제협력으로부터 시작해야 한다. 그러나 '반공 근대화'의 길을 걸어오면서 그동안 남북의 경제협력은 밀려나 있었던 것이 사실이다. 사석에서 중국인들은 이렇게 말한다. "우리 중국도 미국과 경제협력을 하는데, 남북한도 경제협력으로 길을 찾아야지요." 중국은 온갖 험난한 과정을 거치면서도 40년 넘게 미국과 경제협력의 끈을 단단히 붙들고 가는 중이다. 앞으로의 남북관계 개선에 국력을 집중하는 것은 한국의 미래를 위한 최선의 방책이다.

한반도가 세계 분쟁의 출발점이라고 지적한 대표적인 인물은 중국 총리 저우언라이와 미국 학자 한스 모겐소였다. 그들이 아니더라도 수많은 사람들이 이 점을 강조했다. 그런 한국이 많은 사람들로부터 '한국의 발전이 경이롭다'는 긍정적인 평가를 받고 있다. 그것은 결코 쉬운 일이 아니었다. 우리 한국처럼 열강의 이해가 끊임없이 충돌하고, 대외 경제의존도가 높은 나라는 세계적으로도 찾아보기 어렵다. 거기에 70여 년의 적대적 분단과 이를 빌미로 한 정치판의 혼란도 그친 적이 없다. 그럼에도 불구하고 한국은 세계적인 무역 강국으로 부상한 데 이어, 경제와 문화의 창의력도 주목받는 나라로 올라섰다.

자, 그렇다면 여기서 우리에게 가장 큰 영향을 미치는 미중 양국을 보자. 아직 미국은 중국의 발전된 상황을 받아들일 준비가 전혀 되어 있지 않다. 아니, 그럴 의사도 없다. 안보를 내세워 중국의 추격을 견제하는 데 전력을 기울이는 한편, 북핵 문제에서도 중국에 대해 북핵 제재에 참여를 압박한다. 미중관계와 북핵 문제가 뒤얽혀 있는 것이다. 이것이 지금 한국이 직면한 핵심적인 대외 환경이다.

북핵 문제의 전환은 거대한 하나의 해결의 장이다. 거기에는 남북관계 개선뿐 아니라, 고립된 북한의 개방을 통해 동아시아의 긴장구조를 평화구조로 전환할 수 있는 연결고리가 들어 있다. 이제 그동안 미중 양국이 지켜오던 '한반도의 적대적 분단에 대한 현상 유지'는 변화를 향한 임계점에 도달했음이 분명해졌다. 한반도의 미래가 가야 할 목표는 뚜렷하다. 모처럼 한반도와 동아시아가 평화와 번영을 꿈꾸기 시작한 것이다. 그러나 목표를 달성하기 위해서는 제대로 된 인식에서 출발해야 한다. 일찌이 '4대국 보장 중립국'을 주장하고, '6·15 남북공동선언'을 주도한 김대중 전 대통령은 1988년 여름 이렇게 말했다.

"우리나라처럼 열강으로부터 영향을 많이 받는 나라는 없어요. 그러면서도 세계의 움직임에 대해서 이처럼 무관심하게 살아가는 현상은 세계 7대 불가사의에 추가해야 할 일입니다."

한 세기 이전부터, 한반도는 미국 등 한반도를 둘러싼 주변 열강의 이해가 맞물려 세계적인 분쟁 지역으로 고통을 겪어 왔다. 주변의 열강들은 진작부터 한반도를 협상이나 밀약의 대상으로 삼았다. 1945년 분단을 비롯하여, 1953년 한국전쟁 휴전, 1971년 미중 화해 직전 한반도 밀약 그리고 2000년대 북핵 제재와 미중 경제협력 연계 등에 그들의 발자취가 드러나 있다. 이런 과정은 우리가 북핵 외교를 접근하는 데 북미 관계와 함께, 미중 관계에 대한 제대로 된 인식이 얼마나 중요한가를 말해 주는 것이다. 가장 관건이 되는 나라는 미국 이다.

서구에서 본 한국은 어떤 이미지를 띠고 있는 걸까? 유럽의 정복 자 나폴레옹은 한국을 어떻게 생각했을까? 1817년 세인트헬레나에 서 유배생활을 하던 나폴레옹이 인사차 방문한 영국 동인도회사의 한 선장으로부터 선물로 받은 조선 장죽을 물고 한국(조선)에 대한 얘 기를 들었다. 그는 선장에게 "내가 세계를 다시 통일한 다음 한국을 꼭 찾아보리라"고 말했다. 카이사르와 알렉산더에 이어 정복자로 군 림한 나폴레옹에게는, 단 한 차례도 대외공격 없이 수천 년 동안 나 라를 유지해 온 한국인들의 역사와 문화가 신기했던 것이다. 다른 나 라와의 끊임없는 전쟁을 생활의 일부로 아는 그들에게 조선은 '독특 한' 나라였다.

2019년 5월 30일, 제주포럼에 참석한 하버드대 그레이엄 엘리슨 은 "북핵을 조속히 해결하여 미중 간에 우발적인 전쟁을 막아야 한 다"고 말했다. 중국경제의 추격 때문에, 아니면 북핵 때문에 미중 전 쟁이 우려된다는 것이었다. 미국이 한반도를 포함한 동아시아의 전 세계적인 부상에 어떤 관점으로 접근하는지를 알게 해주는 대목이 다. 근래 한국을 오가며 관찰한 폴 케네디 예일대 석좌교수는 이렇게 말한다.

"한국은 세계적인 외교력을 갖추어야 한다. 그리고 강력한 경제력이 뒷받침되어야 한다. 한국은 자신의 독특한 상황에 맞추어 한국만의 독자적인 방식을 추구할 수도 있다. 그리고 모든 주변 강국들과 대화해야 한다. 한중 관계도 중요하다는 것을 미국에 설득해야 한다. 한국의 의회 정치는 형편없는지 모르지만 경제나 외교는 인상적이다. 한국은 강점과 약점을 포함해 여러 가지 특성이 혼합적으로 나타나는 나라다. 그렇기 때문에 세계의 지정학적 공간에서 부상하려는 한국은 스스로를 다른 나라들과 비교하지 않는 게 좋을 수도 있다. 한국은 너무나도 독특한 나라다. 억지로 다른 나라와 비교할 필요는 없다."

요컨대 한중 외교 관계를 강화하기 위해서는 미국의 협조가 필요하다는 충고다. 중국 정부와 긴밀한 관계를 유지해 온 브루킹스연구소의 존 손턴 이사장도 같은 견해다. 손턴은 한국 정부와 기업이 중국을 잘 알지 못해 문제라고 지적한다. 이런 지적에 대해 미래학자이자 중국 전문가인 존 나이스비트도 동의한다. 그는 한국에 와서 중국을 경계하는 한국의 분위기에 깜짝 놀라는 미국인 중 한 사람이다. 서구의 석학들이 보는 중국은 어떻게 변하고 있는가? 영국 케임브리지 대학 선임연구원 마틴 자크는 이렇게 지적한다.

"쇠퇴하는 미국은 중국의 경쟁적 공격(추격)에 대한 두려움을 갖고 있다. 무역전쟁이 끝난 후 미국은 더 큰 패배자가 될 것이다. 미국은 세계의 다원성을 거부하는 퇴행적인 모습을 보이고 있다."

이런 주장은 미중 간에서 미국의 우세를 점치는 일부 한국의 국내 분위기와는 사뭇 다르다. 외교 전략의 기본은 상대 나라를 제대로 인식하는 능력에서 출발한다. 그래서 외교 전략에는 국가의 종합적인 역량이 총동원된다. 미국에 헨리 키신저가 있다면, 중국에는 왕후닝이 있다. 키신저는 1970년대 초, 베트남전쟁으로 수렁에 빠진 미국을 위해 중국과는 사우디를 무대로 동분서주한 외교관이었다. 키신저는 중국과는 화해체제를, 사우디와는 페트로 달러 체제를 구축하는 데 집중했다. 1971년 10월, 화해를 앞두고 키신저는 비밀리에 저우언라이 중국 총리와 만나 한반도 분단의 현상 유지를 약속했다. 이들 간의 비밀 협약은 지금도 여전히 작동하는 분위기다. 90세가 훌쩍 넘은 키신저는 지금도 베이징과 워싱턴을 오가며 미중 양국 사이의 외교 밀사로 반세기를 뛰고 있다.

왕후닝은 누구인가? 중국 최고의 미국 전문가인 왕후닝은 장쩌민과 후진타오, 시진핑 3대 국가주석을 보좌하며 30년 가까이 중국이 초강대국으로 가는 길을 안내하고 있다. 그의 손에서 당이 시장경제를 주도해야 한다는 논리도 나왔고, '아메리칸 드림'에 맞서는 '차이나 드림'으로 새로운 미중 관계의 깃발을 올리기도 했다. 키신저와 왕후닝, 이들은 지금도 한반도 문제에 깊숙이 관여한다. 이런 전문가들이 나오기까지 풍부한 지적 인프라가 지원하고 있음은 물론이다.

11장 _
미국과 중국의
희망적인 미래 조건,
공유와 신뢰

'빅뱅'과도 같은 중국의 폭발적 성장

세계화는 광역권 간의 연결성과 상호 의존성으로 이해할 수 있다. 거래, 금융자본, 기술, 정보 등의 국가 간 흐름을 통해 전 세계 경제와 시장이 하나의 영역권으로 통합되는 현상이다. 또 세계화는 각국을 하나의 영역권으로 통합시킴으로써 경제적 관점에서 국가, 기업, 국민의 고유 역할과 정체성 차이를 모호하게 한다.

세계화는 또한 '관계 중독'이라는 일종의 경제적 '장애 현상'을 유발할 수도 있다. 여기서 관계 중독이란 병리적 관점에서의 '의존성'을 의미한다. 세계의 생산자와 소비자로서 서로 간에 대규모 상품 및 금융자본의 흐름을 만들어내며 서로 단단하게 얽혀 있는 미국과 중국의 경제 관계가 대표적인 예다. 불균형적인 경제 기조 때문에 자국에 필요한 경제 요소를 상대국에서 찾아야 하는 상황 속에서 양국 간에 병리적인 의존적인 관계가 형성된 것이다. 이런 관계가 양국에 득이 되기도 하지만 그 이면에 서로에 대한 심각한 위험도 도사리고 있다. 심리학자들은 결국 불균형적인 의존성은 정체성의 위기, 책임의 부정, 타인 비난 등의 병리적 증상을 유발한다고 경고한다. 중국과 미국의 관계를 보면 불균형적인 의존성에 내포된 이런 병리적 특성이 고스란히 드러난다.

아이러니하게도 전 세계를 넘나들며 하나의 헤게모니를 형성하게 만든 인자인 '인터넷'이 의존 관계를 형성한 국가에서 정체성 위기를 유발하는 인자가 되기도 한다. 인터넷은 광역 연결성을 통해 세계화를 촉진하는 요소로 작용하기에 국가 간, 문화 간, 경제권 간의 경계를 모호하게 한다. 중국과 미국은 최대 다수의 인터넷 사용자를 보유한 국가이기 때문에 인터넷이 시민 혹은 네티즌, 기업, 정부 간의 소통 수단과 기준을 변화시킬 요소로 작용할 수 있다.

최근의 중국 내 사정을 살펴보면 이런 사실이 더욱 두드러진다. 2007년 중국은 인터넷 사용자 수에서 미국의 그것을 넘어서면서 세계에서 가장 많은 인터넷 사용자를 보유하게 되었다. 이외에도 중국이 인터넷 강국으로 부상했음을 입증하는 자료는 아주 많다.

그러나 정작 여기서의 핵심은 인터넷의 성장 속도와 규모가 엄청나다는 사실이 아니다. 정말 중요한 것은 인터넷이 국내외 연결성의 의미 자체를 바꿔놓을 정도로 국가 간의 경계를 모호하게 하면서 정체성 자각에 심각한 혼란을 가져왔다는 사실이다. 바로 세계화이다. 그런데 중국에서는 인터넷 사용자 간의 연결성이 점점 높아지면서 전에 없던 중국인으로서의 '국가 정체성'이 싹트기 시작했다. 중국 내 그동안 분열되어 있던 다양한 인구 집단이 인터넷의 광역 연결성을 통해 하나로 결집하게 되었다. 바로 이것은 소비자 사회의 기본 특성 가운데 하나인 강한 응집력으로 연결되었다. 그동안의 중국에서 나타나던 사회현상인 '파편화' 사회 혹은 '분열상'은 소비자 사회를 지향하는 중국에 가장 큰 걸림돌이었다. 그런데 인터넷이 제공한 연결성으로 중국은 자국의 이런 부분을 해소할 수 있다는 점이 매우 중요하다.

문제는 이런 연결성이 일당 체제 안에서 공생의 길을 찾을 수 있을까 하는 부분이다. 다시 말해 내일의 중국 앞에 던져진 가장 큰 과제 가운데 하나는 이 둘의 균형을 어떻게 잡을 것인가 하는 것이다. 그러나 이는 어디까지나 앞으로의 문제이고 지금 가장 중요한 것은 분열되었던 중국의 사회를 이어주는 '연결성'이다. 앞으로의 중국은 소비자 중심 사회를 지향한다. 그런데 이런 인터넷을 기반으로 하는 연결성이 소비자 중심 사회의 핵심 동력이 될 수 있다. 그리고 앞으로도 이 연결성은 점점 더 중요해질 것이다. 그런데 중국 내 사회적 균형성과 연결성을 지향하는 과정에서 중국은 결국 개인의 자유와 정치 개혁 그리고 궁극적으로는 민주주의라는 까다로운 쟁점과 맞닥뜨리게 될 것이 분명하다.

미국은 중국과 불균형적인 의존 관계를 맺고 있으면서도 중국 경제 내에서 일어난 이 중요한 변화의 움직임을 제대로 포착하지 못했다. 과거 역사를 돌이켜보면 이런 일이 드문 것도 아니고 이런 실수를 미국만 저지른 것도 아니다. 유럽을 포함한 서방 사회 역시 이러한 실수를 저질렀다. 조너선 스펜스는 13세기 이후 서구 사회는 중국을 또 다른 자신으로, 즉 중국을 본질적으로는 서구의 제국주의 국가들과 크게 다르지 않은 세계로 인식해 왔다고 주장했다. 중국에 대한 이런 오해는 서구적 관점에 기인한 이중의 정체성 위기를 조장할 뿐이다. 요컨대 이로 인해 미국 같은 국가는 이런 오해 탓에 중국에 대한 고정관념에서 벗어나지 못했고, 그 결과 끊임없이 변화하고 있는 중국의 역사적·사회적 역동성을 제대로 감지하지 못했다.

현재 중국 경제에 대한 미국의 시각에는 중국에 대한 이런 편향된 이미지가 반영되어 있다. 결국 이 때문에 수많은 정치인과 정책 입안자 그리고 기타 비평가들이 미중 양국 시스템의 극명한 차이를 간과하고 있는 것이다. 그런데 좀 더 냉철하게 분석하면, 중국은 아직 1인당 소득이 미국의 8분의 1밖에 안 되는 개발도상국이다. 중국은 현재 중앙정부(중국공산당)가 주도하는 계획경제의 특성과 시장 주도의 특성이 섞인 혼합형 자원 할당 체제를 유지하고 있다. 또 일당 체제, 급속한 고령화, 공격적 도시화 정책, 잉여 저축, 수출과 투자 중심 수출 모형 등의 특징을 보유하고 있다. 하지만 미국의 경우는 중국과 다르다. 이 모든 면에서 중국과는 정반대인 것이다. 따라서 미국이 자국을 바라보는 것과 같은 방식으로 중국을 바라볼 수도 없고, 또 그렇게 바라봐서도 안 된다. 그러므로 양국을 바라볼 때는 각기 다른 관점으로 바라봐야 한다. 여기서 더 중요한 것은, 양국이 서로를 바라보는 렌즈뿐 아니라 세상을 바라보는 렌즈에도 큰 차이가 있다는 사실이다. 그런데 미국은 중국에 대한 뿌리 깊은 고정관념 때문에 이 중요한 사실을 놓치고 있다.

중국 역시 서구 사회에 대해 선입견을 가지고 있는 게 마찬가지다. 19세기 중반 아편 전쟁에서 치욕을 맛본 이후 서구 사회를 바라보는 중국의 시각에는 지독한 모멸감이 남긴 상처가 여전히 사라지지 않앉다. 그래서인지 중국은 서구 사회의 일상적이고 평범한 지적이나 비난에도 지나치게 예민하게 반응하는 경향이 있었다. 그런데 문제는, 이런 격렬한 반발이 경제 혹은 안보 정책에 영향을 미치기도 했다는 사실이다. 남중국해에 대한 영유권 주장, 일본과의 갈등 격화, 보호무역주의적 토착 기업 지원 등 최근 중국이 보인 공격적인 외교 행보가 여기에 해당한다.

미중 관계에서의 개인적이고 심리적 차원의 원한과 적의가 미국과 중국의 갈등을 고조시키고 있다. 정체성 위기와 맞물려 서로에 대한 선입견이 결합하면서 문제가 더 복잡해졌다. 심리학의 '방어기제' 차원에서 양국의 관계를 살펴보면, 심리적 기제의 본질상 미중 간의 의존적 경제 관계에 내포된 위험성이 점점 커지다가 병적 수준에 이르게 되면 상호호혜적 관계에서 서로를 파멸시키는 파괴적 관계로 변질될 수 있다. 이런 위험성이 고조됨에 따라 무역 전쟁이라는 최악의 시나리오가 실현되거나 사이버 해킹을 동반한 IT 전쟁이 촉발될 수도 있다.

그렇다면 미래의 중국과 미래의 미국이 자기반성을 통해 의존의 '위험성'을 공존의 '기회'로 바꿀 수는 없는 것일까? 건전한 의존 관계라는 전체적인 공존의 장에서 '의존을 상호공존으로 바꾸는 것'이야말로 거대한 흐름을 거스르지 않는 일이 될 것이다.

한 국가의 핵심 가치들은 세월의 흐름에도 변하지 않고 그대로일 수 있지만 경제 부문은 상황이 좀 다르다. 지난 30년 동안 중국의 경제 발전 시계는 다른 국가의 시계보다 서너 배 정도는 더 빨리 돌아갔다. 이 말은 결국, 중국의 경제 성장 속도가 서너 배는 빨랐다는 의미다. 1980년 이래 중국의 1인당 GDP는 30배 이상 증가했다. 지금의 선진국이 100년 이상에 걸쳐 이룩한 일을 중국은 단 30년 만에 해치운 셈이다.

과거 중국의 경제 성장 속도만큼이나 빠른 것이 현재의 인터넷 성장 속도다. 2012년 말, 중국의 인터넷 사용자 수는 5억 6,400만 명이었다. 단 6년 만에 그 수가 4배 이상 증가한 셈이었다. 2005년에는 미국의 인터넷 사용자 수가 중국의 거의 2배였는데, 그 이후 상황이 역전되어 중국의 인터넷 사용자가 미국의 인터넷 사용자보다 2배 이상 많다. 이는 인도보다 4배나 많은 숫자이고 다른 개발도상국보다는 훨씬 많은 숫자다.

게다가 중국의 인터넷 사용자의 수가 더 증가할 가능성도 충분히 있다. 2012년 당시 중국의 13억 인구 중 인터넷 사용자의 비율은 42퍼센트 정도였다. 이러한 수치는 한국, 일본, 미국 등의 인터넷 보급률의 절반을 약간 넘는 수준이었다. 중국이 이 격차를 절반 정도만 줄여서 인터넷 보급률을 60퍼센트로 끌어올린다면 사용자 수가 2억 4,000만 명이나 늘어나는 셈이다. 이런 증가분은 2억 4,500만 명으로 추산되는 미국의 인터넷 사용자 수와 거의 맞먹는 수준이다.

중국의 네티즌은 결코 인터넷 서핑만 즐기는 소극적인 대중이 아니다. 중국의 인터넷 사용자의 절반 이상이 정기적으로 마이크로블로그 혹은 소셜네트워크 SNS에 접속한다. 인터넷 접속을 통한 SNS 활동은 일상적인 웹 서핑보다 훨씬 적극적이고 강도 높은 온라인 활동이다. 자료를 보면 중국 네티즌의 1일 평균 인터넷 사용 시간은 약 2.6시간으로, 이러한 수치는 15~40세 연령대의 1일 평균 TV 시청 시간보다 한 시간 정도 긴 수치이다. 대다수의 전 세계 다른 국가와 마찬가지로 중국 네티즌의 SNS와 마이크로블로그 사용이 폭발적으로 증가하고 있다. 2012년 한 해에만 24퍼센트나 증가했다. 사용자 수로 따지면 3억 900만 명이 늘어난 것이고 이는 중국 인구의 23퍼센트에 해당한다. 그래도 아직은 중국 네티즌의 마이크로블로그 사용자의 비율이 인터넷 사용자의 55퍼센트에 불과하다. 이는 전 세계 블로그 사용자의 평균 비율인 70퍼센트에는 훨씬 못 미치는 수준이기 때문에, 중국의 인터넷 사용 현황 중 이 부문에서의 성장 잠재력이 높다고 하겠다.

중국이 소비자 사회로 성공적으로 진입할 수 있느냐가 이와 같은 요소를 통해 판가름 날 것이다. 다시 말해, 네티즌의 활동 범위가 넓어지고 사용자 수가 폭발적으로 증가하는 지금의 현상이 중국의 미래에 긍정적으로 작용할 것이다. 적어도 경제적인 측면에서만 보면 그렇다. 현재 전체 인구의 20퍼센트가 넘는 사람이 중국 최대 SNS인 웨이보를 통해 서로 소통하고 있으며 이 새로운 흐름이 중국 소비자의 힘을 더욱 크게 키우고 있다. 마이크로블로그나 SNS를 이용하지 않는 나머지 소극적 인터넷 사용자까지 합친다면 이 힘이 더욱 배가될 것이 분명하다.

많은 사람들이 온라인 활동을 통해 서로의 기호나 취향 그리고 생활 습관 등을 공유하고 있다. 인터넷 사용자 집단의 규모가 급속하게 팽창하여 공통의 기호나 취향, 선호도라는 형태로 지식을 공유하고 서로 동화되는 현상이 가속화된다. 따라서 인터넷이 없던(인터넷을 사용하지 않던) 시절보다 훨씬 빠르게 소비자 사회의 기본 특성이 구축된다. 중국 서부 내륙에 있는 쓰촨 성의 대도시 청두의 젊은이들도 지금은 인터넷을 통하여 상하이나 선전 같은 부유한 해안 도시의 젊은이들이 무엇을 사고 어떤 옷을 입는지 잘 안다. 4불 경제론에 익숙한 그들의 부모 세대에게는 이런 변화가 더욱 절실하게 필요할 수도 있다. 4불 가운데 하나인 '부조화'의 문제를 인터넷이 해결해줄 수도 있기 때문이다. 즉 인터넷이라는 새로운 생활환경이 중국이 부조화 사회에서 조화 사회로 전환되는 데 도움을 줄 수 있다.

매킨지의 최근 조사에 따르면, 최근의 중국 사회에서 소비자 사회로의 이행에 소셜미디어가 중요한 역할을 하고 있음을 알 수 있다. 중국 소비자는 기본적으로 상품 광고같이 상업성이 짙은 '공식적 발표'를 불신하는 경향이 있기 때문에 이보다는 웨이보를 통한 직접적 추천을 더 신뢰한다. 매킨지의 자료를 보면 실제로 중국 소비자는 소셜미디어 사이트에 우호적인 평이 올라온 제품, 특히 친구나 지인이 강력하게 추천하는 제품을 사는 경향이 있었다. 가장 최근의 온라인 쇼핑 추세를 봐도 이런 경향성이 두드러진다. 중국의 온라인 쇼핑객 수가 겨우 1년 만에 43퍼센트 증가하여 2012년 말 2억 4,200만 명이 되었다. 이는 2011년의 온라인 쇼핑객 증가율인 25퍼센트보다 훨씬 높은 수치다.

그런데 이쯤에서 하나 짚고 넘어갈 문제가 있다. 중국 정부가 소비 주도형 성장 모형에서 항상 간과하는 요소가 하나 있다. 계획경제 체제에 익숙한 중국인의 경제 DNA에는 소비자 기질 혹은 소비자 습성이라는 것이 반영되어 있지 않다는 점이다. 중국으로서는 중국 소비자들의 소비자 DNA의 부재 때문에, 방황하는 중국 소비자를 자유로운 소비의 세계로 인도할 기적의 '불씨'가 필요한 셈이다. 여기에는 신기술이라는 외생적 요인이 그 도화선이 될 수 있다. 좀 더 구체적으로 말하면 급속하게 팽창하는 인터넷 사용 인구에서 그 해답을 찾을 수 있다. 그런데 그 시점이 참으로 묘하게 맞아떨어진다. 친소비형 성장에 초점을 맞춘 제12차 5개년 계획과 시기상 맞물렸다는 점이 그렇다. 중국 소비자들의 인터넷의 광범위한 사용으로 중국이 염원하던 소비자 중심 성장 모형으로의 재균형화가 탁상공론으로 그칠 일은 없을 것 같다.

역사적 교훈을 되짚어 보면 지속적 경제성장은 산업화만으로는 역부족이다. 경제성장을 촉발하는 것과 성장을 지속하는 것은 서로 전혀 다른 문제다. 경제가 성장 가도에 올라섰더라도 '소비자 수요'라는 동력이 충분히 보장되지 않으면 성장이 지속되기 어렵다. 소비지출은 각기 다른 형태로 경제성장의 동력 역할을 한다. 전쟁 중에 억압되었던 수요가 종전 후에 분출되었던 것이 좋은 예다. 미국의 개인 소비지출은 1944년 GDP의 49퍼센트에서 1954년에는 GDP의 63퍼센트로 증가했다. 이보다는 좀 덜 극명한 예이기는 하지만 시간을 조금 거슬러 올라가면 이와 유사한 사례를 찾을 수 있다. 19세기 후반에 영국과 일본도 산업혁명 덕분에 이와 비슷한 경험을 했던 것이다.

역사적으로 보건대 학계에서는 경제성장을 이끄는 원천에 관해 격렬한 논쟁이 벌어지곤 한다. 그러나 기술 변화, 인적 자원에 대한 투자 증가, 혁신의 확산, 전쟁이나 혁명 등 내외부 사건에 대한 반응 등 중국 경제의 기적적인 원동력이 무엇이었든 한 가지 분명한 사실은 소비자 수요가 경제 성장의 도화선이 되어 주지 않으면 지속적 경제성장은 불가능하다는 것이다. 그런데 오랫동안 생산자 주도형 성장 모형에 의존했던 중국 경제에는 이 도화선이 부족했다. 이제 '인터넷 혁명'이 불씨가 되어 소비자 주도형 성장 모형으로의 전환을 촉진해 줄 것이다.

경제 성장의 동력에도 위험은 따른다. 인터넷이 비단 경제의 영역에만 영향을 미치는 것은 아니라는 사실을 보여주는 증거는 많다. 그리고 대다수 국가가 이를 경험했을 것이다. 여기에는 중국도 예외가될 수 없다. 인터넷은 공론화의 장을 마련하는 계기가 됨으로써 사회적 참여와 관여의 기준을 변화시킨다. 그런데 이보다 더 중요하고 핵심적인 사안은 인터넷이 정치 개혁 논쟁을 불러일으키고 또 그 논쟁의 수위를 최고로 높인다는 점이다. 특히 정치 개혁 논쟁은 중국 당국이 매우 민감해 하는 부분이다. 인터넷의 가장 큰 특징은 실시간 의사소통의 장을 마련해 준다는 것이다. 이는 중국 정부에게는 정치적으로 매우 부담스러운 환경이다. 더 나아가 이 때문에 국가 통치의 투명성을 요구하는 목소리가 커질 가능성도 있다. 또 인터넷은 중국 네티즌에게 사회 경제적 지위 향상, 표현의 자유, 정부의 책임 등에 관한 담론을 마음껏 전개할 장을 제공한다. 그런데 이런 사회·경제적 환경은 내일의 중국 앞에 까다로운 질문을 하나 던져 놓는다. 의미 있는 정치 개혁 없이 소비자 사회의 등장과 번영이 과연 가능할까?

중국으로서는 이런 논쟁은 오래전부터 계속되어 왔기에 전혀 새롭지 않다. 중국의 역사 속에는 예술가, 과학자, 작가 등 이른바 지식인의 항거로 이루어진 역사가 분명히 존재한다. 지식인의 항거에 대한 중국 정치권의 기본 방침은 인내와 관대함이었다. 그러나 이런 관대함도 국가나 정권의 존립이 위협받기 이전에만 보여줄 수 있는 국가적 원칙이다. 명나라 말기 끈질기게 이어졌던 역모 사건, 청나라 초기 명나라 복원을 위한 항청 운동, 청나라의 몰락, 1919년의 5·4운동 등 이런 예는 수없이 많다. 이런 사건들은 모두 치명적인 위험성을 지녔지만 체제 붕괴를 일으킬 정도로 위협적이지는 않았다. 무력 진압은 최후의 보루로 남기려 했던 당국은 그런 봉기가 용인 가능한 일상적 수준의 항거인지, 아니면 체제 붕괴를 유발할지도 모르는 매우 위험한 반란인지를 능숙하게 구분했다.

오늘날에도 중국 정부의 이런 원칙과 태도에는 큰 변화가 없다. 공산혁명이 발발했던 1949년 이후에도 중국에는 1957년의 백화제방에서부터 문화대혁명에 이르기까지 정치 사회적 혼란과 항쟁이 줄을 이었다. 그런데 백화제방과 문화대혁명은 반정부 세력이 아니라 마오쩌둥을 중심으로 한 공산당 수뇌부가 주도한 것이었다. 이상의 사건들은 물론이고 1978년 '제5의 현대화'라는 제목의 대자보로 절정을 이뤘던 1970년대 말의 민주화 운동 당시에도 중국 정부는 이같은 원칙과 자세를 고수하려 했다.

그러던 1989년 6월 톈안먼 사태 때는 중국 정부의 이런 관대함이 한계를 드러냈고 이 반정부 운동은 비극적 결말을 맞고 말았다. 중국 공산당도 처음에는 인내와 관대함을 계속 유지하려 했지만 그 심각성이 도를 넘어 정권의 운명까지 위협을 받자 당 지도부도 더는 관대해질 수가 없었다. 결국에는 어떤 희생을 치르더라도 반드시 톈안먼 사태를 진압해야 하는 상황을 맞닥뜨리게 되었다. 일상적 저항과 반정부 시위에 대한 정부의 시각에 갑자기 변화가 생겼다. 중국 역사 속에 끊임없이 등장했던 사회적 혼란상은 사회 발전을 도모하는 '건전한 것'이 아니라 사회 안정을 저해하는 '해로운 것'이라는 인식이 생긴 것이다. 더 나아가 현대 중국 지도자의 기억 속에 사회적 불안정이 중국의 정치 체제를 위협할 수 있다는 사실이 깊이 새겨지게 되었다. 따라서 지금의 정치 개혁 논쟁은 1989년 이전의 개혁 논쟁과 같은 맥락일 수가 없다.

이후 중국 정부에는 국가의 정책 기준과 사회적 규범 형성에서 '안정성'을 최우선시하는 경향이 생겨났다. 원자바오가 4불 중 첫 번째로 '불안정'을 강조하듯이 경제적 안정성 역시 매우 중요하다. 사회적, 정치적 불안정과 관련한 부분에서는 특히 그렇다. 이 새로운 기준에 따라 요즘 중국 정부는 사태가 걷잡을 수 없는 지경이 되기 전에 안정성을 위협하는 요소를 미리 제거하는 방향으로 나가고 있다.

고립된 지역에서 당겨진 도화선이 순식간에 전국으로 퍼져 나가게 하는 것이 인터넷의 강력함인 만큼 이런 접근법은 인터넷 시대에 더욱 중요한 의미가 있다. 이런 우려 때문에 중국 정부는 1999년의 파룬궁 사건, 2008년 쓰촨 대지진 이후 정부에 대해 분출된 분노,

2008~2009년 티베트와 신장웨이우얼 자치구의 인구 폭동, 2011년 원조우 고속 열차 충돌 사고, 2012년 보시라이 몰락 등에 보다 적극적으로 대응했다. 이상의 사건이 발생할 때마다 웨이보 대화방에서 관련 사건에 대해 열띤 토론과 의견 교환이 이루어지는 것에 당황한 중국 정부는 재빠르게 인터넷 검열에 들어갔고 결국은 이런 인터넷 상의 활동을 통제했다.

아마도 중국 내에서는 앞으로 안정성과 정치 개혁 간의 상호작용에 큰 변화가 있을 것이다. 지금까지는 생산자 모형을 기본으로 조화를 모색했었다. 중국의 생산, 조립, 유통 체계의 목표는 주로 외부 수요 충족에 초점이 맞춰져 있었다. 그런데 중국 내부의 불안정에는 이와는 판이한 위험성이 내포되어 있다. 그렇다고 해서 중국 정부가 토지 수용에 따른 항거 빈발, 기초 식료품 부족, 환경 문제 등에는 전혀 신경 쓰지 않았다는 의미가 아니다. 그러나 이런 부분들은 외수 의존적인 중국의 경제적 성과에 그렇게 대단한 영향을 끼치지는 않았던 것이 사실이다. 생산자 모형이 중국의 경제 성장을 견인하던 시절이었기 때문에 당 지도부와 국민 모두 여기에 만족했다. 그리고 중국 정부는 아직까지도 이 기조를 유지하고 있다. 적어도 현재로서는 그렇다.

하지만 중국 내에서 앞으로 소비자 사회로의 전환에 초점을 맞춰 재균형화가 진행된다면 사회적 개입 혹은 사회 참여의 기준과 방식에도 변화가 생길 것이다. 앞으로의 중국이 소비자 주도형 성장 모형을 통해 지속 가능한 경제 성장을 도모하는 동시에 인터넷 사용자가 급증하는 상황까지 더해진다면 또 다른 성격의 사회적 불안 요소들이 발생할 수 있는 가능성은 얼마든지 있다. 내수 기반 성장 기조로 바뀌면 그간의 일당 체제를 통한 국가 지배 구도에도 변화가 생길 것이다. 인터넷을 통해 하나로 연결된 중국 네티즌의 소비자의 관점에서 정부의 역할을 재평가하는 상황이 되면 어떤 현상이 벌어질까? 물론 어찌 될지는 정확히 확신할 수 없다.

그런데 여기에는 하나의 단서가 존재한다. 중국이 소비자 사회로 전환이 된다고 해서 정치 체제까지 자유선거를 통한 대의 민주주의로 바뀌어야 한다는 의미는 아니라는 것이다. 적어도 지금은 그렇다. 2011~2012년 아랍의 봄을 계기로 재균형화의 요구가 함축된 정치적 개혁이 주목받게 되었다. 이러한 정치적 운동의 기폭제가 인터넷이었고 당시 중국도 인터넷이 급속히 보급되는 추세였기 때문에 특히 촉각을 곤두세울 수밖에 없었을 것이다. 중국 정부는 당시 중국 언론에 비친 시위의 부정적 부분과 아랍의 봄에 대한 제한된 정보를 근거로, 이와 비슷한 일이 중국에서 벌어질 것을 크게 우려했다.

'민주주의는 경제성장의 필수 조건'이라는 '현대화 담론'을 통해서도 이와 비슷한 결론을 도출해낼 수 있다. 그런데 흥미롭게도 최근의 연구 결과는 이런 주장의 타당성에 약간의 의문을 제기하게 한다. 적어도 2008년 〈아메리칸 이코노믹 리뷰〉에 게재된 논문의 결론을 보면 그렇다. 이는 185개국을 대상으로 지난 500년간의 역사적 경험을 조사 분석한 논문이었다. 대런 애스모글루와 그 동료는 정치 개혁과 경제 발전의 상관관계는 어느 국가든 매우 빈곤했던 시절 그리고 비민주적이었던 시간이 있다는, 이른바 '출발점의 오류'에서 비롯된 착각이라고 주장했다. 따라서 이런 오류에서 비롯된 주장을 내세우다 보면 민주주의와 경제적 번영 간의 상관관계는 깨지고 만다.

하지만 이 같은 결론이 민주주의의 궁극적 가치나 미덕을 부정하는 것이라고 해석할 필요는 없다. 오히려 이 연구자들은 전 세계 인류의 수백 년의 역사를 실증적으로 분석한 결과 경제적 번영과 정치적 자유 간에 밀접한 연관성이 있다는 사실을 발견했다. 그러나 그들은 이 두 요소 간에 '동시적 인과관계'가 존재한다는 그간의 통념에는 즉각 반박한다. 민주적 개혁이 즉각 경제적 성과로 이어진다거나 민주주의로의 체제 변화 없이 지속 가능한 경제성장은 기대할 수 없다는 주장은 논리적·현실적 타당성이 없다는 것이다.

이런 결론은 중국에는 매우 중요한 의미가 있다. 이 같은 결론이 옳다면 인터넷이 친소비적 재균형화에서 매우 중요한 역할을 하고 있다고 해도 중국이 서둘러 정치 개혁에 나설 필요는 없어진다. 중국 정부로서는 정치 개혁이라는 껄끄러운 과제를 여유를 가지고 다룰 수 있게 된 셈이다. 이제 중국 지도부는 정치 개혁을 혁명적 차원이 아닌 정치 진화적 차원의 과제로 받아들일 수 있다. 즉 혁명적 변화가 아닌 정치 단계적 변화의 문제로 다룰 수 있게 된다. 덩샤오핑 이후 중국 공산당은 점진주의적 개혁을 수용했다. 요컨대 마오쩌둥의 절대적 권력 모형 대신 중국 국민들의 정치적, 사회적 의사 표현을 상황에 따라 융통성 있게 제한하는 적응력 있는 시스템이 점진적으로 도입되었다. 1980년대 초 덩샤오핑의 개혁 정책과 함께 시작된 정치권력의 탈중앙집권화 및 지방분권화와 함께 중국 경제가 발전함에 따라 각 도시와 지방 행정 기관에 대한 중앙정부의 통제가 느슨해졌다.

이제 중국에서는 국민들의 의사 표현의 자유를 더 이상 제한하지 않게 되었다는 혹은 표현의 자유를 제한하는 것이 중요하지 않게 되었다는 의미는 물론 아니다. 1989년 톈안먼 사태, 1999년 파룬궁 사건, 2012년 보시라이 사건 등에서 알 수 있듯이 표현의 자유가 사회적 안정성을 해친다고 판단되면 중국 당국은 언제든 이를 억압할 가능성이 여전히 존재한다. 그러나 문제는 중국이 탁월한 조율 및 조정 능력으로 균형을 잘 맞출 수 있느냐 하는 부분이다. 이런 접근법을 '탄력적 권위주의'라 칭했던 브루킹스연구소의 리청은 이런 방식의 지속 가능성에 의문을 제기한다.

인터넷이 촉발한 친소비적 성장 시대에 인터넷을 기반으로 표현의 자유 수위가 점점 높아지면 정부가 강압적으로 대응할 수 있다. 최근 웨이보상에서 티베트와 신장웨이우얼 자치구의 인종 폭동에 관한 토론이 이뤄지자 정부가 사이버 검열에 나섰던 것을 보면 이런 부분이 이해될 것이다. 중국 정부는 이외에도 시인 류샤오보에서부터 예술가 아이웨이웨이와 변호사 천광청에 이르기까지 다양한 분야에서 나오는 반대의 목소리를 열심히 차단했다. 이런 관점에서 인터넷은 표현의 자유와 정치적 안정성 간의 갈등을 고조시킨다.

내일을 준비하는 중국으로서는 결코 만만한 문제가 아니다. 설문조사 결과를 보면 중국인들이 온라인 토론을 얼마나 중요하게 생각하는지를 알 수 있다. 매킨지의 표본 조사 결과에 따르면 2011년 당시 중국의 마이크로블로그 사용자 2억 7,000만 명 가운데 60퍼센트 이상이 소셜미디어를 '중요한 의사 표현 매체'로 평가했다. 실제로 소셜미디어를 자신의 의견을 표현하는 매체로 표현하는 비율은 25퍼센트에 불과했지만 말이다. 웨이보는 다양한 정치, 경제 사회적 쟁점에 관한 토론의 장으로서 그 중요성이 점점 커지고 있다. 정부는 사이버 검열을 통해 이런 토의를 사전에 억압하려고 하지만 중국의 네티즌은 암호와 닉네임을 통해 당국의 검열망을 빠져나가고 있다.

당국은 검열을 통해 웨이보상에서 극단적인 의견들이 교환되고 퍼지는 것을 계속 막으려 한다. 그러나 중국 정부도 이런 검열과 단속에도 얼마든지 구멍이 있으므로 인터넷을 통제하는 데는 한계가 있다는 사실을 인식하고 있다. 앞으로 중국 정부는 온라인상 정보와 의견에 대해 좀 더 합리적이고 융통성 있는 접근법이 필요하다는 사실을 인식하고 표현의 자유를 어느 정도 인정하는 쪽으로 가닥을 잡을 가능성이 있고, 또 이것이 바람직한 방향이기도 하다. 물론 이와는 정반대로 인터넷을 완전히 폐쇄할 가능성도 배제할 수는 없다.

하지만 이런 최악의 시나리오가 전개될 가능성은 희박하다. 중국이 서방 세계로부터 반체제 인사에 대한 억압이 심하다는 비난을 받기는 했으나 인터넷 폐쇄라는 극단적 조치 없이 인터넷이 여전히 돌아가고 있다는 사실에서 희망을 엿볼 수 있다. 그리고 중국의 마이크로블로그 플랫폼이 폭발적으로 증가한 것은 이 부분을 묵인하겠다는 중국 정부의 의지가 반영된 것이며, 이는 어느 정도의 사회적 의견 표현을 수용하겠다는 의미일 수도 있다. 이런 결정에는 득과 실을 철저히 계산해 보려는 중국 정부의 주판알 튕기기가 작용한 측면이 강하다. 즉 정부가 보기에 정보 통제를 포기했을 때의 실보다 인터넷 기반 소비자 사회가 주는 득이 훨씬 클 수 있다.

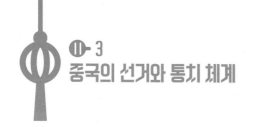

Ⅱ-3
중국의 선거와 통치 체계

    애스모글루 등의 연구 결과와는 별개로 자유선거는 민주주의의 제1 요건이라는 것이 일반적인 통념이다. 자유선거만으로 민주주의가 완성되는 것은 아니지만 일단 민주주의에 필요한 한 가지 요소이기는 하다. 오랫동안 일당 체제를 유지했던 중국이 하루아침에 다른 체제로의 전환을 꾀할 리는 없다. 게다가 다민족 국가로서 민족 간의 갈등과 분쟁에 시달렸던 중국은 다당 체제가 각 민족을 대표하는 당을 만든다는 의미 이상이 아니라고 생각한다. 따라서 자유선거는 통합이 아닌 분열을 조장할 뿐이라고 생각할 것이다. 1980년대 이후 작은 마을이나 촌락 수준에서 선거를 포함한 정치 제도 개혁이 시도되었던 것은 사실이다. 그러나 이 또한 중국 공산당이라는 일당 체제 하에서의 실험적 시도였을 뿐이다. 그렇기는 해도 부패한 관료 사회를 토대로 각 지역에 지방 정치 세력이 확고히 뿌리 내린 상황이었음을 고려하면 그 정도도 꽤 고무적인 진전인 셈이다. 그러나 지방 차원의 정치 개혁이 국가 차원의 개혁으로 확산될지는 좀 더 지켜볼 일이다.

아마도 마을 수준에서 이미 시험해 봤던 대로 다당 구도가 아닌 당내 다수 후보 구도로 선거가 치러지는, 다시 말해 완전 경쟁 구도보다는 반경쟁 구도로 개혁의 방향을 잡을 공산이 크다. 그러나 국가적 차원에서 이런 시도를 한다는 자체가 상당한 진전이다. 당국은 중국 공산당이라는 단일 구조 내에서 전인대의 대표 자리를 놓고 다수 후보가 경쟁하는 구도를 채택할 가능성이 매우 크다.

어느 국가든 마찬가지겠지만 중국의 정치 개혁 역시 고립된 채로 이루어지는 것이 아니다. 구소련 붕괴 이후 경제 개혁보다 정치 개혁을 우선시했던 러시아와 달리 중국의 개혁가들은 경제 개혁이 우선되어야 한다고 주장했다. 중국 당국은 충격 요법을 사용할 생각이 없어 보인다. 요컨대 급진적 정치 개혁으로 경제 불안정이 유발되는 상황은 원치 않는다. 지금의 중국은 지속 가능한 경제 발전을 정치 개혁의 선결 요건으로 인식한다.

한편 정치학자들은 예전부터 민주주의는 대의정치 하나만으로 완성되는 것이 아니라고 강조했다. '국가 건설'과 '법의 지배(법치)'가 똑같이 중요하며 안정된 민주주의를 위해서는 양쪽이 다 중요하다고 주장한다. 중국은 국가 건설 부분에서는 큰 진전이 있었지만 현대적 입법 체계와 사법권의 독립성에서는 여전히 뒤쳐져 있다. 인터넷과는 별개로 법치의 기본 틀이 부실하다면 정치 개혁이 순조로울 리 없다.

마셜 매클루언의 말을 빌리면 인터넷이라는 전달 매체도 중요하지만 가장 중요한 것은 바로 투명성이다. 그래도 중국은 이런 방향에서 진전의 기미가 보인다. 중국의 인터넷 사용이 폭발적으로 증가한 것과 맥을 같이 하여 2008년에 '열린 정부 계획 OGI'이 실행되면서 그간의 규제적 환경에 중요한 변화가 생겼다.

여러 면에서 미국의 정보 공개법에 비견되는 OGI는 국가 안보와 사회적 안정성에 영향을 미치는 중대 사안을 제외한, 정부가 하는 일을 공개하도록 하고 있다. 또 OGI는 고충이나 불만 사항의 접수와 이의 원활한 처리에 필요한 행정 절차도 마련해 놓았다. 그러나 여기에는 뚜렷한 한계가 있다. 즉 OGI 규정은 중국 공산당, 전인대, 사법 기관 등 정치 쪽에는 영향을 미치지 않는다. OGI는 주로 통치 과정의 효율성에 초점이 맞춰져 있다. 그러므로 OGI는 기껏해야 '투명한 국가 건설'이라는 궁극의 목적을 향해 이제 막 한 걸음을 내디딘 것에 불과하다고 봐야 한다.

다른 국가도 그렇지만 투명성을 위한 이런 노력이 정치 부문을 포함한 국가 조직 전체로 확산될 수 있다. 지방 수준에서 시작되었다가 2008년에야 비로소 국가 차원의 정책이 된 만큼 OGI의 성과를 평가하기는 아직 이르다. 최근의 규제 변화, 특히 토지 수용에 관한 베이징과 후난 성의 정책 등에서 이 새로운 피드백 루프가 작동하고 있음을 알 수 있다.

OGI라는 새로운 도구의 등장과 함께 인터넷이 투명성 문제를 해결하는 중요한 열쇠가 될 수 있다. OGI 온라인 플랫폼이 국유 기업의 활동, 도시 지역의 토지 수용, 환경 파괴와 오염 등 다양한 쟁점에 대한 토론의 장을 형성한다. 이런 움직임 하나로 중국 정부가 별안간 매우 진보적인 정부로 바뀌지는 않겠지만 인터넷과 OGI의 상호작용 덕분에 국민의 사회적 참여와 감시 방식에 변화가 생길 것이다. 그리고 이런 변화가 인터넷 기반 소비자 규범의 등장과 맞물렸다는 점에서 그 중요성이 배가된다.

중국은 지난 30년 동안 눈부신 경제성장을 이룩해 왔지만 현대 소비자 사회 건설이라는 목표까지는 갈 길이 아직 미흡하다. 인터넷은 소비자 사회의 규범을 마련하고 정치 개혁을 촉진함으로써 소비자 사회 건설을 촉진한다. 일자리 창출, 임금 상승, 사회 안전망 확충 등 거시적 전략 의제에 더하여 인터넷이 제공한 새로운 연결성이 소비 중심 재균형화의 가장 중요한 촉진제가 될 수 있다. 인터넷을 통한 광역 연결성은 오랫동안 분열되어 있던 중국 사회를 하나로 묶어줌으로써 원자바오가 말한 4불 가운데 세 번째인 불통합 문제를 해결할 실마리를 제공한다. 이것이 아직은 햇병아리 수준인 중국 소비자에게 힘을 실어줄지는 좀 더 두고볼 일이다. 그러나 비록 검열은 포기하지 않았더라도 중국 정부는 인터넷을 끌어안고 가겠다는 의지를 보임으로써 일단은 그런 방향으로의 과감한 일보를 내디딘 셈이다.

그렇다고 너무 앞서가는 것은 곤란하다. 이런 변화의 조짐을 너무 부풀려 생각하지 말라는 의미다. 중국에서 혁명적 정치 개혁이 일어나 당국이 인터넷을 개인의 자유를 위한 도구로 사용하리라는 기대는 일찌감치 접는 것이 좋다. 그보다는 실용주의를 취했던 덩샤오핑처럼 인터넷을 수용하는 것이 중국 경제의 재균형화에 도움이 되리라는 차원에서 취한, 다분히 실용주의적 관점의 산물로 보는 것이 타당하다. 통제 국가인 중국에서 경제적 발달과 정치적 진보 간의 불균형이 해소되기까지는 많은 시간이 걸릴 것이다. 경제와 정치 사이에서

균형을 유지하기가 그리 쉬운 일은 아니다. 이 문제는 내일의 중국이 짊어져야 할 가장 부담스러운 짐 가운데 하나다. 앞으로도 경제 발전과 정치 개혁 간의 부조화가 당분간은 이어지리라는 점이다.

11-4
인터넷과 양극화

그렇다면 의존 관계라는 '동전'의 나머지 면이자 민주주의의 본진인 미국은 어떨까? 안타깝게도 지금 미국의 상황도 그다지 좋지 못하다. 지금의 근시안적이고 양극화된 미국의 정치 체제는 한때 자유 민주주의 진영 전체가 닮고 싶어했던 그 체계가 더 이상 아니다. 사회주의 진영 중에 중국처럼 경제와 정치 개혁을 고민하는 국가가 본보기로 삼고자 했던 그런 국가도 더 이상 아니다. 그리고 미국 정부가 의존성의 덫에 걸려 외부에 비난의 화살을 돌리는 것으로 자국의 경제 문제를 해결하려 하면서 국제 관계, 특히 중국과의 관계마저 삐걱거리게 되었다.

최근에 특히 경제 정책과 관련한 미국 정치의 역기능성만 봐도 이 사실을 확인할 수 있다. 전략의 부재만이 문제가 아니다. 2009년 이후 줄곧 정부의 예산안 통과를 어렵게 했던 의회도 문제이기는 마찬가지다. 이 때문에 정부 사업의 대폭 축소와 국가 채무 불이행에 대한 우려가 커졌다. 미국 정부와 정가의 역기능은 여기에 그치지 않는다. 노후화한 인프라, 소득과 기회의 불평등, 초등과 고등 교육의 위기 등 정치 역기능의 마수가 전방위적으로 뻗친 상황이다. 2년이라는 짧은 선거 주기 때문에 정치 자금 조달과 재선이 효율적인 국가 통치에 우선한 지 오래다. 민주주의를 통해 얻을 것이 고작 이런 것이라면 윈스턴 처칠의 표현대로 "민주주의는 현존하는 최악의 정부 형태"일지도 모르겠다. 사실 처칠은 "지금까지 시도해 왔던 다른 모든 정부 형태를 제외하면"이라는 단서를 붙임으로써 결국은 민주주의를 역설적으로 찬양하고 있지만 말이다.

미국은 해결하기 쉽지 않은 수많은 경제적 난제를 안고 있다. 그러나 이는 미국에만 해당하는 것이 아니다. 유럽도 그렇고 일본도 그렇다. 물론 중국도 마찬가지다. 미국은 다른 국가에 비해 시간이 없는 것뿐이다. 선거 주기가 너무 짧다는 것이 문제다. 2년마다 돌아오는 '시험대'를 통과하려면 즉각 효과가 나타나는 처방에 집착할 수밖에 없다. 이런 상황 탓에 장기적 정책을 고민하는 것은 거의 불가능하다. 미국의 유권자는 까다롭기 그지없어서 장기적 경제 정책이 성과를 낼 때까지 느긋하게 기다려줄 여유나 인내심이 없다는 것이 정치권의 일반적인 생각이다. 정치인이 자신의 재선을 위협할 구조적 변화는 뒤로 미루고 기존의 문제를 더 악화시킬 수도 있는 즉효약에만 매달리는 것도 이런 이유 때문이다. 그래서 미국은 국내에서만 조바심을 내는 것에서 한 걸음 더 나아가 중국에 대해 통화가치 절상 같은 즉각적 조치까지 요구하기에 이르렀다.

안타깝게도 이처럼 근시안적이고 때로는 위선적인 접근법 때문에 미국의 최대 강점 가운데 하나인 국제 경쟁력 부문을 등한시하게 되었다. 이제 미국은 이 부문에 다시 초점을 맞춰야 한다. 대위기 이후 어려워진 세계 경제 속에서 미국으로서는 이보다 더 시급한 일이 없을 것이다. 국내 소비가 장기간 침체할 전망이므로 중국의 소비 수요 잠재력이 미국에게는 더할 나위 없는 기회가 된다. 미국의 수출 기업으로서는 중국이 국내 소비자시장을 확대하는 것보다 더 큰 기회는 없을 것이다. 미국은 반드시 이 기회를 잡아야 한다.

아이러니하게도 미국의 최대 강점 가운데 하나인 기술 분야에서도 치명적 문제가 드러났다. 중국에서는 인터넷이 새로운 연결성을 제공하면서 오랫동안 분열되어 있던 파편화된 중국 사회를 하나로 통합시키는 역할을 하고 있는 반면 미국에서는 인터넷이 양극화와 정치적 역기능을 조장하는 도구가 되어 버렸다. 진입 장벽이 없는 상태에서 웹사이트는 폭발적인 증가세를 나타냈다. 2013년 초에 웹사이트 수가 6억 개를 넘었다. 그런데 미국에서는 이 같은 온라인 정보의 폭발적 증가가 사회 통합이 아닌 분열을 조장하는 역할을 했다. 퓨 리서치 센터가 2010년 11월 대선 기간에 실시한 여론 조사 결과도 이 같은 사실을 뒷받침한다. 그 조사 결과 중 중요한 세 가지를 들면 다음과 같다.

첫째, 미국의 전체 인터넷 사용자의 73퍼센트가 온라인에서 선거 관련 정보를 검색한다.

둘째, 미국 네티즌의 54퍼센트가 인터넷 덕분에 정치적 견해가 같은 사람들과의 소통이 쉬워졌다고 말한다,

셋째, 미국 인터넷 사용자의 55퍼센트가 인터넷이 정치적 극단주의를 키웠다고 생각한다.

인터넷, 케이블 TV, 라디오, 트위터 등의 실시간 피드백을 통한 극단주의의 확산 그리고 인터넷을 통한 정치 자금 조달이라는 두 요소가 합쳐지면서 현재 미국 정치권에 만연한 역기능성과 양극화의 불협화음이 극에 달하게 되었다. 근시안적 경향도 한층 심해졌다. 수년, 수개월도 모자라 지금은 거의 '초' 단위의 피드백 루프를 기준으로 정책과 전략을 수립하는 실정이다.

인터넷이 이런 식으로 활용되고 극단적인 웹사이트가 넘쳐나는 것 자체가 오랜 세월 안으로 곪아왔던 미국 사회의 분열상을 반영하는 것이다. 그러나 가장 중요한 것은 인터넷의 강력한 증폭성이다. 인터넷은 이른바 민주주의의 궁극적 도구로서 작은 목소리조차 크게 확대하여 아주 빠르게 확산시킬 수 있다. 따라서 인터넷은 극단주의를 키우는 온상이 되기도 한다. 인터넷의 폭발적 성장과 미국 정치의 양극화가 동시에 발생한 것이 과연 우연이었을까? 순전히 우연 때문에 이 두 가지가 동시에 발생했다고 믿기는 어렵다.

인터넷이 이렇듯 분열과 양극화를 심화시킨다는 사실은 미국 국민뿐 아니라 미국 경제를 위해서도 곤혹스러운 일이다. 미국 경제의 문제를 해결하려면 책임 혹은 고통 분담에 대한 사회적 합의가 필요한데 양극화가 심화하는 현재로서는 올바른 방향으로의 정주행은커녕 역주행의 가능성만 커지고 있다. 이런 환경에서 미국 정부가 제정신을 차리기는 몹시 어려울 것이다. 미중 의존 관계와 관련한 가장 복잡하고 어려운 문제 가운데 하나인 미국의 '중국 때리기'도 이런 관점에서 고찰해 볼 수 있다. 경기가 쉽사리 호전될 기미가 보이지 않는 상황에서 미국 정치권이 '중국 때리기' 카드의 유혹을 떨쳐 버리기가 점점 어려워질 것이다.

아이러니하게도 인터넷은 양국에서 완전히 다른 기능을 하고 있다. 중국에서 인터넷은 소비자의 행동 규범을 구축하는 동시에 좀 더 투명한 통치를 가능하게 함으로써 파편화된 사회를 하나로 묶어 주는 역할을 한다. 그런데 미국에서는 인터넷이 양극화와 분열을 조장하여 정부의 역기능화를 더욱 부추기고 있다. 오랫동안 기술 강국으로 군림했던 미국은 이제 인터넷으로 대표되는 첨단기술을 경제성장과 지속 가능한 번영을 위한 건설적 동력으로 활용하지 못하고 중국에 뒤처질 위험에 처했다.

11-5
의존 관계의 거울상

심리학자들은 의존 관계의 지속 가능성에 대해 매우 회의적이다. 이 문제에 관해 경제학자의 견해는 유동적인 편이다. 어쨌든 심리학자와 경제학자의 주장이 시사하는 바가 크다. 심리적 장애가 중국과 미국의 경제적 관계에서도 이미 발견되고 있다. 즉 양국 모두 정체성의 위기를 겪고 있다. 이는 '위험'으로만 존재하던 병증이 '파괴력'을 발휘하기 시작했다는 의미다. 이 심리적 장애를 치유하는 데는 경제적 처방전이 필요하다. 경제적 정체성의 위기에 대한 거시적 요법, 즉 재균형화가 바로 그 치료약이다.

재균형화 요법을 사용하는 경우 양국이 직면한 경제적 과제에 따라 구체적 처방이 달라진다. 요컨대 중국은 친소비 모형, 미국은 친저축 모형이 '치료약'이다. 재균형화에는 구조적 변화가 수반되며 이런 변화에는 고통이 따르기 마련이다. 그러나 아무리 고통스러운 작업이라도 결국에는 양국 모두에 기회를 제공할 것이다. 그런데 기회를 기회로 인식하지 못하는 것이 문제다. 따라서 미국이나 중국이나 주어진 기회를 놓치지 않는 것이 가장 중요하다. 세계 최강의 소비자 사회를 구축한 미국은 제품과 서비스에 관한 풍부한 노하우를 보유하고 있다. 이것이 중국에는 큰 기회가 된다. 재균형화 과제를 공유하고 있다는 사실이 양국의 관계를 치유하는 데 도움이 될 것이다. 즉 재균형화 과제를 공유함으로써 양국은 의존 관계의 '암 暗'에 해당하는 무역 마찰과 보호무역주의를 피해갈 수 있다.

미중 경제 관계 사슬에서 가장 취약한 '고리'가 바로 정치 부분이다. 재균형화에 대한 정치적 합의를 이끌어내기가 쉽지는 않을 것이다. 특히 새로운 경제 성장 동력을 끌어내는 상황에서는 기존의 동력이 당연히 압박을 받기 때문이다. 성장 모형을 전환하는 과정에서 희생자가 나오는 상황이야말로 정치권으로서는 가장 부담스러운 짐일 것이다. 그런데 양국의 정치적 갈등이 문제를 더욱 복잡하게 한다. 중국에서 일당 체제와 역동적 혼합 경제 모형이 서로 조화를 이루지 못하고 불협화음을 내는 것과 마찬가지로, 미국에서는 역기능적이고 양극화된 민주주의 체제가 침체된 자유 시장경제 모형에 압박을 가하고 있다. 요컨대 양국 모두 경제 체계와 정치 체계가 조화를 이루지 못하고 있다. 중국으로서는 정치 개혁을 위한 의제가 필요한 상황이다. 미국도 마찬가지다.

여러 면에서 미국과 중국은 서로 상대의 모습을 비추는 거울의 역할을 하게 되었다. 세계의 생산자와 소비자가 서로 거울상을 이루고 잉여 저축국은 저축 부족국과 거울상을 형성한다. 인터넷 기반의 광역 연결성은 중국의 친소비적 재균형화에 긍정적인 역할을 한다. 반면에 미국과 같은 정치 환경에서는 갈등과 극단주의를 조장하는 역할을 한다. 한쪽의 경험이 다른 한쪽에 문제 해결의 실마리를 제공한다. 따라서 양국은 자국뿐 아니라 상대국의 모습도 열심히 들여다봐야 한다. 요컨대 자국의 상황을 철저히 분석하는 한편 타국의 경험에서도 교훈을 얻어야 한다. 그래야만 이 의존 관계를 양국 모두의 경제 번영을 위한 긍정적 동력으로 변화시킬 수 있다.

현대 중국에서 자기반성이 가장 능했던 총리인 원자바오는 거울에 비친 중국의 모습을 있는 그대로 솔직하게 표현했다. 원자바오는 중국 경제의 특성을 불균형, 불안정, 부조화, 지속 불가능 등 네 요소로 정리하면서 당시 경제에 도사린 위험성을 지적하는 동시에 미래 경제를 위한 해법을 마련할 기회를 제공했다. 중국의 자기상 自己像에는 자긍심, 다소 우려스러운 자신감, 경제 성장과 번영에 대한 강한 집착 등이 들어 있다. 중국은 4불 경제론을 통한 자기비판을 토대로 재균형화의 필요성을 수용했다. 소비자 사회를 지향하는 미래 중국의 비전은 지난 30년 동안 성공적 경제성장을 이루게 해준 생산자 모형과 완전한 거울상을 이룬다. 시진핑 주석과 리커창 총리를 중심으로 한 중국 제5세대 지도부의 행보를 보면 중국이 이런 미래 비전을 품고 있음을 알 수 있다.

그렇다면 미국의 거울 속 모습은 어떨까? 아이러니하게도 미국은 정치인보다 유권자가 더 현실적인 '자기상'을 지닌 것으로 보인다. 대다수 미국인은 위기와 침체로 얼룩진 현재 상황을 인식하고 자신들과 국가의 미래를 걱정한다. 미래를 바라보는 눈길에 걱정과 우려가 가득하기는 하지만, 그래도 이들은 이른바 지도자라는 사람들과는 달리 성장을 위한 우선순위를 조정해야 한다는 사실을 받아들이고 있다. 거침없던 번영에 너무도 익숙한 미국 정치인은 1930년대와 1940년대의 끔찍한 경험마저 희미해진 지금 '희생'은 미국이라는 국가의 정체성에 어긋나는 개념이라고 생각한다. 따라서 이들의 미래 비전은, 궁극적으로 가짜 번영에 이르게 했던 옛 방식을 재고하는 쪽이 아니라 계속해서 이 방식을 취하는 쪽으로 향해 있다. 그러나 이런 방향에 변화가 없는 한, 미래의 미국이 과거의 영광을 재현하기는 어려울 것이다.

흥미로운 부분은 중국과 미국 어느 쪽도 상대의 거울은 들여다보지 않는다는 사실이다. 즉 그 거울에 비친 상대의 모습을 관찰하지 않는다. 자국의 경제적 병증에 관심이 쏠린 나머지 자국의 이익 외에 공동의 이익 따위는 안중에도 없다. 심리학자들이 들려주는 의존 관계의 병리적 특성이 충분히 이해되는 대목이다. 지금 지구촌에서 미국과 중국만큼 복잡하게 얽힌 관계도 없을 것이다. 지난 30년 동안 양국 모두 상대국의 경제에 중요한 영향을 미쳤다. 미국 소비자의 수요가 없었다면 지금의 중국 경제가 가능했을까? 중국에서 만든 값싼 제품과 저비용 자본이 없었다면 미국의 소비 파티가 가능했을까? 여기에 대한 답은 간단하다. 미국에는 중국이, 중국에는 미국이 필요하다.

중국과 미국 모두 파괴적 의존 관계의 고리를 끊을 기회는 있다. 변화는 필요에서 나온다. 경제적 변화가 필요하다면 결국 변화가 일어날 것이다. 양국 관계, 특히 이 관계를 이끄는 정치권은 이 새로운 경제 현실에 적응해야 한다. 그러지 못하면 충돌을 피할 수 없을 것이고,

결국 무역 전쟁, 아니 그보다 더한 최악의 시나리오가 실현될 것이다.

양국의 정치 갈등을 해결하는 열쇠는 바로 '신뢰'다. 그런데 양국에는 여전히 상대에 대한 불신이 자리하고 있다. 미국에 대한 중국의 불신은 멀리 아편 전쟁 시절의 악몽에서 비롯된 모멸감과 치욕이 바탕에 깔렸다. 미국은 냉전 시대 중공에 대한 이미지와 함께 민주주의의 적으로 규정했던 사회주의에 대한 본질적 적대감이 바탕에 깔렸다. 상대에 대한 이런 이미지와 반감은 무턱대고 나온 것이 아니라 그리 오래지 않은 과거에서 비롯된 것이다. 중국으로서는 유럽과 일본의 침략 전쟁이 그럴 것이고 미국으로서는 한국 전쟁과 1960년대 베트남전쟁에서의 중국과의 충돌이 그럴 것이다. 미래의 양국 지도자들은 이런 역사적 사실을 정면으로 마주하고 불필요한 짐을 내려놓음으로써 양국의 신뢰 관계 구축에 힘을 쏟아야 한다. 그러나 10여 년간 양국의 무역 마찰에서 확인할 수 있듯이 껄끄러운 과거의 경험만이 신뢰 구축을 방해하는 것은 아니다. 사이버 해킹 논쟁도 미중의 불신 조성에 한몫하고 있다.

세계화 시대에 양국의 문제는 양국만의 문제가 아니다. 신세계화의 가장 두드러진 특성 가운데 하나가 바로 미국과 중국의 의존 관계다. 양국의 갈등은 양국의 경제 관계뿐 아니라 전 세계 경제에도 악영향을 미친다. 의존 관계의 불균형성이 양국의 경제 의제를 주도할 것이다. 이런 불균형을 해소하는, 이른바 재균형화가 미국과 중국의 미래를 바꿀 것이다.

12장_
인류 평화공동체의 중국

12-1
문명국가의 부상

　현실적으로 아직도 전 세계는 국민 국가의 관점에서 생각하는 데 익숙하다. 이 모든 것의 원인은 바로 유럽의 식민 지배 탓이다. 아직 국민 국가의 모습을 갖추지 못한 국가는 국민 국가가 되기를 갈망한다. 국민 국가는 국제 체계의 기본단위이자 기관으로 널리 인정되어 왔으며, 중국조차도 신해혁명 이후 스스로를 국민 국가로 정의하려고 했다. 그러나 중국은 최근에 와서야 그것도 부분적으로만 국민 국가의 모습을 하고 있다. 중국은 예로부터 국민 국가와는 매우 다른 문명국가라 할 수 있다. 이와 관련하여 바이루쉰은 다음과 같이 말했다.

　"중국을 단지 다른 국가들과는 상이한 형태의 국민 국가만으로 봐서는 안 되며, 국민 국가의 모습을 하고 있는 문명국가로 이해해야 한다. 중국 현대사는 중국인과 다른 나라 사람들 모두가 중국 문명을 근대 국가라는 독단적이고 강요된 틀 속에 억지로 집어넣으려는 시도로 점철되어 있다. 근대 국가는 서구 문명에서 떨어져 나온 제도적 발명품이다."

우리가 흔히 알고 있는 중국의 독특하고 고유한 특징들은 바로 중국 문명에서 비롯된 것이다. 또 중국의 특징들은 대부분 중국이 국민국가가 되려는 시도를 하기 전에, 즉 중국이 문명국가로 존재했을 때 만들어졌다. 통합을 중시하는 사상, 국가의 권력과 역할, 중앙집권적 특징, 대중화지구, 중화사상, 민족관, 가족 제도, 심지어는 전통 중의학까지도 그렇다.

군이 꼬집자면, 현재의 국제 정치는 강대국에 따르는 일방통행이다. 즉 중국과 서구 국가들 모두 국민국가가 주요 단위가 되는 서구식 국제 체계의 틀을 따르는 방식으로 움직여 왔다. 지난 150여 년 동안 낙후된 상황에 처해 있던 중국을 근대화하는 과정에서는 이러한 행동 방식이 중요한 역할을 했다. 하지만 중국이 유럽과의 관계가 더 이상 일방적이어서는 안 된다는 것을 깨닫고 자신감을 새로 자각하며, 중국의 역사와 문화는 단순하게 매장되어 있는 것이 아니라 현시대에 직접 적용할 수 있는 것이라고 믿기 시작한 뒤부터 변화가 시작되었다. 이러한 변화 과정은 지금 순탄하게 진행되고 있으며 시간이 지나면서 더욱 힘을 발휘할 것이다. 또 이로 인해 중국이 국제 질서와 맺는 관계에도 변화가 있을 수밖에 없다. 사실상 중국은 스스로를 국민국가이자 문명국가로 생각할 것이며 다른 나라에서도 그렇게 받아들일 것이다. 이러한 현상들은 이미 동아시아에서 벌어지고 있으며, 오래지 않아 전 세계로 널리 퍼져 나갈 것이다. 요컨대 앞으로의 국제 관계는 국민국가의 관점에서만 움직이지는 않을 것이다. 제국주의 시대가 끝나 가는 무렵에 그러한 현상이 나타났던 것처럼, 국제 관계는 더욱 다양해질 것이며, 상이한 개념들이 경쟁하고 상이한 역사와 규모를 포괄할 수 있는 공간을 요구할 것이다.

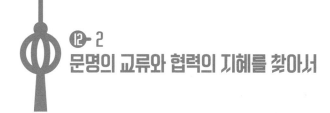

문명의 교류와 협력의 지혜를 찾아서

역사를 국가의 역사가 아닌, 문명의 역사로 해석한 이는 아놀드 토인비다. 그는 1914년 제1차 세계대전을 겪으면서, "우리들은 역사 속에 있다"는 사실을 실감했다. 그는, 전쟁 이후 서구 문명의 몰락에 대한 불안감이 사회적으로 팽배해지는 상황에서 〈역사의 연구〉라는 12권의 대작을 세상에 내놨다. 그는 자신이 전공한 그리스와 로마를 비롯해 역사 속에서 존재했던 문명들의 발생과 성장, 쇠퇴 그리고 해체의 사례들을 충실한 역사적 사실을 기초로 서술했다.

토인비가 이러한 대저작을 완성할 수 있었던 까닭은, 세계 제국에 대한 문제의식을 갖고 있던 국가의 연구자였기 때문이다. 토인비는 '태양이 지지 않은 대영 제국'의 국민의 한 사람으로 전 세계의 미래에 대한 문제의식을 갖고 있었다. 지금 전 세계가 하나로 소통하는 글로벌 시대의 시각으로 보면, 하나의 지구를 둘러싼 다양한 문명들이 살아 움직이고 충돌하고 소통하면서 진화하고 있다는 사실을 토인비는 1910년대에 이미 간파하고 있었던 것이다.

구소련의 몰락과 냉전의 종식은 새로운 세계질서를 조망하는 많은 지적인 고민들을 생산해 냈다. 후쿠야마는 〈역사의 종언〉에서 자유민주주의의 승리로 인해 이데올로기적 논쟁과 대립의 역사는 끝을 맺었다고 단언했었다. 전 세계의 많은 지성인들의 반론과 논쟁에도 불구하고 유럽의 전통적 사회민주주의 국가인 독일과 영국에서 소위 제3의 길이라는 정치적 슬로건을 내걸고 신자유주의적인 개혁을 주장하던 90년대 말, 후쿠야마의 야심찬 결론은 헤겔의 역사적 변증법의 결론인 것처럼 여겨지기도 하였다.

헌팅턴은 '문명의 충돌'론을 제기하기도 했다. 20세기 인류가 겪었던 두 차례의 세계대전과 냉전의 종식에 뒤이은 갈등의 축은 문화적 대립일 것이라는 헌팅턴의 예측은, 걸프전에서 미국과 이슬람의 대립, 중국의 강대국화를 우려하는 목소리 등으로 정당화될 수 있었다.

1999년 새로운 세기가 시작되기를 기다리는 것처럼, 사람들은 갈등과 반목이 줄어드는 평화로운 세상이 도래하기를 바랐다. 2000년 1월1일 그렇게 새로운 시대의 서막이 시작되었다. 그런데 그로부터 1년이 조금 지난 2001년 9·11테러가 발생했다. 9·11테러는 서구 문명과 이슬람 문명의 충돌에 의해 빈번해지고 심화되고 있던 테러가 무고한 많은 생명을 앗아간 대사건으로 규정된다. 평범한 시민들에게 무차별적으로 대규모 테러를 저지른 알카에다에 대해 세계 각국은 비난을 쏟아냈다.

하지만 테러의 원인 제공자 중 하나인 서구 문명의 스스로에 대한 자기반성은 찾아보기 힘들었다. 그해 크리스마스 전야에 뉴욕 중심가인 성 패트릭 성당에서 9·11 추모미사가 많은 이들의 슬픔과 애도의 물결 속에서 치러졌지만 미국 주류 언론에서 자신들에 대한 성찰과 자기반성을 발견할 수는 없었다. 상대적으로 서구 문명에 대항할 힘이 약했던 이슬람 문명은 '이슬람 국가 Islamic State' 등 더욱 더 극단적인 방식으로 서구 세력에 저항했다. 이슬람 국가는 이후 몰락의 길을 걷게 됐지만, 미국과 유럽 곳곳에서 이슬람에 의한 무차별적인 테러는 이 순간에도 자행되고 있다. 우리가 결코 간과해서는 안 되는 사실은, 서구 문명이 이슬람 문명에 자살폭탄과 테러를 조장했던 부분이 있었다는 것이다.

그렇다면 동아시아의 경우는 어떠한가? 동아시아 문명 중 가장 잔혹했다고 알려져 있는 몽골 제국에서조차 지금과 같은 종교 갈등과 문명의 충돌은 일찍이 없었다. 오랜 세월 동안 지속되었던 원나라가 몰락한 이후에도 몽골의 후예를 자처하는 티무르 제국, 무굴 제국 그리고 청나라까지 등장했으나 종교가 심각한 사회적 갈등을 야기한 경우는 한 번도 찾아볼 수 없었다. 한국 역시 여러 종교가 공존하는 다종교 사회임에도 종교끼리 극단적 갈등 없이 비교적 협력이 가능했다. 동아시아 문명이 가지고 있는 문명의 교류와 협력의 지혜는 현재의 세계사에서 재현되어야 한다.

12-3
아시아의 중국 패러독스

　문명의 충돌이 자행되고 있는 현 시점에 있어, 동아시아 문명을 중심으로 중재 가능한 지구적 협상의 무대가 마련돼야 한다. 미국은 여전히 패권국가의 지위를 지키고 있지만, 미국이라는 문명이 쇠퇴기에 접어들고 있다는 증거는 트럼프와 같은 포퓰리스트의 등장에서 찾을 수 있다. 새로운 세기의 시작과 함께 미국의 퇴조기가 맞아떨어지면서 지구는 하나의 네트워크로 연결되고 있다. 이제 서구 문명 중심주의에서 벗어나 동아시아 문명의 새로운 역할이 모색되어야 한다. 학계와 시민단체를 중심으로 한 문명 간 라운드테이블의 모색은 그 시작이 될 것이다.

　이러한 흐름의 시작으로 '아시아적 가치' 또는 '아시아화'라는 논쟁을 들 수 있다. 싱가폴의 이관휘 수상과 말레이시아의 마하티르 총리는 '아시아적 가치' 혹은 '아시아적 민주주의' 등의 주장을 통해 동양이 문화적으로 서양과는 다르며, 서구 문명의 위기는 아시아의 문화적 전통으로 극복해야 한다고 주장하였다. 현재 도쿄도 지사인 이시하라는 〈Japan Can Say No〉라는 저서를 통해 일본의 자주적 외교를 역설하였고, 후나바시는 〈Asianization〉이라는 논문을 통해 경제적, 정치적, 군사적 차원의 아시아협력을 모색해야 한다고 주장하였다.

영국 싱크탱크인 경제경영연구소 CEBR는 2032년이 되면 세계 10대 국가 중 5개국이 아시아에서 나오리라고 전망했다. 글로벌 네트워크가 긴밀해지는 지구 공동체를 전통적 국력 개념 대신 지역적 문명 개념의 새로운 권역으로 나눠볼 때 앞서 언급한 10개국은 개별국가가 아니라 역사·문화를 근거로 한 문명권으로 묶을 수 있다. 한국과 중국, 일본의 동아시아 문명, 여전히 세계패권의 중심인 미국 문명, 유럽연합을 근간으로 한 서구 문명, 라틴아메리카 중심의 브라질 문명, 남부아시아의 인도 문명, 이슬람을 중심으로 한 인도네시아 문명 등이다. 국가주의를 기초로 지역적 교류와 갈등이 공존하는 세계 6개의 문명권이 각자 고유한 정체성을 유지한 채, 글로벌 거버넌스의 협력을 추구하는 시대가 앞으로 30년 동안의 세계사 방향이다.

해묵은 문명의 충돌을 중재하고 완화시킬 열쇠는 제3자인 동아시아 문명에 있다. 전쟁과 피로 얼룩진 보복의 역사를 1,000년 이상 반복해 온 서구 문명과 이슬람 문명의 충돌은 동아시아의 '천하국가天下國家' 이론에서 그 해결의 실마리를 찾을 수 있다. 남송의 주자와 진덕수에 의해 체계화된 신유학은 원나라 시기 허형 등에 의해 세계 제국의 국정운영 원리로 현실화됐다. 이후 명나라와 청나라뿐만 아니라 조선에서도 500년 이상 국가운영 원리로 지속됐다. 19세기 제국주의 시대를 거치면서 동아시아 문명의 천하국가론이 세계를 움직이는 철학과 가치에서 밀려났지만, 이제 21세기 문명 충돌에 대한 해법으로 진지한 논의를 재개할 수 있다.

　전환적 문명을 모색할 때 동아시아 문명의 '천하국가 天下國家' 이론은 대한민국이 제시할 철학과 가치의 역사적 뿌리다. 서구 문명의 평화론이나 국제정치의 패권이론이 아닌 동아시아 문명에 기원을 둔 세계평화론은 우리가 익히 알고 있는 〈대학〉과 〈중용〉 등 동아시아의 고전 속에 있다. 〈대학〉은 '수신제가'와 '치국평천하'의 수기치인 修己治人의 국정운영 원리를 철학적 기초로 제시한다.

　나아가 〈중용〉은 '천하국가론'으로 구체적인 동아시아 문명의 세계평화론을 말하고 있다. 〈중용〉 20장에는 "무릇 천하국가를 위해 구경 九經이 있다"고 가르친다. 국가 리더십의 9대 원칙은 '자신을 닦고, 어진 사람을 높이고, 가까운 사람들과 친하게 지내고, 국정에 참여하는 정치인들을 공경하고, 정부 관료들을 내 몸과 같이 여기고, 서민들을 내 가족처럼 대하고, 세계의 능력 있는 기술자들을 오게 하고, 먼 나라 사람들에게 부드럽게 대하고, 여러 나라의 제후들을 품어 안는다'는 것이다.

12-4
아시아를 넘어

21세기는 아시아 국가들이 세계 경제를 주도하는 시대다. 동아시아 문명과 인도 문명, 인도네시아 문명은 경제적 성장보다 정신적 가치와 문명 간 화해와 협력에 대한 역할을 제대로 할 때야 세계시민들로부터 그에 상응하는 신뢰를 얻을 수 있다. 무엇보다 한국과 중국, 일본 등 동아시아 문명은 세계시민들로부터 유구한 역사 속에서 서구 문명의 대안으로 자리 잡을지 주목을 받는다.

최근 아시아의 경제위기는 아시아적 가치의 논쟁을 부추기는 결과를 낳았는데, 아시아의 비약적인 경제발전의 요인으로 여겨지던 아시아적 가치가 경제위기의 주범으로 여겨지면서, 무엇이 왜 경제위기를 초래했는지에 대한 많은 논의가 있어왔다.

지금까지의 동양에 대한 인식은 서양에 의한 것이었다면, 비교문화 혹은 비교정치적 연구전략은 동양의 것을 동양의 시각으로 인식하는 것이다. 다양한 토론을 통해 문명적 이질성을 탐구하는 지성의 오류가 무엇인지, 아시아적 가치논쟁이 소모적이지 않을 수 있는 학문적 전략은 무엇인지 소중한 담론들을 거두어 낼 수 있어야 한다.

세계 경제의 중심은 빠르게 동아시아로 이동하고 있다. 동아시아 경제 규모는 이미 미국이나 유럽연합을 능가했으며, 불과 5년 후면 구매력 평가 PPP, Purchasing Power Parity 기준으로 중국 경제가 미국을 제치고 세계 최대의 경제국으로 부상할 것으로 전망된다. 경제 전문가들은 미국이나 유럽의 경제전망이 비관적인 반면, 동아시아 지역은 역동적 성장을 지속할 것으로 예측하고 있다.

아시아개발은행 ADB은 2050년 '아시아 세기'를 실현할 것인가, 아니면 '중진국의 함정'에 빠질 것인가, 하는 이 두 가지 시나리오를 가정하여 아시아의 미래를 그리기도 했다. '아시아 세기' 시나리오에 따르면 2050년 174조 달러로 세계의 52%를 차지하면서 1인당 평균소득이 4만 800달러에 이를 것으로 전망된다. 반면, 아시아 주요 신흥국이 브라질과 같은 중진국의 함정에 빠질 경우 아시아 GDP는 65조 달러로 세계의 31%를 차지하는 데 그치고 1인당 소득도 2만 600달러로 머물 것으로 내다봤다. ADB는 아시아 국가 내의 불평등 확대, 국가 내의 정치적·경제적·사회적 이유로 '중진국의 함정'에 빠질 위험, 유한한 천연자원을 차지하기 위한 경쟁, 지구온난화와 기후 변화로 인한 피해, 아시아 국가들의 잘못된 국정운영과 취약한 제도 기반과 같은 문제들을 해결하지 못한다면 아시아 세기는 요원할 수밖에 없다고 주장한다. 2050년 아시아 세기 실현이라는 목표를 향해 아시아가 직면한 도전과제를 밝히고 그 해결방안을 모색해야 한다.

'세계의 공장 아시아'는 전 세계적으로 제조와 정보기술서비스의 허브 역할을 하고 있지만, 동시에 문맹률도 높다. 또 아시아의 몇몇 국가는 빠른 속도로 노령화되고 있는 반면에 몇몇 국가는 빠른 속도로 인구가 증가하고 있다. 아시아는 전 세계적으로 가용자금이 가장 많은 지역이지만, 사회기반시설과 사회서비스에 대규모 투자가 시급히 필요한 지역이기도 하다. 아시아는 성장을 위해 대규모 자원이 필요하지만, 전 세계 자원의 양은 줄어들고 있다. 아시아의 부상, 즉 아시아 세기가 도래할 가능성이 높긴 하지만, 아시아 국가들의 경제적·사회적 현황을 살펴보면 확실한 미래라고 낙관할 수만은 없다. '중진국의 함정' 시나리오에 따르면 급성장하는 신흥중진국들이 앞으로 5~10년 내 중진국의 함정에 빠질 것으로 내다보고 있다. 이는 지난 30년간 라틴아메리카가 밟은 전철을 따른다는 의미이며, 이 비관적 시나리오는 아시아 지도자들에게 경종을 울릴 것이다. ADB는 국가 전략과 정책적 대응, 국가별 의제와 글로벌 의제를 해결해주는 아시아 역내협력, 그리고 세계 공동체와 아시아의 상호작용이라는 세 가지 차원에서 아시아 지역에 필요한 주요 변화와 이슈를 살펴봄으로써 아시아 세기를 실현하기 위한 전략들을 제시하기도 했다.

일본, 한국, 싱가포르 등이 포함된 고소득 선진국, 중국, 인도, 인도네시아, 카자흐스탄 등이 포함된 고성장 신흥중진국, 아프가니스탄, 방글라데시, 스리랑카 등이 포함된 중하위 차세대 성장국 등 아시아 각국이 대처해야 할 장기적 이슈와 전략적 과제는 국가마다 상황이 다양하므로 정확한 대책과 타이밍도 국가마다 달라야 한다. ADB는 일부 국가나 지역, 일부 이슈에 대한 단기적 혹은 중기적 관점이 아닌 아시아 지역 전체의 전반적인 이슈에 대한 장기적 관점을 제시한다. 아시아 각국이 대처해야 할 장기적 이슈와 전략적 해결과제를 '성장과 포용, 기업가정신, 대규모 도시화, 금융부문 개선, 에너지와 천연자원 사용량 감축, 기후 변화, 국정운영과 제도' 등의 측면에서 상세히 연구해야 한다. 국가를 넘어 아시아 지역 차원의 리더십을 제안하여야 한다. 이로 말미암아 기업의 장기 전략과 비전, 더 나아가 국가별 개발 프로그램을 수립해야 한다.

늘상 서구 사회의 지원 '대상(객체)'에만 머물렀던 아시아는 이제 지역 내 다양한 사회문제 해결에 앞장서는 책임 있는 '주역(주체)'으로 탈바꿈해야 한다. 오늘날은 아시아의 시대가 열리고 있다. 실제로 한·중·일 세 나라가 앞장서 주도하는 동아시아 지역은 세계경제의 중심으로 성큼 올라서고 있는 중이다.

하지만 지역 내 갈등과 긴장 요인 또한 끊이지 않고 있다. 경제성장 과정에서 불거진 환경 파괴와 부패, 양극화, 인권침해 등 시장경제의 부작용을 극복하는 일도 시급한 과제다. 가와구치 마리코 일본 다이와증권그룹 사회책임경영 CSR 담당 부장은 "각국이 자국 내 사회문제 해결에만 매달린 나머지 문제를 일으킨 공통의 뿌리와 공통의 해결책을 찾는 데는 소극적이다"라고 지적했다. 이에 동아시아 기업들이 아시아 지역 문제 해결에 좀더 적극적으로 힘을 보태야 한다는 목소리가 많다. 그간 주로 자국 내 문제에 치우쳤던 동아시아 대표기업들의 사회책임경영은 아시아 지역 전체의 사회문제를 해결하는 쪽으로 시야를 더욱 넓혀야 한다.

무엇보다 동아시아 기업들이 책임 있는 시장경제 구현에 힘을 쏟아야 한다. 주주뿐 아니라, 소비자와 종업원, 협력업체, 지역사회 등 다양한 이해관계자를 중시하는 사회책임경영을 역내 기업들이 핵심적인 경영원칙으로 받아들이도록 해야 한다. 상생과 조화, 공감 등 동아시아의 문화적·사회적 맥락에서 중시되는 규범들을 동아시아 기업의 고유한 사회책임경영 요소로 삼아야 한다.

이미 그 싹은 조금씩 움트고 있다. 아시아 저개발지역을 상대로 '기술 나눔'에 힘쓰고 있는 몇몇 기업이나 기관의 활동 사례가 대표적이다. 그간 국외 기술원조는 주로 선진국에서 '한물간' 기술을 그대로 저개발국에 이전하는, 공급자 중심의 형태로 진행된 게 사실이다. 하지만 최근 들어서는 현지 사정에 맞는 '적정 기술'을 개발해주고, 그 기술이 현지에서 지속적으로 활용될 수 있도록 다양한 인프라를 지원하는 형태로 진화하고 있는 중이다.

이원재 한겨레경제연구소장은 "아시아 시대는 문제를 바라보는 시야와, 문제를 해결하려는 책임과 의지의 범위 역시 끊임없이 진화하도록 아시아 기업들에 요구하고 있다"며 "이제 '아시아 기업과 아시아 사회의 상생 프로젝트'를 위해 고민을 모아야 할 시점"이라고 말하기도 했다.

'아시아 평화공동체'라는 비전은 앞으로의 미래에 대한 중요한 해결책을 제공할 수 있다. '아시아공동체'를 상상하는 일은 "동아시아의 공동가치에 대한 인식을 확산시켜 갈등을 극복하고 평화로 나아가려는 목적"을 실현하는 실천이자 실험이다. 단지 정치와 군사, 경제와 역사만이 아니라, 종교와 문화, 철학과 사상 등의 다양한 분야의 연구자들이 '아시아공동체'라는 문제의 가능성에 대한 토론을 진행해야 한다. 분명한 것은 아시아 공동체를 지향하는 것이, 국가 간의 통합이나 단일 체제를 지향하는 일은 아니라는 점이다. 아시아가 평화와 공존, 공영을 지향하고자 한다면, 새로운 가치관과 세계관, 국가관을 공유함으로써 각국의 역사와 문화, 정치 환경과 경제상황을 고려하면서도, 아시아에 함께 존재하는 서로를 향해 좀더 다가서는 과정이 필요하다는 것이다.

아시아의 각국과 민족이 수많은 공통 요소에도 수많은 차이로 말미암아 갈등을 극복하지 못하고 있는 것이 아니라, 그 차이를 좀 더 극적으로 부각하여 존중하지 못함으로써, 관심과 애정을 표현하지 못함으로써, '아시아공동체'라는 상상이, 상상의 세계를 벗어나지 못하고 있다. '있는 그대로 사랑하기'와 '다름이 아름답다'라는 과제를 현재의 아시아와 미래의 아시아를 향해 투사하는 노력을 시작해야 할 것이다.

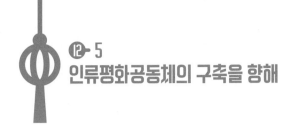

12-5
인류평화공동체의 구축을 향해

　시진핑 習近平 중국 국가주석은 제네바 팔레 데 나시옹에서 '공
통된 운명을 지닌 인류공동체 공동 상의·구축'을 주제로 한 고위급 회
의에 참석하고 '공통된 운명을 지닌 인류공동체를 함께 구축하자'란
기조 연설을 발표하여 인류 운명공동체의 이념을 심각하고 전면적이
고 시스템적으로 천명했다. 시진핑 주석이 제기한 인류 운명공동체
공동 구축, 윈-윈과 공유를 실현하는 방안은 국제사회의 높은 평가
를 받았다. 여러 나라 전문가들은 이러한 이념과 관련 주장은 중국의
지혜를 충분히 구현하였고 인류의 보편적인 의지와 추구를 전달하였
으며 세계 발전의 새로운 길을 모색함에 있어서 노력의 방향을 제시
했다고 평가했다.

　시진핑 주석은 연설에서 인류는 대발전, 대변혁, 대조정의 시기에
처해 있으며 중국의 솔루션은 인류 운명공동체를 구축하여 윈-윈과

공유를 실현하는 것이라고 말했다. 블라디미르 마트베예프 러시아과
학원 극동연구소 동북아시아 및 상하이협력기구 上海合作組織 전
략문제 연구센터 수석연구원은 "인류 운명공동체 구축의 창의는 모
든 나라의 공동 발전과 번영의 실현을 취지로 삼았기 때문에 세계 대
다수 국가의 높은 평가를 받았다"고 말했다. 데라코미르 안제르코위
치 세르비아 정치분석가는 다음과 같이 말했다. "시진핑 주석의 연설
은 글로벌적인 의미가 있다. 유럽과 아시아의 오래 된 지혜는 사람들
에게 어떤 일에 착오가 생겼을 때 원점으로 돌아가야 한다고 알려 주
었고 우리의 원점은 국제관계와 국제권익의 신모드여야 한다."

시 주석은 다음과 같이 강조했다. "인류 운명공동체를 구축함에
있어서 가장 관건적인 것은 행동이다. 국제사회는 파트너관계, 안전구
도, 경제발전, 문명교류, 생태건설 등 면에서 노력해야 한다." 브라질
리우데자네이루주립대학 국제관계학과 학부장이자 정치학가인 마우
리시오 산토루는 "시진핑 주석의 연설은 대화와 협상을 통해 분쟁을
해결하자고 강조하였는바 이런 자세야말로 세계 대다수 국가가 원하
는 모습이다"고 말했다. 산토루 학부장은 글로벌 안전 면에서 테러리
즘이 대두되고 난민문제와 해적문제는 모두 인류의 안전을 위협하고
있다. "시 주석이 말한 것처럼 충돌을 해소하는 것이야말로 근본적인
대책이고 협력과 지속가능한 안전관념은 더욱 중요하다"고 언급했다.

국제사회에서는 보편적으로 인류 운명공동체 구축에 관한 시 주
석의 연설이 아주 체계적으로 방향제시도 하고 방법도 제공했다고
보고 있다. 많은 전문가들은 향후 이런 이념의 지도 하에 각 측은 새
로운 글로벌 관리모드를 수립하고 전체 인류의 이익에 부합되는 발전

의 길을 모색함에 대해 긍정적인 평가를 했다.

류디 劉迪 일본 교린대학대학원 국제정치과 교수는 다음과 같이 평가했다. 시 주석이 제기한 인류 운명공동체 사상은 진보한 인류의 이상을 반영했다. 현재까지의 국제질서는 일부 강국과 대국의 이익을 대변했을 뿐 불합리성이 있다. 그러나 중국은 과거의 모든 것을 완전 부정한 것이 아니라 인류 전체의 이익을 감안하여 전체 인류에 적용되는 규칙을 조정 및 공동상의 할 것을 호소했다. "이것은 장기적인 과정이고 이 과정에서 새로운 글로벌 관리모드는 필히 형성될 것이다"고 류디 교수는 말했다. 스티븐 페리 영국 48개그룹 클럽 이사장은 향후 각 나라가 공동으로 나아갈 수 있는 방식을 모색하려면 서로 다른 제도의 제한을 극복해야 하고 지역과 대륙 차원에서 새로운 공유, 원조와 협력의 이념을 발전시켜야 한다고 강조했다.

스티븐 페리 이사장은 이것이야말로 발전의 정확한 통로이며 "각 국에서 모두 공통의 운명을 인정한다면 우리는 장기적인 평화와 협력의 새로운 길을 찾을 수 있다"고 언급했다.

12- 6
다자협력을 통해 세계평화를 추구하다

　　중국은 지역협력을 중국의 지위와 영향력을 강화할 새로운 방식으로 인식하기 시작했다. 다시 말해 다자 협력을 통한 지역 국가 관여 정책은 지역협력에 대한 중국의 영향력을 증대시키고, 이는 다시 지역에서 미국의 패권을 제어하는 데 기여할 것이라는 판단이었다. 널리 알려진 것처럼, 중국은 냉전이 종식된 후 미국이 패권을 확립하는 데 반대했다. 이에 따라 중국은 전 지구적 차원에서 러시아 및 프랑스와 연대를 통해 미국의 패권 확립에 반대하는 다극화 전략을 추구했다. 이러한 시각에서 볼 때 지역협력을 추진하는 것은 이 지역에서 미국이 패권을 확립하는 것을 제어하는 데 기여할 것으로 기대되었다. 구체적으로 중국은 지역협력에 참여해 지역 국가와의 관계를 증대시키는 것이 중국위협론을 통해 중국과 주변 국가들을 격리시킴으로써 중국을 제어하려는 미국의 전략에 대응하는 방법이라고 본다. 다시 말해 지역협력은 미국과의 직접적 충돌 없이 미국의 영향력을 제약하는 효과를 가져다줄 수 있는 것으로 간주된다.

아울러 지역협력은 지역에서 중국의 지위와 영향력을 강화시킬 것으로 기대된다. 특히 미국이 배제된 지역협력은 중국의 영향력을 증강시키는 데 유리한 것으로 인식된다. 이처럼 지역 국가만의 지역협력을 추진하는 것은 냉전 종식 이후 변화에 돌입한 지역의 구조 및 질서 형성에까지 영향을 끼칠 수 있는 것으로 볼 수 있다.

중국은 증대되는 경제력을 활용하여 지역 국가와의 관계를 강화하려 한다. 중국의 이러한 행보는 단순히 경제적 고려가 아닌 지정학적 고려까지 담고 있다. 즉 중국의 부상과 관련한 주변 국가의 우려를 해소하고 나아가 경제협력을 통해 관계를 증진시키려는 시도다. 동시에 중국은 이러한 '통 큰 조치'를 통해 중국의 지도력을 보여 주려 한다. 즉 중국은 증대되는 경제적 지렛대를 활용함으로써 지역 국가의 정책 방향에 영향을 끼치고 이를 통해 전 세계로 영향력을 확대하려 든다.

중국은 지역 국가와의 양자 관계를 강화하고, 이를 통해 다자협력을 주도하고자 한다. 종합하면 중국의 다자간 협력은 보다 유동적이 되었다. 궁극적으로 중국은 다자협력을 통한 세계평화를 추구하고자 노력하고 있다.

앞으로의 미래에 중국의 이같은 행보가 큰 결실을 거둘지, 모두가 관심을 기울여 지켜보아야 할 일이다.

참고문헌

- **G2 불균형 : 패권을 향한 미국과 중국의 미래 경제 전략**
  스티븐 로치 저, 이은주 역 / 생각정원 / 2015년 12월
- **G2 전쟁 : 2015-2016 슈퍼 달러의 대반격**
  레이쓰하이 저, 허유영 역 / 부키 / 2015년 01월
- **G2 시대 한반도 평화의 길**
  강정구 · 박기학 공저, 평화통일연구소 편 / 한울아카데미 / 2012년 02월
- **지투 G2**
  왕종표 저 / 좋은땅 / 2019년 10월
- **G2 시대 : 중국발전의 빛과 그림자**
  한인희 저 / 대선 / 2010년 11월
- **미국에 맞서는 중국의 초강대국 전략 G2 시대 : 팍스 아메리카 넘어 팍스 차이나로**
  매일경제증권부 중국팀 저 / 매일경제신문사 / 2009년 10월
- **G2 시대 중국은 우리에게 무엇인가 : 한중관계의 오늘과 내일**
  원광대학교 한중관계연구원 편 / 서해문집 / 2014년 01월
- **미중 패권전쟁은 없다 : G2 시대 한국의 생존 전략**
  한광수 저 / 한겨레출판 / 2019년 10월
- **미중 패권 경쟁과 한국의 전략 : 미중 충돌과 한국의 지정학적 위험 그리고 통일**
  이춘근 저 / 김앤김북스 / 2016년 05월
- **강대국 국제정치의 비극 : 미중 패권경쟁의 시대**
  존 J. 미어셰이머 저 , 이춘근 역 / 김앤김북스 / 2017년 05월
- **앞으로 5년 미중전쟁 시나리오**
  최윤식 저 / 지식노마드 / 2018년 06월
- **아시아 평화공동체**
  이찬수 편 / 모시는사람들 / 2017년 07월
- **아시아 평화번영과 한반도 통일**
  편집부 저 / 우리시대 / 2012년 06월
- **아시아 문명 대화대회 원고**
  이창호 저 / 북그루 / 2019년 07월

대변환 시대의 팍스 차이나

초판발행 | 2020년 10월 01일

지은이 | 이창호

펴낸이 | 이창호
교정 | 양정윤
디자인 | 박기준
인쇄소 | 거호 커뮤니케이션

펴낸곳 | 도서출판 북그루
등록번호 | 제2018-000217
주소 | 서울시 마포구 토정로 253 2층(용강동)
도서문의 | 02)353-9156

값 18,800원
ISBN 979-11-90345-07-1(03340)

CIP제어번호 : CIP2020034099
이 도서의 국립중앙도서관 출판예정도서목록(CIP)은 서지정보유통지원시스템 홈페이지(seoji.nl.go.kr)와
국가자료공동목록시스템(www.nl.go.kr/kolisnet)에서 이용하실 수 있습니다.

Designed by Freepik

> 이 도서는 한국출판문화산업진흥원의 '2020년 출판콘텐츠 창작 지원 산업'의 일환으로 국민체육진흥기금을 지원
> 받아 제작되었습니다.

本书接受国民体育振兴基金资助，作为韩国出版文化产业振兴院
"2020年出版创作资助事业"的一部分编写制成。